À la recherche de l'Europe sociale

Philippe Pochet

À la recherche de l'Europe sociale

puf

ISBN 978-2-13-062616-9

Dépôt légal – 1re édition : 2019, avril
2e tirage : 2020, mars

170 bis, boulevard du Montparnasse, 75014 Paris

Avant-propos et remerciements

Ce livre est, comme souvent, le résultat d'un long parcours et de nombreuses rencontres et influences. Un parcours à la recherche de l'Europe sociale, qui aura été un mélange entre des activités de participant critique aux débats et aux propositions pour développer une Europe plus sociale d'abord comme directeur de l'Observatoire social européen et puis de l'Institut syndical européen, en quelque sorte un observateur engagé. Il découle aussi d'un autre parcours, académique cette fois, comme enseignant à l'Université catholique de Louvain et chercheur participant à de nombreux réseaux d'excellence académiques financés par l'Union européenne. Ce livre est le reflet de ce double parcours.

L'avantage d'avoir été, pour certains événements, présent avec les acteurs est de pouvoir tirer de ceux-ci des conclusions qui peuvent être en partie différentes de celle d'un académique se basant sur des sources secondaires. En tout cas, cela m'a permis d'être souvent témoin direct des tentatives de donner sens à une Europe sociale par des acteurs engagés politiquement, socialement ou académiquement. Cela a aussi été un privilège de pouvoir assister et participer aux discussions internes du leadership de la Confédération européenne des syndicats (CES) depuis 2008.

Mais un récit construit principalement sur la participation à certains événements court le risque de devenir anecdotique s'il n'est pas accompagné d'une rigueur académique.

J'ai eu la chance de bénéficier de diverses années sabbatiques qui m'ont ouvert de nouvelles perspectives. La première au Center for European Studies de Harvard (1998-1999) où j'ai bénéficié des complicités intellectuelles de George Ross, alors directeur et d'Andy Martin. L'enjeu central alors était celui de l'union monétaire et de ses impacts sociaux.

L'occasion suivante a été celle de passer un semestre à l'université de Montréal avec Jane Jenson (2001) et puis un autre semestre comme Fullbrigth in Residence à l'université de Winconsin-Madison grâce à Jonathan Zeitlin (2002). Ce furent les années de la Méthode ouverte de coordination (MOC) et de cet intérêt critique à propos de ces nouvelles formes de gouvernance européenne. Ce fut aussi le début d'une longue collaboration avec Caroline de la Porte.

Mon année sabbatique à l'université de Griffith à Brisbane, en Australie (2005-2006), fut l'occasion de me « décontaminer » et de m'éloigner de la Méthode ouverte de coordination tout en voyant son impact s'exercer jusqu'en Australie. En effet, certains acteurs sociaux australiens notamment actifs en matière de pauvreté la connaissaient bien et voulaient essayer de l'appliquer en Australie. En revanche l'éloignement de Bruxelles, de son jargon et du langage codé des institutions européennes m'a fait ressentir la vacuité d'une grande partie des discours pour qui ne participe pas à la dynamique journalière de leur production. Cela m'a aussi conduit à revenir à des intérêts précédents : les relations industrielles et le dialogue social.

Une année sabbatique (2013-2014) à l'université de Californie Berkeley à l'invitation de Kim Voss m'a permis d'écrire une première version de ce livre. Comme trop souvent, sa rédaction a pris plus longtemps que prévu et espéré. Cette année m'a aussi convaincu, encore plus qu'avant, que la question du changement climatique était un enjeu social critique.

Enfin, un semestre à la London School of Economics and Political Science (LSE) a permis de terminer l'ouvrage. Et de boucler ainsi un cycle de vingt ans, commencé à l'invitation en 1998 de Bob Hancké au WZB Berlin au premier séminaire sur les enjeux sociaux de l'Union économique et monétaire (UEM) et puis par son invitation en 2017 à la LSE.

Un livre ne se fait jamais seul et j'ai bénéficié des commentaires de Laurent Vogel (qui m'a aussi permis d'utiliser certains écrits non publiés) et de Marc Sapir pour la partie du chapitre 3 consacrés à la santé et la sécurité, ainsi que de ceux d'Agnes Hubert pour la partie égalité hommes-femmes, de l'apport de Christophe Degryse pour le chapitre sur le dialogue social, des innombrables échanges avec Caroline de la Porte pour le chapitre sur les méthodes ouvertes de coordination. La partie sur la flexicurité est issue en partie d'un article écrit avec Marteen Keune.

Parmi ces nombreux acteurs, je voudrais remercier particulièrement Emilio Gabaglio, Secrétaire général de la CES, pour qui j'ai coordonné un groupe de réflexion se réunissant régulièrement et débattant de manière contradictoire des enjeux sociaux de l'époque Delors-Santer-Prodi. Ces discussions ont été formatives de mes analyses ultérieures. Je remercie aussi John Monks, Bernadette Segol et Luca Visentini pour leur confiance et pour ce que j'ai appris en discutant avec eux du syndicalisme européen et de ses dynamiques.

Ce livre a bénéficié comme souvent des multiples lectures et commentaires de mon complice de trente ans, Christophe Degryse, qui l'ont rendu certainement plus clair et lisible.

Giovanna Corda s'est attelée avec courage et ténacité aux recherches des références bibliographiques manquantes ou erronées et Sophie Kasiers en a amélioré la mise en forme.

Je voudrais aussi adresser tous mes remerciements à l'équipe de l'Observatoire social européen (Françoise, Bart, David, Ramon, Dalila et les autres) et à celle de l'ETUI (Maria, Ulisses, Olga, Vera et tous les autres).

Un remerciement spécial à Dominique Méda pour l'intérêt partagé pour les questions sociales et écologiques, mais aussi pour m'avoir mis en contact avec mon éditeur.

Merci à mes enfants, Corentin et Lucas, qui m'ont régulièrement demandé si ce livre allait un jour être fini.

Ce livre est dédié à Tania, qui m'a donné l'énergie de le finir.

Introduction

Le titre de cet ouvrage, *À la recherche de l'Europe sociale*, indique la quête d'un objet qui semble souvent difficilement identifiable. Ce livre invite à un parcours historique au cours duquel sont observés et analysés des succès, des échecs, mais aussi des changements d'objectifs et de méthodes pour bâtir cette Europe sociale. Les résultats ont été limités et difficiles, mais pas inexistants. Au travers de ce parcours, cet ouvrage montre que l'Europe sociale n'est pas un oxymoron mais un projet en dynamique. *Caminante no hay camino* selon une expression espagnole : le chemin se fait en marchant. Pour se frayer un passage, il faut des acteurs qui défrichent les possibles voies, mais aussi qui explorent les différentes possibilités. Le chemin suivi peut aussi mener à des impasses, à des détours, à des retours en arrière.

Pendant longtemps, l'Europe a été conçue comme un projet autoréalisateur menant à une intégration toujours plus étroite entre les États membres, ce qui était d'ailleurs l'objectif du traité de Rome de 1957. Cette vision a volé en éclat avec le Brexit, mais les signes avant-coureurs étaient nombreux depuis le nouveau millénaire. Le retrait plus ou moins bien (mal) négocié d'un des membres de l'Union européenne (UE) depuis plus de quatre décennies indique également la fin d'une expansion géographique constante de l'UE. En revanche, ce retrait non anticipé ne semble pas conduire à un processus d'entraînement vers d'autres demandes de retrait. Au contraire, il relance un débat ouvert sur le futur de l'Europe, mais dans une atmosphère de doutes profonds sur le sens de l'aventure européenne. L'Europe est donc aujourd'hui en crise, en crise de projet et d'identité collective, mais aussi en débat ouvert sur son futur.

La solidarité qui devait devenir le ciment d'une construction politique, d'une intégration de plus en plus étroite, a volé en éclat comme l'ont révélé les divers épisodes de la crise de l'euro, les difficultés au-delà des bricolages d'assurer une stabilité pérenne de la zone euro. Cela s'est ainsi accentué dans les différents épisodes de la gestion des flux des réfugiés et de migrants. L'idée d'origine était que l'approfondissement des relations entre les citoyens des différents États membres de l'Union européenne devait mener à une meilleure compréhension interpersonnelle et renforcer progressivement les capacités de bâtir des visions communes ou partagées entre les peuples qui devaient s'accompagner d'une convergence économique vers le haut. Depuis la crise financière de 2007 et ses multiples conséquences économiques, budgétaires et politiques, c'est plutôt à des processus de divergence, de méfiance et de soupçons et de retour aux stéréotypes que l'on assiste.

Cette crise de vision est étroitement liée à la crise de la construction d'une monnaie unique. Ce qui devait être le moteur d'une convergence interne et d'une projection externe en tant que grande puissance monétaire a certes finalement survécu à la crise. Mais on peut douter que les solutions ad hoc ou plus structurelles (union bancaire) trouvées au milieu de la crise suffisent. Le prix à payer en matière sociale de cette intégration inachevée semble démesuré. Des doutes s'expriment de plus en plus fréquemment sur la soutenabilité d'une telle construction, tant qu'elle ne s'accompagne pas d'un saut qualitatif d'intégration de type fédéral. Mais plutôt que plus d'Europe on assiste au contraire à un retour du national et à un regain du populisme y compris au cœur des pays fondateurs.

Au plan européen, le président de la Banque centrale européenne (BCE), Mario Draghi, constate la mort du modèle social européen (octobre 2013). Des réformes des modèles sociaux nationaux sont imposées directement par la troïka – rebaptisée en 2015 « les institutions » (BCE, Commission européenne et Fonds monétaire international). De manière globale, les injonctions européennes ont été de 2010 à 2015 de plus en plus contraignantes, même si une certaine retenue semble être de mise provisoirement ou durablement depuis 2015. Cela a ouvert un large débat sur la légitimité globale de l'Union européenne (Scharpf, 2014), voire sur sa conformité avec nos systèmes démocratiques (Streeck, 2014). Après avoir soutenu les réformes radicales dans les États membres, la Commission (ou au moins une partie de celle-ci) semble avoir retrouvé des accents plus sociaux.

De manière plus générale, la crise et la récession des dernières années semblaient pouvoir constituer une formidable opportunité pour tous ceux qui avaient critiqué la dérive néolibérale de l'UE des trois dernières décennies. La question sociale et celle des inégalités croissantes de revenu et de patrimoine (Piketty, 2013 ; Atkinson, 2015), et particulièrement la fracture entre les 1 % les plus riches et le reste de la population, doublée de la question de l'insoutenabilité du mode de croissance économique semblaient devoir être placées au cœur des réflexions pour un changement de paradigme économique. Alors que l'on s'attendait également à des réformes des systèmes de régulation de la finance et des banques, de leur scission entre banques de dépôt et banques d'affaires pour limiter les risques systémiques, les réformes actuelles portent principalement sur les manières de flexibiliser davantage le marché du travail, de modifier les systèmes de retraites (notamment en liant l'âge de la retraite à l'espérance de vie) et de revoir les législations du travail jugées trop contraignantes pour la compétitivité des entreprises. Comme l'indique le titre d'un livre de Colin Crouch, on se trouve face à l'étrange non-décès du néolibéralisme (Crouch, 2011). Les raisons en restent encore mystérieuses (Schmidt, Thatcher, 2014).

Certes, on peut aussi y voir les soubresauts d'un monde qui finit et les difficultés d'émergence d'un nouveau. Si on peut s'accorder sur le fait qu'un changement de paradigme ne se fait jamais rapidement (Kuhn, 1962) et que les cohérences d'un nouveau régime apparaissent souvent après coup, on peut aussi se demander si les crises économiques et financières européennes n'ont pas plutôt contribué à renforcer les paradigmes dominants qu'à les remettre en cause.

Ce livre est à la croisée d'une inquiétude fondamentale sur la crise profonde de l'intégration européenne et de sa dimension sociale, et d'un optimisme (très) modéré sur la capacité des acteurs collectifs à finalement ouvrir un chemin praticable vers une intégration européenne plus démocratique, plus sociale et soutenable en termes écologiques. Il inscrit les débats actuels dans une perspective à plus long terme et analyse des relations complexes entre les dimensions économiques et sociales de l'intégration européenne. Il est alimenté par plus de trente ans d'analyses et de participation à titre professionnel aux débats et questions suscitées par la construction/déconstruction d'une dimension sociale européenne. Une leçon importante que je tire de ces trente années est celle d'un combat renouvelé et ambigu sur la nature et la véritable raison d'être d'une intégration régionale, et sur la place du social dans celle-ci. Il ne s'agit pas, selon moi, d'un complot fomenté par une élite politico-économique jouant un match truqué avec un arbitre vendu et dont la fin est connue d'avance (Salais, 2013) ou par une élite européenne représentante des entreprises cartellisées (Varoufakis, 2016). Certes, s'il y a dans mon approche plus de place pour les conflits et davantage d'indétermination, il est clair qu'il n'y a pas non plus d'égalité entre les acteurs. Les règles du jeu telles que définies dans les traités européens avantagent, par des jeux subtils de majorités différentes ou par des compétences très inégalement réparties, un groupe d'acteurs et leur façon de concevoir le monde (Scharpf, 2002). Dans les chapitres qui suivent, je considère de manière simplifiée deux grands groupes d'acteurs : le groupe social et le groupe économique.

L'analyse de six décennies de construction/déconstruction de l'« Europe sociale » montre aussi d'importants changements de terrains de jeu et de conflits/consensus. C'est un parcours tortueux partant de la libre circulation des travailleurs, de la coordination des régimes nationaux de sécurité sociale, de l'égalité entre hommes et femmes et de la santé et la sécurité au travail, en passant par certains aspects du droit du travail, le dialogue social et les droits fondamentaux des travailleurs, sans oublier l'émergence des questions d'emploi, de pauvreté et d'exclusion sociale, de pensions, de soins de santé et, plus récemment, d'éducation, d'investissement social, de développement durable ou du socle social.

L'asymétrie entre le social et l'économique dans la construction européenne est dans ce livre considérée comme une donnée, un fait déjà amplement démontré qui ne mérite pas vraiment de nouveaux développements (Scharpf, 1999 ; Streeck, 1995). En effet, il n'y a guère de doute que l'intégration négative (la construction européenne par la suppression des contraintes et normes nationales) plutôt que l'intégration positive (par l'élaboration conjointe de normes européennes) est devenue une dynamique générale dans la construction européenne, en particulier en matière sociale. De même, la construction européenne est essentiellement économique ; elle se fonde avant tout sur une rationalité économique, et non sur des visions culturelles partagées ou des politiques fortes en matière de défense ou de politique étrangère.

Nombreux sont les facteurs défavorables à un rééquilibrage entre l'économique et le social : à commencer par les traités européens, mais aussi une domination des partis politiques et des gouvernements conservateurs/libéraux qui globalement ont été majoritaires sur le plan national et européen pendant les trois quarts des soixante années écoulées depuis la signature du traité de Rome en 1957. Il faut ajouter la diversité croissante des systèmes sociaux nationaux au fil des élargissements successifs, l'affaiblissement des acteurs sociaux et des mouvements sociaux européens, la puissance des lobbies et des organisations d'employeurs.

Face à autant de contraintes structurelles fortes, la principale question n'est pas la relative faiblesse de l'Europe sociale, mais au contraire de comprendre comment il a malgré tout été possible, au moins jusqu'au milieu des années 2000, d'engranger des avancées et des progrès certes partiels et chaotiques en matière de politiques sociales au niveau européen. C'est cette perspective qu'essaie d'apporter ce livre tout en inscrivant la réflexion dans les grandes tendances décrites ci-dessus.

Les dynamiques en matière sociale consistent en un double mouvement. Il s'agit, d'une part, d'agir à l'intérieur du cadre européen pour faire émerger des espaces permettant de développer des politiques sociales communes. De l'autre, d'essayer de redéfinir les contours du modèle économique et ses contraintes (Ferrera, 2005). Dans un court essai (Pochet, 2017), j'ai montré que ce double débat – quelle politique sociale européenne ? Comment équilibrer le modèle d'intégration et ses impacts sur le plan national ? – s'est produit en quatre occasions : au moment de la négociation du traité de Rome, puis en 1973-1975 avec le premier programme social, en 1988-1989 avec la charte communautaire des droits sociaux des travailleurs et son programme social, en 2000-2003 avec la charte de droits fondamentaux et le débat sur le traité constitutionnel. La période actuelle avec la redéfinition de la gouvernance économique et l'adoption d'un socle européen des droits sociaux constitue peut-être un cinquième essai.

C'est une histoire d'essais et d'erreurs, de victoires et (surtout) de défaites, de création d'acteurs collectifs ou de leur marginalisation. Mais au-delà du récit des batailles remportées ou non, le plus intéressant dans l'étude de la politique sociale européenne est le nombre de questions qu'elle permet d'aborder : interaction entre niveaux nationaux et européen, nature des normes à adopter, définition et contours des politiques sociales, convergence, hybridation ou chemins de dépendance des différents modèles nationaux, évolution du capitalisme européen et stratégies des multinationales, rôle des acteurs non étatiques (syndicats et employeurs, mais aussi ONG et mouvements sociaux protestataires), rôle de la politique (gauche-droite) *versus* les intérêts des États, liens entre l'économique et le social, rôle des idées et possibilité d'un processus commun d'apprentissage, stabilité d'une monnaie sans État et d'un État sans mécanismes de solidarité et de cohésion…

L'approche développée ici prend donc en compte les acteurs et leurs capacités d'influencer et de (re)définir le contenu des politiques dans un contexte plus global d'incertitude et d'ambigüités sur la nature du projet européen lui-même. L'approche historique permet de mettre en évidence l'importance des apprentissages collectifs ancrés dans une histoire longue et montre aussi les évolutions dans les dynamiques des acteurs.

Enfin, c'est une approche volontairement pluridisciplinaire. Non seulement parce que les domaines étudiés le sont par des communautés universitaires spécifiques, mais surtout parce que cette pluridisciplinarité apporte des perspectives nouvelles. Qu'il me soit permis d'évoquer ici brièvement mon parcours professionnel, un parcours sans doute assez atypique. Je me suis intéressé à la dimension sociale de l'Europe l'inscrivant dans l'étude de l'intégration politique en mouvement (cinq réformes des traités européens depuis l'Acte unique de 1985). Cela m'a amené à étudier et approfondir chaque fois de nouveaux champs : le droit social dans les années 1980, la politique économique et monétaire au début des années 1990, les relations industrielles avec le développement du dialogue social, la sociologie pour mieux comprendre la méthode ouverte de coordination. Enfin, j'essaie de développer une réflexion sur les enjeux climatiques et digitaux (et les liens entre les deux) en matière sociale. J'ai approfondi ma connaissance des dynamiques européennes en étudiant les diversités nationales et non, comme beaucoup d'autres, en partant d'un champ social particulier national pour le compléter par une dimension européenne ou internationale. En ce sens, j'ai suivi de façon horizontale (au plan de l'UE) les évolutions des débats européens et non comme beaucoup de manière verticale (thématique) en s'interrogeant en quoi la politique sociale européenne correspondait ou non aux modèles nationaux ou à leurs champs de recherches sectorielles (Degryse, Pochet, 2017). Mais c'est aussi une approche partielle car des thèmes importants tels que la libéralisation des services publics, la directive Bolkestein ou la question de la démocratie économique ne sont pas approfondis.

Un des aspects souvent ignorés dans l'étude des politiques sociales européennes est la place des acteurs non gouvernementaux. C'est sans doute dû à l'intérêt porté, surtout par les juristes, au contenu des politiques par rapport aux processus et aux aspects politiques. Mais c'est aussi parce que la focale porte le plus souvent sur les institutions et en particulier sur les États membres et leurs intérêts supposés défavorables à une dimension sociale européenne. Les États membres sont clairement des acteurs centraux de la construction européenne et de sa dimension sociale. Mais ils n'en sont pas les seuls.

Quand on analyse les positions des États membres, du Parlement européen, de la Cour de justice de l'UE et la Commission européenne en matière sociale, on obtient un tableau plus complexe et diversifié.

Concernant les États membres, on peut déceler chez eux une triple dynamique : celle, bien entendu, de la défense des intérêts nationaux, celle des préférences politiques et alliances du moment (gouvernement de gauche ou de droite), mais aussi, surtout dans certains pays comme en France, en Belgique, au Luxembourg et, dans une moindre mesure, en Italie, celle des attitudes historiques par rapport à la construction sociale européenne. En effet, certains pays soutiennent le plus souvent, et quelle que soit la couleur politique du gouvernement, l'objectif de développer une dimension sociale de l'intégration. À cet égard, un intéressant exemple est celui de la place de la dimension sociale lors de la négociation du traité de Maastricht. Une approche en termes de préférences des États et une définition étroite de l'intérêt économique conduisent Lange (1993) à considérer que les pays du Sud (Grèce, Portugal et Espagne) n'avaient pas intérêt au vote à la majorité qualifiée en matière sociale qui *de facto* aurait limité leur capacité de véto. L'argument (rationnel) est celui du risque que ces pays se voient imposer des normes plus (trop) élevées, alors même que leur avantage comparatif se trouverait dans des conditions de travail et des salaires peu élevés. Pourtant, une étude détaillée des positions gouvernementales réalisée par Gerda Falkner (1998, p. 84-95) montre que les trois pays du Sud ont au contraire soutenu, dès le départ des négociations, des progrès substantiels en matière sociale en vue d'une convergence vers le haut. Ce n'est pas non plus un simple clivage gauche-droite car, des trois pays du Sud, seule l'Espagne avait un gouvernement de centre gauche à ce moment. On le voit, la question sociale et les intérêts/acteurs y compris étatiques la prônant ne sont pas si simples à décrypter. Les élargissements successifs depuis 2004 ont bouleversé ces dynamiques, la plupart des gouvernements des nouveaux pays membres étant peu sensibles à la dimension sociale (ce qui n'est pas le cas des organisations sociales de ces pays).

Un autre acteur institutionnel important est le Parlement européen (PE). Celui-ci voit ses pouvoirs renforcés à chaque réforme des traités. Ici aussi il existe une tension entre intérêts nationaux et idéologiques (Hix *et al.*, 2007), mais dans son ensemble, le PE a manifesté une sensibilité marquée aux questions sociales. Ce fut le cas à la fin des années 1980 et au début des années 1990 quand il réclame une dimension sociale forte pour accompagner le marché intérieur ou plus récemment dans la première moitié des années 2000 autour par exemple du règlement Reach (qui régule la mise sur le marché des produits chimiques dangereux et inverse la charge de la preuve). Ou encore dans la lutte contre la directive Bolkestein sur la libre circulation des services. Le PE a toujours été gouverné par une alliance centrale entre les démocrates-chrétiens du Parti populaire européen (PPE) et les sociaux-démocrates du groupe Socialistes et démocrates (S&D). Toutefois, l'élargissement de 2005 va bouleverser les rapports de force. Depuis leur entrée les nouveaux pays membres ont élu, aux deux premières élections du PE, 80 membres de PPE (centre droit) en plus que ceux affiliés au S&D (centre gauche) avec pour conséquence que depuis les élections européennes de 2009, il existe pour la première fois une claire majorité de droite. Lors des élections de 2014 cette avance s'est réduite à quarante parlementaires supplémentaires pour le PPE. Formellement, la collaboration entre les démocrates-chrétiens et les sociaux-démocrates se poursuit, mais dans un contexte où le PPE peut trouver une alliance alternative à droite, ce qui n'est pas le cas du S&D avec les autres factions à sa gauche. Il faut tenir compte du rôle des partis politiques européens et plus particulièrement du S&D dans la capacité ou non de définir et mener une politique sociale européenne (Ladrech, 2003, 2010 ; Moschonas, 2011 ; Ross, 2009).

La Cour de justice de l'UE a longtemps reçu le label d'acteur prosocial, et ce principalement en raison de sa jurisprudence très progressiste en matière d'égalité hommes-femmes et de libre circulation des travailleurs et des citoyens. Toutefois, les fameux arrêts Laval, Viking et consorts (2008/2009) interprétant de manière pro-business la directive sur le détachement des travailleurs ont porté un coup d'arrêt à cette image progressiste. Elle est maintenant souvent associée aux fondamentalistes du marché, bien que ses derniers arrêts en matière sociale soient plus équilibrés (Picard, Pochet, 2018). On a dans ce cas une institution qui a globalement évolué d'une position prosociale vers une position beaucoup plus ambiguë.

Enfin, l'image de la Commission en matière sociale a longtemps été associée à celle de Jacques Delors, son président de 1985 à 1995. Son héritage est pour le moins ambigu, mais son époque correspond certainement à une Commission militante et voulant équilibrer l'intégration économique avec un « espace social européen », selon l'expression de l'époque (Ross, 1994). Au-delà des hommes et des personnalités, la composition de la Commission reflète aussi un rapport de force entre États et lignes politiques. La Commission Santer (1995-1999) était politiquement équilibrée (dix commissaires de chaque bord). Celle de Prodi (1999-2004) penchait légèrement à gauche, à douze contre huit. La première Commission Barroso (2004-2009) penchait nettement à droite, à 18 contre 7, parmi lesquels le très libéral Peter Mandelson (UK, New Labour) (Hix, 2008, p. 128-129). La seconde Commission Barroso (2009-2014) était totalement déséquilibrée, ne comptant que cinq commissaires sociaux-démocrates (y compris Catherine Ashton, UK, New Labour) sur 27. La Commission Juncker (2014) n'a pas apporté de réel rééquilibrage, avec 8 commissaires sociaux-démocrates sur 27. La fin du système en 2004 de deux commissaires par grands pays (l'un proche du gouvernement, l'autre de l'opposition) a finalement eu pour effet collatéral un clivage politique beaucoup plus marqué dans la composition politique de la Commission, qui penche aujourd'hui et depuis plus de dix ans déjà résolument au centre droit.

Comme on le voit, les acteurs institutionnels ont des dynamiques complexes et évolutives, mais il est frappant de constater que depuis le milieu des années 2000, ils convergent tous vers un moindre support à la dimension sociale européenne.

La dimension sociale est aussi le fait d'acteurs non étatiques, parmi lesquels certainement l'acteur syndical dans ses différentes dimensions européennes – la Confédération européenne des syndicats (CES), les fédérations sectorielles européennes ou nationales. Mais aussi les lobbies patronaux tels que BusinessEurope (BE) ou la Table Ronde des industriels (ERT), ou les acteurs patronaux sectoriels (Eurocommerce, par exemple). Dans des secteurs particuliers, des ONG jouent un rôle essentiel, par exemple le Lobby européen des femmes (LEF), les ONG sociales (EAPN, la plateforme sociale des ONG, FEANTSA (sans-abri), luttant contre les discriminations, etc. Leur action se conjugue souvent avec celle de fonctionnaires européens ou nationaux engagés, de juristes créatifs (pour les questions d'égalité entre hommes-femmes, par exemple) ou encore de juges nationaux. Ces actions se nourrissent des réflexions des think tanks nombreux sur la place de Bruxelles. D'autres acteurs comme Corporate Europe Observatory ou Finance Watch se sont spécialisés dans les secteurs des entreprises multinationales ou financiers. On trouve enfin, parmi les acteurs non étatiques, le secteur académique, souvent appelé à rédiger des rapports à la demande de la Commission (Supiot, 1999) ou de la présidence du Conseil (Ferrera Hemerijck, Rhodes, 2000 ; Rodrigues, 2003 ; Atkinson *et al.*, 2002), ou dont la présence se manifeste encore au travers des grands programmes européens de recherche en matière sociale (RECWOWE, CAPRIGHT...) (sur ces points voir l'analyse détaillée de Alexander Schellinger, 2016 ; aussi chap. 6) et dont les publications contribuent à la définition d'une Europe sociale, par exemple en tentant de promouvoir l'approche du prix Nobel Amartya Sen en termes de « renforcement des capacités » comme base possible pour les politiques sociales européennes.

Outre la question des acteurs, un autre aspect important est bien sûr celui du contexte. L'Europe des Six de la fin des années 1950 et au cours des années 1960 n'a rien à voir avec l'Europe à 28 (ou 27) actuellement. D'un monde économique relativement clos et homogène, avec un taux de croissance de 5 %, un consensus sur des politiques actives de l'État, d'importants tarifs douaniers communs, une protection sociale en construction appuyée tant par les partis de gauche que les partis sociaux-chrétiens, le plein-emploi, l'UE compte aujourd'hui 28 États membres, elle connaît une croissance économique lente, d'importantes divergences de développement entre pays ou groupes de pays, une ouverture commerciale importante, un chômage structurel élevé, etc. Étape par étape, l'environnement tant interne qu'externe se modifie donc, entraînant des redéfinitions de ce que sont les enjeux les plus importants. En évaluant l'historique de la régulation sociale européenne, Janine Goetschy (2006) émet une remarque importante en notant que contrairement à la législation sociale nationale, la législation de l'UE n'a pas été confrontée à un processus de dérégulation (jusqu'à ce jour). Le droit social européen qui paraissait faible et minimaliste il y a dix ou quinze ans apparaît aujourd'hui comme un filet de sécurité bien utile.

L'ambiguïté des consensus apparents et des objectifs poursuivis a souvent permis d'avancer, même si de façon chaotique et contradictoire (voir par exemple l'analyse de Nicolas Jabko 2009 sur le marché intérieur vu soit comme moteur de la dérégulation soit de l'union politique, selon les points de vue). Mais jusqu'aux années 2010, le social a d'une façon ou d'une autre fait partie de cette construction ambiguë, utilisant de nouveaux espaces pour construire des potentialités, comme l'institutionnalisation du dialogue social, la proclamation des droits fondamentaux, une gouvernance expérimentale en termes de processus et d'apprentissage : la fameuse méthode ouverte de coordination. Les acteurs eux-mêmes n'avaient pas toujours des idées claires sur ce qui était achevé. Ainsi, après l'inscription des dispositions du dialogue social dans le traité de Maastricht permettant d'inaugurer de véritables négociations sociales européennes, la CES a dû tenir une conférence explicative pour ses membres et les experts afin d'expliquer ce que l'on pouvait attendre de ces nouvelles dispositions si éloignées de certaines réalités nationales (Lapeyre, 2017). Autre exemple : la plupart des juristes ont la conviction que la Charte des droits fondamentaux produirait des effets positifs, mais personne ne sait vraiment de quelle manière. Quant à la Stratégie européenne pour l'emploi (SEE), les premières années ont été celles de l'apprentissage collectif d'un outil de gouvernance complexe, dont ici aussi les potentialités et les risques étaient largement inconnus des acteurs impliqués (De la Porte, Pochet, 2004).

L'approche choisie ici pour développer les arguments est volontairement pluridisciplinaire. En termes théoriques, si mon approche s'inscrit globalement dans l'institutionnalisme historique version sociologique et les débats sur les variétés de capitalisme, elle est aussi éclectique. Cinq auteurs différents Maurizio Ferrera, Saskia Sassen, Pierre Muller, Paul Sabatier et Albert Hirschman ont inspiré ce livre.

Tout d'abord Mauricio Ferrera avec sa riche lecture de Stein Rokkan appliquée à l'intégration européenne et particulièrement à la politique sociale (2005) offre le cadre théorique le plus vaste sur les frontières, les liens entre protection sociale et territoire, et la déstructuration et la restructuration des espaces nationaux et européens. La lecture de Ferrera permet de voir plusieurs processus se passer à différents niveaux et allant dans des directions parfois différentes parfois complémentaires.

Les trois processus à l'œuvre identifiés par Ferrera sont « la déstructuration, la restructuration défensive le long d'anciennes frontières et la restructuration le long de nouvelles frontières, des lignes de démarcation plus larges ». Ces « trois processus qui peuvent coexister et agir en parallèle pendant une longue période de temps, maintenant une sorte d'équilibre mutuel ». Approfondissant cette approche, il y a donc selon Maurizio Ferrera un double mouvement de résistance aux changements venant du niveau européen : le premier au niveau national pour maintenir les dispositions antérieures et l'autre au niveau européen par la participation à la définition même des politiques européennes (pour plus de développements voir chap. 6).

Mais on peut compléter Ferrera/Rokkan par les analyses de Pierre Muller (1995) sur les politiques publiques et de Saskia Sassen (2007) sur la globalisation. Bien que partant de disciplines et d'approches très différentes, tous deux décomposent l'État en différents secteurs ayant leur propre logique (référentiels, algorithmes) ou étant des localisations particulières d'un processus de globalisation (grandes villes). L'important ici est la fragmentation spatiale et des politiques, l'existence des logiques différentes à l'intérieur d'un même espace sans pour autant nier une certaine unité ou pertinence de l'état et d'une logique globale (référentiel global). Pour illustrer rapidement comment on peut utiliser ces deux approches, on peut par exemple contraster la politique monétaire et la politique sociale, leurs référentiels, leurs acteurs, leur européanisation/globalisation et nous demander par exemple si la Banque de France est un acteur français dans un jeu européen ou au contraire un agent globalisé/européen installé dans un territoire national et au centre d'un État français.

En passant à un niveau inférieur sur le détail de la manière dont se prennent les décisions, les approches en termes de coalitions de cause (*advocacy coalition*) de Patrick Sabatier qui se centre sur des groupes en partie disparates d'acteurs à l'intérieur et à l'extérieur d'appareils étatiques sont essentielles pour comprendre les processus de déstructurations/restructurations partielles dans des espaces politiques définis. Il y a différents groupes en compétition (dans le domaine social ce que nous avons appelé le groupe social versus le groupe économique) dont les membres partagent des croyances fondamentales. L'approche en termes d'*advocacy coalition* rend mieux compte de la réalité de coalitions variées en termes de participants que celle de communauté épistémique (Haas, 1992) qui est bien plus contraignante sur les valeurs partagées et plus limitée quant à la nature des participants. Cette approche des politiques publiques considère aussi une dimension temporelle relativement longue (dix ans au moins) pour évaluer les effets ou non des changements.

Ensuite Albert Hirschman (1970) avec son fameux tryptique – *Voice*, *Exit*, *Loyalty* – permet de saisir le répertoire d'action à la disposition des acteurs/advocacy coalitions. Souvent *Voice* et *Exit* ont été utilisés dans des études ultérieures sur le plan européen montrant comment il est difficile de faire entendre sa voix au niveau européen pour les mouvements sociaux (Iming, Tarrow, 2001) ou par exemple le recentrage des partis d'extrême gauche et de certains syndicats communistes en faveur d'un soutien critique à l'intégration. Exit est revenu en force dans le débat autour des choix possibles pour la Grèce, quant au Brexit britannique il change complètement la donne. Il ouvre cette possibilité de manière pratique pour d'autres acteurs ou États. Selon la manière dont se déroulera le processus cela pourrait être un *one shot* ou au contraire une option réaliste et réalisable.

Toutefois, c'est *Loyalty* qui me semble central pour comprendre comment certains acteurs tels les syndicats et certains partis de gauche restent fidèles à un projet jugé historique qui se dégrade lentement, espérant que le produit « Europe » reprendra des couleurs souvent associées à l'époque de Jacques Delors dont Jean-Claude Juncker rappelle à l'envi qu'il se considère comme un héritier.

Le livre est structuré comme suit. Les cinq premiers chapitres esquissent et approfondissent les principales dimensions sociales de l'intégration européenne. Ils abordent ces questions de manière historique et dynamique en tentant de montrer tant les acteurs et les idées dominantes que les logiques sous-jacentes et les différentes étapes. Les deux suivants ont pour toile de fond l'UEM. Le dernier plus prospectif pose la question du social et du développement durable et plus particulièrement des enjeux liés au réchauffement climatique.

Le premier chapitre débat de la signification d'un modèle social européen et présente les grandes étapes du développement des politiques sociales européennes.

Le deuxième chapitre développe l'idée fondamentale qui traverse ce livre : il y a eu différentes logiques et différentes définitions de ce qu'on entendait par politique sociale ou modèle social. Les échecs (parfois relatifs) de chacune nous aident à comprendre comment l'étape suivante s'est construite et comment celle-ci à son tour a été dépassée et d'autres directions ont été prises.

Le troisième chapitre revient sur deux grandes politiques sociales européennes, la politique d'égalité hommes-femmes, et celle en matière de santé-sécurité sur les lieux de travail, souvent ignorées dans les ouvrages académiques généralistes. Quand on parle de la législation sociale un consensus émerge rapidement pour évoquer l'égalité entre hommes et femmes comme étant la politique la plus importante en cette matière (et celle ayant eu le plus d'influence au niveau national notamment sur les États dit bismarckiens). Ensuite on nomme la santé et sécurité sur les lieux de travail qui constitue en termes quantitatifs (nombre de directives) le secteur social de loin le plus important.

Ces deux politiques ont été initiées en même temps au milieu des années 1970. Elles ont toutes connu des évolutions importantes. Par exemple en ce qui concerne l'égalité hommes-femmes, on est passé de l'égalité sur le lieu de travail aux actions positives puis au *gender mainstreaming* de l'ensemble des politiques publiques. De plus, la question de l'égalité elle-même a fait l'objet d'un déplacement à partir de l'adoption des directives sur la non-discrimination (2000) qui sont plus larges que la question du genre. Ces deux politiques ont été le creuset d'une réflexion sur le droit et la nécessité d'avoir des institutions, des acteurs et une dynamique sociale, pour la troisième sur le rôle de la négociation (de standards) versus l'adoption de règles rigides.

Le quatrième chapitre pose la question de la possible émergence ou non d'un système multiniveau de relations industrielles. Il approfondit l'émergence et la stabilisation du dialogue social interprofessionnel et sectoriel. Le dialogue social entre, d'une part, les employeurs européens regroupés au sein de BussinessEurope (avant UNICE, Union of Industrial and Employers' Confederations of Europe), du CEEP (employeurs d'entreprises à participation publique) et de l'UEAPME (employeurs de petites et moyennes entreprises) et, d'autre part, la Confédération européenne des syndicats (CES) constitue un des aspects les plus intéressants et souvent le moins reconnu (en particulier le dialogue social sectoriel) de la dimension sociale. Le partenariat social était tout sauf évident (Hyman, 2001). Cela pose aussi la question peu souvent abordée de l'intérêt (ou non) des employeurs à négocier des accords avec les syndicats, ou en d'autres termes de l'existence ou non d'un capitalisme européen. Mais il ne s'agit pas seulement de décrire des structures et des politiques, mais aussi l'européanisation (la définition d'un objectif européen commun) difficile et contradictoire d'acteurs collectifs, syndicaux et patronaux.

Le cinquième chapitre est consacré à la nouvelle gouvernance sociale, aux méthodes ouvertes de coordination avec un focus sur le débat autour de la flexicurité, ceci dans le cadre de l'union économique et monétaire. L'émergence d'une nouvelle gouvernance sociale et des processus de méthode ouverte de coordination a été au centre de nombreux débats et analyses entre 1997 et le début de la grande crise (2007-2008). La question de recherche (mais aussi politique) a également changé passant de l'étude du niveau européen à celui de la mise en œuvre dans les États membres des politiques européennes (ce qui est aussi développé au chapitre suivant sur l'européanisation). Ce chapitre est aussi l'occasion de revenir sur la question de la flexicurité qui reste à l'agenda européen malgré toutes les critiques. Il ne s'agit pas de reprendre le débat sur sa réalité ou son instrumentalisation vers une flexibilité de plus en plus prononcée, mais de reprendre la question de base qui était posée. Pourquoi certains pays réussissent-ils mieux en termes d'emploi, de chômage, d'intégration sociale... que d'autres ? Les complémentarités institutionnelles jouent-elles un rôle dans ces réussites ? Quels apprentissages sont-ils possibles ?

Les sixième et septième chapitres abordent les questions sociales de manière transversale en tentant de lier politique sociale et économique, en posant la question de la nouvelle gouvernance d'une part, et de l'européanisation des politiques nationales, de l'autre.

Le sixième chapitre examine donc la question de l'européanisation des politiques sociales et offre une approche dynamique de l'interaction entre le niveau national et européen depuis le début des années 1990 et l'adoption du traité de Maastricht. Il reprend les éléments développés les chapitres précédant en modifiant l'approche et la question de recherche. Ce chapitre se structure en deux sections. La première offre une approche critique des études sur l'européanisation des politiques et propose un autre cadre. Nous utilisons l'approche de Ferrera (2005) montrant des résistances, des recompositions et des actions de différents groupes à différents niveaux. La seconde partie offre une vision dynamique des impacts européens sur les politiques nationales (*downloading*) qui entraînent des rétroactions au niveau national pour changer/influencer les politiques et institutions au niveau européen. Cela nous donne une vision beaucoup plus dynamique et intégrée des interactions entre niveaux, les politiques et surtout les différents groupes d'acteurs. Cela permet aussi de mettre en évidence l'absence de liens et la non-consolidation de certaines institutions.

Le septième chapitre approfondit la question de la nouvelle gouvernance européenne et de son impact sur les modèles sociaux nationaux. L'union économique et monétaire constitue en même temps la menace la plus claire sur les modèles sociaux nationaux, mais aussi la possibilité la plus forte de réagir et d'essayer de modifier les règles du jeu au niveau européen, a connu des développements importants depuis la crise de 2008 et surtout à partir de 2010. Ce chapitre pourrait s'appeler aussi le rêve (de dérégulation sociale) du banquier central. Il décrit l'émergence de la nouvelle gouvernance économique avec la montée en puissance de la BCE et de l'Allemagne. Cette nouvelle gouvernance est particulièrement complexe car elle n'est pas stabilisée et ressort de différents types d'instruments et de logiques de contrôle. Mais le point essentiel dans ce chapitre est la politique et l'importance des rapports de force politiques. Les résultats de cette période sont en ligne avec ce que l'on peut attendre lorsque la droite est simultanément au pouvoir dans les États membres, ce qui se reflète naturellement aussi directement et indirectement à la Commission européenne et au Parlement européen.

Il montre comment la nouvelle gouvernance mise en place conduit à une dérégulation radicale des institutions de solidarité dans certains États membres. Elle s'accompagne d'une divergence accrue (au lieu d'une convergence) entre groupes de pays et entre régions dans les pays. Il s'intéresse à l'impact de l'UEM sur les acteurs et en particulier les syndicats.

Le dernier chapitre esquisse les enjeux futurs et notamment ceux liés aux impératifs écologiques. La question écologique et du réchauffement climatique et ses impacts sur les restructurations productives, ainsi que l'émergence de nouveaux (ou pas si nouveaux) emplois ouvrent le débat fondamental sur le modèle de croissance et le développement d'une dimension sociale. Si le progrès technologique n'est pas suffisant pour réduire drastiquement les émissions de gaz à effet de serre (ce qui est plus que probable), il faudra bien que la question du modèle de croissance revienne à l'agenda. Quelles seront les tensions entre les acteurs et les possibilités de recomposer des alliances alors que la croissance économique et la distribution de ses fruits sont au cœur du modèle social national ?

La plupart de ces chapitres se concluent par quelques réflexions plus personnelles, qui présentent rapidement mes points de vue subjectifs sur la question. Comme indiqué dans la préface, j'ai volontairement essayé de distinguer l'analyse de mes propres préférences ou expériences. Le livre se termine également par quelques réflexions personnelles et générales sur l'intégration européenne et sa dimension sociale.

CHAPITRE 1

Les contours du modèle social européen

Ce premier chapitre aborde la question controversée de la définition d'un modèle social européen et de son contenu. Il présente quatre versions fort différentes de ce que serait ce modèle social. Ce débat est loin d'être anecdotique. Chaque approche considère des éléments très différents de ce qui constitue un éventuel modèle social. Ce qui a un impact non seulement sur l'évaluation du modèle social européen (inexistant, en formation, ou en évolution) mais aussi sur l'action qui serait nécessaire pour l'améliorer. Dans un deuxième temps, ce chapitre présente en détail le Rapport Ohlin de l'Organisation internationale du travail (OIT) qui a servi de base pour préparer les dispositions sociales du traité de Rome (1957). L'analyse de ce rapport nous montre les débats qui se manifestent jusqu'à aujourd'hui, mais aussi les analyses et les choix qui ont été faits à cette époque. C'est l'empreinte des origines qui va peser sur les débats, possibilités et solutions des six décennies qui suivent.

Les débats autour du modèle social européen

La définition de ce que serait le « modèle social européen » a toujours été problématique. Les trois mots qui le composent *modèle, social, européen* ne sont pas sans ambiguïté.

Cette ambiguïté porte évidemment sur la définition de ce que couvre la notion de « social » (nous reviendrons largement sur les contours de ce terme dans la seconde partie de ce chapitre). En quelques mots le social peut être au niveau européen identique à la définition du social national (essentiellement la protection sociale et le droit du travail). Il peut aussi être ce que la Commission européenne juge comme étant social sur la base des articles du traité. Ou encore il peut se voir limité au droit social européen *stricto sensu*. Chaque définition donne un contour très différent du social au niveau européen (voir sur ce point l'analyse détaillée de Degryse, Pochet, 2017).

Ensuite, qu'entend-on par « modèle » ? S'agit-il d'une série de traits caractéristiques communs aux pays de l'UE ? Ou plutôt d'un cadre assez flexible/extensible avec quelques points généraux de référence ? Enfin, qu'entend-on par « européen » ? Les politiques de l'Union européenne ? Les politiques sociales nationales (et régionales) de l'ensemble des États membres ? Ou bien le terme européen sert-il à contraster cette région par rapport à d'autres grands pays (États-Unis, Chine, Brésil, Japon) ? Cela dépend aussi de la perspective géographique que l'on adopte. Il existe deux approches. La première part d'une comparaison externe : l'Europe vis-à-vis du reste du monde. La seconde regarde les différences de manière interne en posant la question de l'ampleur de celles-ci entre modèles nationaux. Concernant la première perspective, les contours d'un modèle commun se manifestent évidemment davantage quand on compare l'Union européenne avec d'autres grands pays. Ceci dit on n'échappe pas non plus au débat sur une possible américanisation du modèle européen (Martin, 1999) ou encore d'une convergence générale vers un modèle néolibéral.

Dans la seconde approche, l'analyse de la diversité des systèmes nationaux en Europe conduit à des regroupements en clusters composés à partir d'idéaux-types regroupant trois ou quatre ensembles de pays : les sociaux-démocrates (idéal-type proche de la Suède), les libéraux/anglo-saxon (idéal-type proche du Royaume-Uni), les continentaux-conservateurs (idéal type proche de l'Allemagne), avec une variante pour les pays du Sud familialiste avec des prestations déséquilibrées en faveur des pensions (idéal type proche de l'Italie) (Esping Andersen, 1990 ; Ferrera, 1996). Le cas de l'Europe centrale et orientale, des pays baltes et de Chypre et Malte pose des problèmes de taxinomie. Constituent-ils un cinquième modèle ? Doit-on les classer dans ceux existants ? Ou encore peut-on les qualifier d'hybrides ? Par exemple, Chypre peut être classé comme faisant partie du groupe anglo-saxon, car il s'agit d'une ancienne colonie anglaise, ou du groupe du Sud du fait de sa localisation géographique et de ses liens avec la Grèce.

Le débat autour de ces idéaux-types a lui-même évolué, passant de clusters relativement fermés à la reconnaissance d'un processus complexe d'hybridation de chacun des pays les composant. Récemment, certains ont souligné que la tendance générale est celle d'une convergence néolibérale avec néanmoins des variantes nationales (Streeck, 2011 ; Schmidt, Thatcher, 2014 ; Baccaro, Howell, 2017).

À cela il faut ajouter que les pays englobés sous le terme « européens » sont passés des six États membres fondateurs à vingt-huit en 2017, accroissant non seulement l'espace géographique couvert (les événements en Ukraine depuis 2014 posant clairement la question des limites géographiques de cet espace) et les expériences historiques – y compris le sens donné à faire partie de cette expérience collective : émotionnel (résultant de la Seconde Guerre mondiale), ou rationnel (assurant une prospérité accrue) ou encore géopolitique (chute du Rideau de fer, effondrement de l'Union soviétique, crainte de la Russie).

Quatre définitions d'un modèle social européen

Si l'on retrace les évolutions des définitions au niveau européen (c'est-à-dire par ceux qui s'intéressaient principalement à la définition dans le cadre des politiques de l'Union européenne et non aux débats sur les diversités internes), on peut distinguer dans la littérature académique et dans les débats politiques quatre définitions en partie complémentaires, mais aussi fort différentes dans leurs logiques. Elles ont été développées successivement. La première lie le progrès social au progrès économique, la deuxième se centre sur les caractéristiques institutionnelles, la troisième est dynamique et procédurale, et enfin la quatrième considère les aspects discursifs et identitaires. Reprenons-les plus en détail.

La première, la plus ancienne, se retrouve dans les débats sur la place du social lors de la négociation du traité de Rome (1957). À cette époque, le consensus est que le modèle social européen (c'est-à-dire ici les modèles nationaux des Six, puisqu'au départ il n'y avait pas de politique européenne) sera renforcé par les effets positifs de l'intégration économique. En effet, celle-ci permet des gains d'efficacité et donc de croissance, ce qui est censé renforcer l'assise économique des politiques sociales et de la protection sociale nationale. En ce sens, le modèle social est un dérivé positif de l'intégration économique qui renforce les économies nationales et dès lors les capacités à offrir des politiques sociales ambitieuses, ou rattrapant celles de pays les plus avancés (voir dans la section suivante le Rapport Ohlin et l'empreinte des origines pour les termes du débat dans les années 1950 et son inscription dans les traités). Par ailleurs la dimension sociale pourrait être traitée par d'autres institutions internationales comme l'OIT ou le Conseil de l'Europe.

Ce type de raisonnement se retrouve aussi dans l'Acte unique (1985) avec la finalisation du grand marché intérieur censé créer des millions d'emplois, avec par exemple le Rapport Cecchini (1988) sur le coût de la non-Europe. À noter que cette définition est surtout liée au renforcement des États-providence et de l'emploi au niveau national. Elle ne dit rien ou presque sur la dimension européenne.

Anticipant ici les débats européens futurs, notons que ce lien positif entre croissance économique et amélioration sociale est renversé dans les années 2000. En 1997, lors de la présidence néerlandaise du Conseil de l'UE, le rôle de la politique sociale évolue, celle-ci est désormais présentée comme un facteur productif c'est-à-dire devant favoriser la croissance (Schellinger, 2016). Ce faisant, la voie est alors ouverte pour une discussion sur le social comme facteur productif toujours positif, ou au contraire comme pouvant nuire au développement économique. Progressivement, ceci a conduit à considérer désormais les politiques sociales et la protection du travail comme des freins au développement économique, et donc à déréguler ou à recalibrer radicalement.

La deuxième définition qui se développe surtout durant la période de la présidence de Delors à la Commission européenne (1985-1995) (voir Ross, 1994) part d'une approche basée sur les institutions qui caractérisent les modèles nationaux. Elle est portée par des hauts fonctionnaires de la Commission (Venturini, 1988 ; Degimbe, 1999 ; Favarel-Dapas, Quintin, 2007) et reprise également par la Confédération européenne des syndicats (CES).

Le modèle social européen est composé :

- de systèmes de protection sociale universels (ou quasi) et d'un niveau élevé de dépenses sociales (25 % du PIB ou plus) ;
- d'une régulation sociale et d'un dialogue social avec des partenaires sociaux (employeurs et syndicats) reconnus comme légitimes ;
- de services publics importants couvrant des domaines variés ;
- d'un rôle économique régulateur joué par l'État (mais cette composante a été considérablement réduite depuis le début des années 1990 par la vague de libéralisation de nombreux secteurs économiques, et de la privatisation des entreprises publiques).

En complément, il est souvent fait référence à des valeurs européennes partagées, quoique rarement clairement définies sauf éventuellement au travers de la Charte communautaire des droits sociaux fondamentaux des travailleurs. Cette définition très générale souligne surtout les différences avec les autres pays hors Europe comme les États-Unis, le Japon ou encore le Brésil. C'est celle qui est reprise par le Conseil européen de Nice de décembre 2000 : « Le modèle social européen, caractérisé en particulier par des systèmes de protection sociale de haut niveau, par l'importance du dialogue social, et par des services d'intérêt général, dont le champ couvre des activités essentielles à la cohésion sociale, repose aujourd'hui, par-delà la diversité des systèmes sociaux des États membres, sur un socle commun de valeurs. »

Des quatre éléments institutionnels du modèle social européen mentionnés ci-dessus, seul le dialogue social interprofessionnel et sectoriel (43 secteurs organisés en 2018, voir chapitre 3) a été développé institutionnellement au niveau européen. Ni la protection sociale, ni les services publics (sauf sous la forme de la reconnaissance européenne des missions d'intérêt général), ni le rôle de l'État dans l'économie (sauf la reconnaissance de la neutralité quant au capital, privé ou public) n'ont été institutionnellement ancrés en plus de soixante années d'intégration et cinq réformes des traités.

Cela ne signifie pas que l'action de l'UE n'ait jamais porté sur ces éléments. Par exemple, en ce qui concerne les services publics, le rôle de la Commission a été central dans les vagues successives d'ouverture à la concurrence dans les télécommunications, le secteur postal, le transport ferroviaire, l'énergie, etc. Malgré une base juridique pour les services d'intérêt général (en 1997) et la définition sectorielle de missions d'intérêt général, il n'y a jamais eu une réelle tentative de définir ce que pourrait signifier un service public européen (Bauby, 2011).

La troisième définition reconnaît l'existence de modèles sociaux nationaux différents (voir la littérature sur les variétés de capitalisme ou différents groupes/clusters des pays partageant les mêmes caractéristiques générales). Elle définit le modèle social européen comme un processus dynamique, interactif et rétroactif de convergence sociale entre les États membres. Il s'agit d'une convergence avec les États les plus performants en matière économique et sociale – c'est l'essence de la fameuse Méthode ouverte de coordination (Zeitlin, Pochet, 2005) – au moyen d'un apprentissage collectif autour d'objectifs qui sont quantifiés et des procédures de vérification souples. Elle prend donc acte positivement de la diversité des modèles (au contraire de ceux qui soutiennent que la diversité empêche les développements de politiques sociales européennes). Le modèle est défini par la dynamique visant à s'inspirer des meilleures pratiques et des résultats les plus positifs mesurés par des indicateurs communs (voir chap. 5).

Par exemple :

- les objectifs d'un taux d'emploi élevé y compris pour les femmes et les travailleurs plus âgés ;
- la réduction de la pauvreté et de la pauvreté des enfants ;
- les objectifs en termes d'éducation (accès et réussite) et de la formation tout au long de la vie ;
- des systèmes de pensions « soutenables », mais aussi « adéquats ».

À noter que cette définition est a-institutionnelle. On prend pour acquis qu'il est possible de transférer des résultats d'un système à l'autre (y compris avec des institutions nationales et des complémentarités entre elles fort différentes). On peut aussi converger vers des modèles très différents si on utilise un indicateur unique. Par exemple si on prend pour indicateur principal le taux d'emploi, celui-ci est (avant la crise de 2008) équivalant en Suède, au Royaume-Uni, au Portugal ou aux Pays-Bas, quatre pays qui relèvent de modèles de protection sociale très différents. En revanche, si le modèle social européen se définit par le respect de l'ensemble des indicateurs y compris ceux liés aux inégalités/exclusions sociales, alors un seul modèle émerge : celui des pays nordiques (Danemark, Finlande, Suède).

En résumant les trois premières définitions, le modèle social européen est un dérivé de l'intégration économique, ou est caractérisé par un ensemble d'institutions originales (quand on le compare avec d'autres pays industrialisés), ou encore se manifeste par une dynamique d'une coordination des politiques sociales et d'emploi visant un processus de convergence basé sur des indicateurs.

Mais il existe aussi une autre définition du modèle social européen développée par Maria Jepsen et Amparo Serrano Pascual (2005). Le modèle social est considéré comme un espace discursif servant en même temps à légitimer le projet européen et à projeter un débat normatif sur ses contours. Comme le soulignent les auteures :

> Plutôt que de comprendre le MSE (modèle social européen) en tant qu'entité ou un fait, il pourrait être considéré comme une construction politique dans le cadre d'une demande de légitimité générée par le projet de l'UE lui-même.

Et d'ajouter :

> Dans une certaine mesure, la prolifération des recherches sur le MSE constitue en soi le processus de construction d'un projet européen. Dans ce cadre, nous pensons que le concept est, plutôt que quelque chose d'extérieur à découvrir, un projet politique et donc un concept social et politique mis en place par des discussions académiques et politiques sur la manière de faire face aux défis socio-économiques actuels [p. 23].

Cette quête normative et théorique d'un modèle social européen dans le discours public est l'indication que la dimension sociale de la construction européenne est nécessaire comme discours pour justifier le processus d'intégration. En quelque sorte, l'intégration européenne ne pourrait se passer d'une (mythique) dimension sociale pour pouvoir se poursuivre. C'est donc la nécessité et la poursuite d'une discussion autour de cette dimension qui est plus intéressante que la définition précise de celle-ci.

En quelque sorte, quasi personne, même parmi ceux les plus rétifs au social, n'avance qu'il ne faut aucune dimension sociale européenne. Car même marginal, le social est contenu dans les gènes (discursifs) de la construction d'un espace politique intégré. Ayant présenté les quatre manières d'appréhender le modèle social européen, voyons maintenant comment s'articulent les dimensions nationales et européennes de celui-ci.

Un modèle social à deux dimensions : national et européen

Le débat sur le modèle social comporte deux dimensions, l'une nationale fondée sur la préservation et le développement des modèles nationaux (y compris pour se préserver d'intrusions déréglementaires du niveau européen) et l'autre européenne impliquant la création d'un espace social européen (pour éviter la mise en concurrence et le dumping social national). Il est souvent difficile de voir comment ces deux dimensions doivent se combiner et il peut y avoir des tensions entre elles.

Par exemple, faut-il que le niveau européen permette aux espaces sociaux nationaux d'évoluer selon les préférences des citoyens (exprimées par le résultat des élections) ? Cela signifie aussi accepter qu'il puisse y avoir des réductions des protections si cette politique est soutenue par une majorité de la population. C'est là une limite importante d'une approche centrée sur le niveau national, car il existe alors un risque de mise en compétition des modèles sociaux voire de dumping social. La mise en concurrence et le dumping social sont des notions proches, mais différentes. Le dumping social est une des variantes de la mise en compétition. En effet, la mise en compétition entre modèles sociaux peut être due soit à une différence de niveaux de développement et d'avantages comparatifs (dès lors il s'agit davantage d'une question de temps et de transition), soit à des choix politiques et à une volonté délibérée de choisir des normes moins élevées (dumping social). Il est très difficile de définir exactement ce qu'est le dumping social (Bernaciak, 2015). Comment prouver qu'il y a une volonté délibérée d'avoir des standards inférieurs ?

Si c'est relativement facile dans le cas de la main-d'œuvre migrante payée quelques euros de l'heure dans les abattoirs allemands, la plupart des cas sont bien moins évidents. En quoi alors le dumping social est-il fondamentalement différent d'un processus de rattrapage économique ? Ces limites sont des plus ténues entre rattrapage et volonté de dumping quand on considère les pays baltes ou les pays d'Europe centrale et orientale. Ces derniers considèrent que leur marché du travail flexible et leurs salaires relativement faibles constituent un élément clé de leur rattrapage économique.

Le débat sur le dumping social est fondamentalement de nature politique et pas technique et porte sur des questions comme : quel type de convergence veut-on ? Quelles sont les limites acceptables à la diversité ? Dans quels domaines des normes communes doivent-elles être adoptées pour limiter les divergences et éventuellement accompagner les convergences ?

Cela étant, ce débat (et le livre approfondit cette question) est biaisé si on se limite à la question sociale *stricto sensu*, en ignorant son encadrement économique. En élargissant la focale, la question devient : est-ce que le modèle de développement économique et monétaire choisi au niveau européen permet ou non de préserver une diversité des choix nationaux et/ou de favoriser la convergence dans le progrès ? Et dans la négative, faut-il alors développer un véritable modèle européen (ébauche d'un État-providence européen, voir par exemple Grahl, Teague, 2013) ? Le terme « ébauche » est important, car ce mot indique une direction et non un état de fait. Personne ne pense sérieusement à la création rapide d'un État-providence unifié au niveau européen. En revanche, certains aspects pourraient progressivement se développer, en particulier dans le cadre de l'union économique et monétaire. Par exemple autour d'une assurance chômage pour amortir des chocs asymétriques qui touchent de manière différenciée les pays/régions européens.

Mais si cette option n'est pas possible ou pas politiquement réaliste, est-il envisageable de développer une politique monétaire et économique européenne qui permette que des choix sociaux nationaux différents puissent être réalisés ? Et si ce n'est pas le cas, faut-il accepter une union monétaire qui implique une dérégulation des marchés nationaux du travail et limite fondamentalement les choix possibles ? Ou alors faut-il sortir de façon ordonnée de l'UEM ? (Streeck, 2014).

Aux termes « Modèle social » et « Dumping social », il faut ajouter celui de « Subsidiarité » officialisé en 1992 dans le traité de Maastricht. Cette notion a eu différentes définitions selon les époques et ceux qui la supportaient. De manière générale, la subsidiarité porte sur la distribution des compétences et des interactions entre les différents niveaux, du local à l'international en privilégiant le niveau le plus bas. Mais aussi elle privilégie les acteurs non gouvernementaux aux actions des pouvoirs publics. Dans son acception originale (dérivant de la doctrine sociale de l'Église), le terme subsidiarité comprend aussi la notion de solidarité au sens que le niveau supérieur doit fournir les moyens nécessaires aux niveaux inférieurs pour mettre correctement en œuvre les tâches dévolues à ces niveaux (Pochet, 2001 ; Salais, 2013). La subsidiarité est importante, car discursivement elle va servir à tous ceux qui ne veulent pas ou très peu d'une politique sociale européenne. L'argument sera double d'une part la diversité qui doit au nom de la subsidiarité être préservée, car reflétant des préférences différentes et d'autre part le retrait des institutions communautaires, car les acteurs sociaux savent mieux ce qu'il faut faire. Cela deviendra par exemple le leitmotiv des employeurs européens arguant de l'autonomie des partenaires sociaux et de la subsidiarité pour refuser une quelconque initiative de la Commission européenne.

Après avoir discuté du modèle social de manière plus théorique, nous passons à l'analyse de la phase initiale des discussions sur la place du social dans la construction européenne.

Empreinte des origines

Dans cette seconde partie, nous faisons une lecture approfondie du Rapport Ohlin (1956) qui a influencé le Rapport Spaak et les dispositions sociales se trouvant dans le traité de Rome (1957) qui constituent les fondamentaux de la construction sociale européenne. Leur logique s'éloigne de ce qui avait été prévu pour la Communauté européenne du charbon et de l'acier (CECA, 1951), particulièrement en ce qui concerne la place des syndicats. Ainsi, il n'est pas inutile de rappeler qu'un représentant syndical siégeait non seulement au sein de la Haute Autorité de la CECA – précurseur de la Commission –, mais aussi à la Cour de justice (pour plus de détails Gobin 1997 ; Vauchez 2013).

Nous nous penchons plus en détail sur la logique intrinsèque du Rapport Ohlin, du nom de l'économiste suédois qui en assurait la coordination, 1956, le citant directement abondamment, car il constitue l'ossature intellectuelle de la place du social dans la construction européenne. Le traité de Rome en est la consécration juridique.

Bea Cantillon (2004, p. 6) nous rappelle que « Contrairement aux États-Unis, la CEE a choisi en 1957 de laisser la politique sociale aux États-providence nationaux. Cette décision a été prise sur la base du Rapport Ohlin, qui avait été demandé par l'OIT et qui concluait que les différences de politique sociale entre pays étaient soutenables, ainsi l'harmonisation des systèmes de protection sociale n'était pas nécessaire ».

Et en effet, le rapport du Comité de l'OIT (Rapport Ohlin) concluait que :

> La concurrence internationale dans un marché commun ne devrait pas empêcher des pays d'augmenter les standards de vie des travailleurs et il n'y a pas de raison de penser que des marchés internationaux plus libres gêneraient de quelque manière des améliorations futures des standards de vie des travailleurs par des meilleurs salaires

> ou une amélioration des avantages sociaux ou des conditions de travail [...] du fait que la productivité augmentera. [...] Quand on prend en considération la force du mouvement syndical européen et la sympathie des gouvernements pour les aspirations sociales (cela) assurera que les conditions de travail devraient s'améliorer et non se détériorer (§ 210).

Mais il est éclairant d'approfondir la logique développée dans ce rapport et la manière dont la question sociale est abordée. Dès les origines, la question du dumping social est présente sous la forme de ralentissement du progrès dans les pays les plus avancés ou la possibilité d'avoir au contraire une dynamique de rattrapage (rappelons que nous sommes alors dans les Trente Glorieuses avec des taux de croissance annuels de 5 % en moyenne).

> Il existe des incertitudes, en particulier sur les effets d'une intégration plus étroite des économies, [...], et comment elle affecterait le rythme de progrès social en Europe. Serait-il par exemple plus difficile pour certains pays, en particulier ceux ayant des normes de travail plus avancées, d'augmenter les salaires ou d'accorder d'autres avantages sociaux si leurs économies étaient moins abritées de la concurrence étrangère qu'elles ne le sont maintenant ? Inversement, de quelles manières une coopération économique plus étroite servirait à stimuler le progrès social, spécialement dans le pays avec des normes de travail moins avancées.

Toujours au même paragraphe, une double dynamique est mise en évidence : le progrès économique est seul à même d'apporter le progrès social, mais il y a un coût de transition.

> Il est reconnu que le bien-être social et la possibilité d'élever les standards sociaux sont étroitement liés avec, et largement déterminés par, les conditions économiques [...]. Certaines mesures peuvent être adoptées pour réduire les coûts de la transition vers un régime d'échange plus libre, et pour étendre de manière aussi équitable que possible à toutes les strates de la société les coûts qui ne peuvent pas être évités.

Le mécanisme pour y parvenir est clair : il s'agit du libre-échange (§ 25). Ce dernier aura un impact par le biais de l'accroissement de la productivité (§ 26) tant par des effets d'échelle que par le progrès technique. L'Europe occidentale est alors dans un processus de rattrapage technique et organisationnel avec des investissements importants de multinationales américaines.

> Cette augmentation de la productivité se produira de différentes manières, y compris par les économies d'échelle et la spécialisation, l'amélioration de l'organisation commerciale et une diffusion plus rapide des progrès technologiques (§ 26) [mais également par] davantage d'échanges internationaux des connaissances techniques et des expériences (§ 30).

Si le jeu doit être gagnant-gagnant par l'amélioration des conditions de travail dans les pays moins développés (dans l'Europe des Six, il ne s'agit alors que de l'Italie) et la création de nouveaux marchés pour les entreprises des pays économiquement plus avancés, le rapport souligne deux aspects importants (qui seront cependant occultés pendant le déferlement de la vague néolibérale des années 1980) : d'une part, le rôle important des institutions et, de l'autre, le regroupement des activités productives en clusters.

> Il semble qu'il y ait deux obstacles interreliés à l'industrialisation des zones sous-développées de l'Europe du Sud. Premièrement ; ces zones ne disposent pas encore d'arrangements institutionnels adéquats – structure éducative, administration publique, institutions de crédit et politique budgétaire – qui pourraient encourager l'accumulation et les investissements en capital et pour ces raisons et d'autres ils manquent du montant adéquat de capital nécessaire pour financer ces infrastructures de base (§ 39). Il semble y avoir une tendance claire pour les nouveaux investissements industriels de se regrouper dans les régions où des industries existent déjà (§ 40).

En conséquence de quoi, des arrangements spécifiques devraient être prévus et encouragés.

> Il existe toutefois, selon nous, une exception permettant d'exempter les pays de cette région de certaines obligations que les autres partenaires assumeraient dans le cadre de la libéralisation commerciale, dans le cas où ces pays entreprendraient des programmes effectifs pour promouvoir l'industrialisation de leurs régions sous-développées en fournissant des services de base dans des domaines tels que l'énergie, les communications et l'aménagement du territoire urbain, et par la création ou le maintien de dispositions appropriées pour l'éducation et la formation des travailleurs, l'organisation efficace du marché de l'emploi, une administration publique adéquate, des institutions bancaires et de crédit, et un système fiscal qui encourage tant au niveau national que local l'épargne et l'investissement intérieur, sans constituer un inutile moyen de dissuasion à l'investissement étranger.

À la question initiale sur la place du social, le rapport répond finalement que tout devrait bien se passer, que l'harmonisation n'est pas un préalable, mais sera le résultat du processus d'intégration. En ce qui concerne les salaires, la question ne se pose pas tant qu'ils sont liés à la productivité.

> Il existe des raisons de croire que, moyennant que des mesures appropriées soient prises pour renforcer le développement industriel dans les pays à plus bas revenus, les standards de vie des travailleurs de ces pays auront tendance, du fait de la mise en œuvre du marché commun, à s'améliorer plus rapidement que ceux des pays à hauts revenus (§ 210, 211). La compétition internationale dans un marché commun ne devrait pas empêcher un pays particulier d'améliorer les standards de vie des travailleurs. Il n'y a pas de raison pour que des pays avec des conditions économiques et sociales différentes doivent poursuivre des politiques identiques dans des matières telles que par exemple la durée hebdomadaire du temps de travail ou la manière de financer les systèmes de sécurité sociale (§ 213, 216).

Le rapport résume toute la philosophie de cette période en soulignant que « Dans les cas où l'harmonisation pourrait être nécessaire, elle ne devrait pas être considérée comme une condition préalable à la libéralisation des échanges, mais devrait être entreprise au cours de la période de transition (§ 182) ».

Parmi les autres points : un régime spécial pour l'agriculture est également soutenu. De manière plus générale et sans grand enthousiasme, un fonds pour aider à faire face aux conséquences des restructurations dues aux ajustements liés à l'ouverture commerciale, surtout dans les pays les moins avancés, est considéré comme une solution possible. Cela conduit aux articles sur le Fonds social européen dans le traité de Rome. Enfin une immigration modérée et contrôlée est également promue. La question de l'égalité salariale entre hommes et femmes est abordée :

> Les différences salariales selon le sexe constituent un cas particulier de bas salaire dans les industries qui compte une grande proportion de travailleuses. Quand de telles différences ne sont pas le résultat de circonstances particulières qui affectent les possibilités d'emploi pour les travailleuses dans certains domaines, mais sont dues à des facteurs tels que la tradition ou une absence d'une organisation efficace des travailleuses dans les syndicats, il sera désirable d'abolir graduellement ces différences en tenant compte de la Convention de l'OIT sur l'égalité de rémunération (§ 162).

Le Rapport Ohlin a une forte influence sur le Rapport Spaak (1956) qui prépare le traité de Rome. Il en reprend les principales conclusions en indiquant :

> La tendance spontanée à l'harmonisation des systèmes sociaux et des niveaux de salaires, ainsi que l'action des syndicats en vue d'obtenir un alignement dans les conditions de travail seront favorisées par la création du marché commun (Spaak, 1956, p. 65) [rajoutant que] l'unification [...] devra naturellement s'opérer sans porter atteinte dans aucun pays aux conditions de vie et de travail[1].

1. L'article 117 du traité de Rome reprend textuellement ces idées : « Les États membres conviennent de la nécessité de promouvoir l'amélioration des conditions de vie et de travail de la main-d'œuvre permettant leur égalisation dans le progrès. Ils estiment qu'une telle évolution résultera tant du fonctionnement du marché commun, qui favorisera l'harmonisation des systèmes sociaux, que des procédures prévues par

Trois domaines sont proposés pour un « effort spécial » d'harmonisation progressive :

- le principe de l'égalité des salaires masculins et féminins ;
- la durée hebdomadaire du travail au-delà de laquelle sont versées des majorations pour heures supplémentaires et le taux de ces majorations ;
- la durée des congés payés.

Seuls les premier et troisième points se retrouvent dans le traité de Rome. Ces deux dispositions du traité de Rome résultent du dialogue entre le France et l'Allemagne. Si on connaît le rôle de la France pour soutenir l'égalité hommes-femmes, quelle est la raison de cet article sur les congés payés qui n'a jamais été mobilisé ? Selon Catherine Barnard (2012, p. 6-7), celle-ci est en fait semblable à celle pour l'égalité homme/femme. Il s'agissait pour la France d'éviter la concurrence économique déloyale du fait de régimes de congés payés et d'heures supplémentaires plus favorables qu'en Allemagne. Elle a par ailleurs obtenu un protocole spécifique sur ce sujet.

L'impact de ce Rapport Ohlin est évident quand on regarde ce qui constitue en 1957 les dispositions sociales du traité. Celles-ci couvrent la libre circulation (art. 48 et suivants), l'égalité homme/femme (art. 119) et la création du Fonds social européen (art. 125 et suivant), les congés payés (art. 120), la formation professionnelle (art. 128). Enfin, un article (118) qui définit un ensemble de champs possibles pour développer une politique sociale. Il se lit comme suit :

> Sans préjudice des autres dispositions du présent Traité, et conformément aux objectifs généraux de celui-ci, la Commission a pour mission de promouvoir une collaboration étroite entre les États membres dans le domaine social, notamment dans les matières relatives :

---

le présent Traité et du rapprochement des dispositions législatives, réglementaires et administratives. »

- à l'emploi ;
- au droit du travail et aux conditions de travail ;
- à la formation et au perfectionnement professionnel ;
- à la protection contre les accidents et les maladies professionnelles ;
- a la sécurité sociale ;
- à l'hygiène du travail ;
- au droit syndical et aux négociations collectives entre employeurs et travailleurs.

À cet effet, la Commission agit en contact étroit avec les États membres, par des études, des avis et par l'organisation de consultations, tant pour les problèmes qui se posent sur le plan national que pour ceux qui intéressent les organisations internationales. Avant d'émettre les avis prévus au présent article, la Commission consulte le Comité économique et social.

En réalité cet article doit se lire littéralement en « négatif » ce qui a été source de grande confusion par la suite dans le débat politique et académique. En effet, les domaines mentionnés sont tous soumis à la règle de l'unanimité au Conseil. Celle-ci est quasi impossible à atteindre en matière sociale du fait d'agendas nationaux non synchronisés. Il s'agit en réalité des politiques qui ne doivent pas faire l'objet d'une véritable action législative européenne et non d'une liste positive où des actions législatives sont attendues.

Après ces décisions initiales, on peut distinguer sept ou peut-être huit grandes périodes en matière de politique sociale (ou de son absence). Le doute sur le nombre vient de la période récente (depuis 2016) qui peut soit ouvrir une nouvelle étape ou n'être qu'un feu de paille. C'est l'objet du chapitre suivant.

Chapitre 2

Les grandes étapes de la politique sociale et leurs logiques

Si on mesure le succès d'une politique aux nombres d'actes juridiques contraignants (règlements et directives) adoptés, l'histoire de la politique sociale européenne est davantage une histoire d'échecs que de succès (Degryse, Pochet, 2017). Néanmoins, comme le montre ce chapitre, pas moins de quatre tentatives différentes de développer une dimension sociale se sont succédé depuis les années 1960. Elles diffèrent selon leurs priorités, la logique sous-jacente de gouvernance et les principaux domaines concernés (libre circulation des travailleurs, droit du travail, coordination des politiques d'emploi, droits sociaux fondamentaux...). Elles se déroulent également dans des contextes économiques et internationaux fort différents. Même si ces variables contextuelles ont un impact extrêmement important, il y a souvent une disjonction entre les débats nationaux et les évolutions européennes. Ce décalage peut être provoqué par deux facteurs différents. Le premier est celui lié à des agendas politiques différents au niveau national. Ceci implique qu'il faut un alignement dans un grand nombre d'États membres pour parvenir à mettre un thème social à l'agenda européen et ensuite négocier des compromis complexes pour trouver un consensus européen. Ce premier facteur est plutôt négatif pour le social. Cependant les processus européens, de par leur complexité, prennent du temps. Contrairement à ce qui peut se passer au niveau national, une fois qu'une coalition d'acteurs est parvenue à mettre une thématique à l'agenda européen, il devient très difficile de s'en débarrasser complètement, même dans des circonstances politiques différentes. Ce qui explique que certaines directives sociales ne sont adoptées que dix ou quinze ans après la proposition initiale de la Commission. Ceci explique pourquoi certaines questions sociales restent à l'agenda européen malgré que les gouvernements nationaux ont changé de couleur politique. En d'autres termes, il est difficile de monter des enjeux sociaux au niveau européen mais une fois qu'ils le sont, il est difficile de les éliminer.

La dimension sociale se distingue d'autres politiques communautaires par le nombre de tentatives de la faire aboutir au niveau européen, par les différents domaines qui y sont traités, et par les méthodes utilisées. Évidemment tout découpage est en partie arbitraire et la logique dominante d'une époque n'implique pas que des logiques antérieures ne se poursuivent pas – au contraire. Mais chaque période est caractérisée par un discours structurant sur le social et une logique spécifique sur son traitement au niveau européen. Celle-ci est à chaque fois différente et qui prend sa source dans les échecs et blocages de continuer avec la logique de la période précédente ou dans le changement d'environnement politique et/ou économique. Cela étant, l'empreinte des origines reste particulièrement importante, notamment en ce qui concerne la place du social : une place subordonnée à l'économique et développée non en tant que valeur en soi mais comme un dérivé de l'intégration économique (De Schutter, 2006).

Les acteurs de la politique sociale européenne sont parvenus de 1956 à 2005 à redéfinir périodiquement le contour, l'objet et la méthode de gouvernance du social européen. Toutefois depuis 2005 le projet social de l'UE est en crise et les tentatives de renouveler l'approche sociale sur le plan européen sont difficiles. L'élargissement à 13 nouveaux États membres, sortant pour 11 d'entre eux d'une période communiste, et dans un contexte difficile de « rattrapage » de l'acquis communautaire, a eu comme premier résultat une pause en matière sociale. Cette pause s'est transformée à partir de 2010 en une remise en question dans de nombreux pays – mais pas tous – du contrat social national. En 2017, la proclamation à Göteborg d'un Socle européen de droits sociaux et le mini-programme social qui l'accompagne constituent peut-être le soubassement d'une nouvelle tentative et l'ouverture d'une nouvelle phase (Rasnača, 2017).

Ce chapitre présente les différentes grandes étapes de la construction d'une dimension sociale et les logiques fondamentales sous-jacentes qui sous-tendent chacune d'entre elles. Il illustre en synthèse ces grandes périodes dans une série de tableaux.

Comme développé dans le chapitre précédent, la définition de ce qui était compris comme politique sociale européenne n'a jamais été stable, à l'exception du fait qu'il ne s'agit pas de politique redistributive (le secteur agricole pouvant être considéré comme la seule exception) pour des raisons évidentes d'absence de légitimité (Majone, 1993). Nous présentons maintenant une chronologie des différentes tentatives de développer une politique sociale européenne en fonction de quatre grands critères : le premier est l'environnement politique et économique en indiquant les principaux thèmes de la politique sociale nationale ainsi que les rapports de force politiques gauche-droite, le deuxième reprend les thématiques sociales principales au niveau européen, le troisième présente les formes dominantes de gouvernance du social pour chaque période, et finalement le dernier montre la diversité croissante des systèmes sociaux avec les différents élargissements (l'espace du social ne reste pas constant) et leurs implications. Nous lions ces thématiques avec les formes de gouvernance des instruments qui leur sont liées pour souligner la logique fondamentale de chaque période. L'objectif est de montrer les cohérences internes et les logiques fondamentales de chaque période où émerge et se stabilise un discours dominant sur ce qui doit ou ne doit pas être fait. L'échec ou le succès très relatif conduit à chaque fois à l'émergence d'une nouvelle approche et logique d'ensemble dominante.

Les années 1960 et l'adoption des principes fondamentaux

Peu s'est passé en matière sociale dans les années 1960, du moins si on prend comme étalon le nombre de directives et de règlements adoptés dans le domaine social. En revanche, des principes essentiels sont acquis : la libre circulation des travailleurs et l'égalité entre eux dans chaque pays, accompagnées de passerelles entre les différents systèmes nationaux.

On est dans une période de développement et d'extension des États-providence bismarckiens (basé sur le principe de l'assurance sociale) dans les six États membres fondateurs (Palier, 2010) et les syndicats obtiennent de nombreuses avancées sociales au niveau national. Les partis sociaux-chrétiens dominent la vie politique en Allemagne, Belgique, Italie et Pays-Bas et les gaullistes en France. L'enjeu du moment est d'assurer la libre circulation des travailleurs, notamment italiens qui viennent souvent travailler dans les mines ou dans l'industrie automobile du nord de l'Europe (des Six). Dans un monde qui s'ouvre rapidement aux échanges commerciaux, la question est celle de l'ajustement au choc du marché commun et, plus généralement, de l'ouverture du commerce international au travers des différents « rounds » du GATT (le Kennedy Round se déroule de 1964 à 1967). Suite à l'application du Kennedy Round, les droits de douane externes diminuent de moitié de 13 % à 6,6 % mais la forte croissance économique permet que les ajustements productifs se passent sans trop de problèmes (Eichengreen, 2007).

En ce qui concerne la libre circulation des travailleurs, un principe essentiel est adopté : celui d'égalisation des droits entre les travailleurs nationaux et les travailleurs nationaux d'un autre État membre. En creux, cela signifie aussi le choix de ne pas créer un système de protection sociale européen à partir de systèmes de protection sociale nationaux qui sont à cette époque relativement semblables, basés sur l'assurance sociale et un rôle important des syndicats dans leur gestion. Ces systèmes nationaux sont aussi en développement et n'ont pas encore pris totalement le chemin de dépendance (*path dependency*) qui rend si difficile de modifier des trajectoires initiées lors de choix antérieurs. La Commission a bien essayé au début des années 1960 de lancer des propositions d'harmonisation de la protection sociale mais les États membres à l'exception de l'Italie ne veulent pas en entendre parler. Un compromis fut trouvé en 1966 (memorandum Veldkamp) limitant radicalement le rôle de la Commission dans la politique sociale y compris l'égalité hommes-femmes (Hay, Wincott, 2012, p. 137). Comme le dit justement Olivier De Schutter (2006), l'article 51 du traité CEE (sur la libre circulation) et le règlement 1408/71 qui le met en œuvre ne visent pas l'harmonisation des régimes de sécurité sociale mais tout au contraire à organiser et gérer la diversité. Cela se fait sur la base d'un principe absolu de l'égalité interne à chaque pays entre nationaux et migrants communautaires ce qui donne lieu à un nombre impressionnant d'arrêts de la Cour de justice chargée de délimiter les frontières de cette égalité. Cela inclut la possibilité de cumuler les prestations, notamment en matière de pensions, acquises dans différents pays. Dans le débat que nous avons mentionné plus haut sur le niveau national et européen, ce choix est fondamental. Il empêche le dumping social sur un même territoire, mais pas la mise en concurrence de différents États en matière sociale.

Un élément plus général, mais également fondamental se produit dans les années 1960 : c'est les possibilités d'avoir un effet direct (arrêt Van Gend en Loos, 1963) et la reconnaissance de la suprématie du droit européen sur le droit national (Costa c/Enel, 1964).

Le Fonds social européen (FSE) est créé afin d'offrir des formations aux travailleurs affectés par les restructurations liées à l'intégration. Normalement ce fonds aurait dû s'éteindre au début des années 1970 sauf décision à l'unanimité pour le continuer car la croyance dominante de l'époque était celle de chocs économiques temporaires. Comme on le sait, le FSE a été prolongé et par la suite étendu et accompagné d'un Fonds européen de développement régional (FEDER) en 1975.

Le (progrès) social est pensé comme un dérivé automatique de l'intégration économique et de la croissance qui l'accompagne. L'action européenne est donc par nature limitée aux cas de restructurations temporaires couvertes par le Fonds social européen et à l'accompagnement de la mobilité interétatique de travailleurs des pays membres de la CEE.

Le premier âge d'or de la politique sociale

Les années 1970 diffèrent radicalement de la décennie précédente. Bien que le traité de Rome de 1957 n'ait pas été modifié, les contextes politiques et sociaux nationaux permettent d'ouvrir de nouveaux espaces.

La vague de Mai 68 en France, l'été chaud en Italie, les protestations étudiantes et sociales partout en Europe, la lutte contre la guerre du Vietnam, les mouvements féministes et le militantisme ouvrier reposent la question sociale. L'URSS est alors encore vue (malgré des critiques de plus en plus nombreuses y compris à gauche) comme offrant une alternative au capitalisme. C'est également l'époque des premiers débats sur les limites de la croissance (Meadow *et al.*, 1972) et les modèles alternatifs de développement. Mais la période est surtout marquée par la fin du volet monétaire des accords de Bretton Woods, les deux chocs pétroliers de 1973 et 1979 et comme corollaire la montée constante du chômage et de l'inflation.

En termes de rapports de force politiques, cette période est plus équilibrée avec l'élection des sociaux-démocrates Willy Brandt en 1969 puis d'Helmut Schmidt en Allemagne, la domination du Parti socialiste en Belgique, le gouvernement socialiste dirigé par Joop Den Uyl aux Pays-Bas (1973-77), la social-démocratie au Danemark (avec deux ans 1973-75 de gouvernement libéral). Le parti travailliste avec Edward Wilson et James Callaghan domine au

Royaume-Uni. Il s'agit donc d'un paysage politique beaucoup plus équilibré entre la gauche et la droite. Les gouvernements de droite sous leur forme giscardienne en France ou démocrate-chrétienne en Italie (mais aussi en Belgique, aux Pays-Bas, et au Luxembourg) n'ont pas encore été influencés par les idées néolibérales. 1973 est aussi la date de la création de la Confédération européenne des syndicats (CES) et du développement d'une action syndicale commune en temps de crise économique (Degryse, Tilly, 2013).

Dans ce contexte, les chefs d'État et de gouvernement demandent en 1972 à la Commission de préparer un programme d'action social. Ils indiquent que « L'expansion économique qui n'est pas une fin en soi, doit, par priorité, permettre d'atténuer la disparité des conditions de vie » et que celle-ci « doit se poursuivre avec la participation de tous les partenaires sociaux ». Ce premier programme de travail adopté en 1974 définit la plupart des axes de développement d'une politique sociale européenne pour les vingt années qui suivent. Il s'articule autour de trois thèmes qui comprennent différents sous-ensembles.

En premier lieu, l'objectif est la réalisation du plein et du meilleur emploi dans la Communauté ce qui comprend instituer une concertation appropriée des politiques de l'emploi des États membres et promouvoir une meilleure coopération des services nationaux de l'emploi. Il prévoit d'établir un programme d'action en faveur des travailleurs migrants, ressortissants des États membres ou des pays tiers. Un des objectifs est de mettre en œuvre une politique commune de formation professionnelle et procéder à la création d'un centre européen (ce sera le CEDEFOP, Centre européen de développement de la formation professionnelle). Il est aussi prévu d'entreprendre des actions afin d'assurer l'égalité des hommes et des femmes, en ce qui concerne l'accès à l'emploi et à la formation et la promotion professionnelle ainsi que les conditions de travail, y compris les rémunérations.

Ensuite, le programme s'attache à l'amélioration des conditions de vie et de travail permettant leur égalisation dans le progrès. L'objectif est d'instituer une concertation appropriée des politiques de protection sociale des États membres. Il prévoit d'établir un premier programme d'action concernant notamment la santé et la sécurité des travailleurs, en commençant par les secteurs d'activité où les conditions de travail apparaissent les plus pénibles. Il est aussi envisagé de réaliser, en coopération avec les États membres, diverses mesures spécifiques de lutte contre la pauvreté en préparant des projets-pilotes.

Le troisième axe consiste à favoriser une participation croissante des partenaires sociaux aux décisions économiques et sociales de la Communauté ainsi que celle des travailleurs à la vie des entreprises. Ce programme d'action sociale peut être aussi compris comme la dimension sociale du plan Werner (1970) qui vise à finaliser une union monétaire et politique pour 1980 (Magnusson, Stråth, 2002).

En termes législatifs, différentes directives sont adoptées durant cette période : en matière d'égalité hommes-femmes avec des directives sur l'égalité de salaire et l'accès à la formation ainsi que les jugements de la Cour de justice dans les différents arrêts Defrenne, voir chap. 3) ensuite, les premières législations en matière de santé et sécurité au travail, et finalement trois directives visant à accompagner les restructurations en cours et à renforcer les droits collectifs des travailleurs : licenciements collectifs en 1975, transferts d'entreprises en 1977 et insolvabilité des entreprises en 1980.

Dans les années 1970, la CEE essaie donc de mettre en œuvre la lettre du traité de Rome « de promouvoir l'amélioration des conditions de vie et de travail de la main-d'œuvre permettant leur égalisation dans le progrès ».

Face à la crise économique et à ses conséquences sur l'emploi, des conférences tripartites sur l'emploi sont instituées avec la participation des partenaires sociaux (Gobin 1997 ; Degimbe, 1999 ; Degryse, Tilly, 2013).

Le premier élargissement de la CEE au Danemark, à l'Irlande et au Royaume-Uni (1973) apporte des modèles d'État-providence différents, basés sur des principes beveridgiens (financement par l'impôt) ce qui rend impossible d'établir un système européen de protection sociale. Il accroît également les différences régionales internes (surtout au Royaume-Uni) ce qui donnera lieu au développement de la politique régionale (non traitée dans ce livre).

Cette période correspond, au niveau européen, à un premier âge d'or social. Celui-ci se définit moins en nombre de directives adoptées (une dizaine seulement) que par les nouvelles possibilités offertes au développement de telles politiques. Il y a (encore) un consensus politique gauche-droite sur les objectifs sociaux du traité (égalisation dans le progrès). C'est la dernière décennie d'existence de ce consensus ; ce qui nous fait voir cette période comme un certain âge d'or. *A contrario* au niveau national, émerge à la fin des années 1970, début des années 1980 une remise en cause dans certains pays des politiques sociales, une crise du management keynésien de l'économie et un questionnement à propos de l'expansion de l'État-providence qui, pour certains, a atteint ses limites, comme l'indique le titre d'un livre célèbre : *Growth to Limits* coordonné par Peter Flora (1986).

Le tournant des années 1980 : qu'est-ce qu'une bonne politique sociale ?

La fin des années 1970 et le début des années 1980 constituent un tournant majeur. L'élection de Margaret Thatcher au Royaume-Uni (1979) et de Ronald Reagan aux États-Unis (1981) marque le début d'une ère néolibérale qui veut un arrêt des régulations européennes, la déréglementation des droits sociaux, l'affaiblissement des syndicats et une limitation de l'État-providence au niveau national. Il s'agit aussi du retour de balancier politique vers la droite : élection de Helmut Kohl en Allemagne, alliance sociaux-chrétiens-libéraux en Belgique et aux Pays-Bas, prolongation de la domination sociale-chrétienne en Italie bien que le socialiste Benito Craxi soit Premier ministre de 1983 à 1987, avec l'exception notable de la France mitterrandienne (1981), mais avec Jacques Chirac comme Premier ministre à partir de 1985. Mais c'est aussi le résultat des échecs des tentatives de relances keynésiennes nationales dans les années 1970 (malgré les demandes syndicales, il n'y eut pas de volonté d'essayer une relance coordonnée européenne) ayant comme conséquence la stagflation et la montée implacable du chômage.

Cette période est complexe à lire car la plupart des changements de conception du social qui émergent à cette époque ne se sédimenteront que progressivement. Cela donne lieu à deux lectures de cette période, l'une comme réémergence progressive du social et l'autre comme départ de la phase néolibérale (Hay, Wincott, 2012). Ce sont aussi les ambiguïtés autour de la construction d'un marché commun (objectif en soi ou prétexte pour une intégration accrue) (Jabko, 2009).

Par ailleurs, la Commission Delors et son emphase discursive sur la création d'un espace social européen[1] masquent en partie les mouvements de fond qui se produisent. Ceux-ci portent sur l'idée même de ce qui constitue le progrès social.

Il s'opère un déplacement subtil de l'objet du social qui devient principalement la question du chômage et de l'emploi. Alors qu'il paraissait évident dans les périodes antérieures que le progrès social pouvait être défini comme davantage de droits, d'une part, et une amélioration constante de la protection sociale de l'autre, la révolution conservatrice remet profondément en question ce consensus sur la base de l'interrogation suivante : trop de droits et d'avantages sociaux ne sont-ils pas nocifs à la création d'emplois ? Sa réponse est évidemment oui. Dès lors, la réduction du chômage doit passer par une flexibilisation du droit du travail, une « recommodification » (ou remarchandisation) du travail et une limitation des coûts salariaux indirects liés à la protection sociale. Paul Pierson (1994), entre

1. On est frappé à la lecture des mémoires de Delors (1994, 2004) par ses ambiguïtés sur le modèle social (il préfère utiliser le terme « modèle social de société »). Il mélange deux approches et oscille entre « c'est très important et j'étais personnellement très attaché aux syndicats » et « n'oubliez pas la subsidiarité ni que l'Europe ne doit pas s'occuper de tout ». Il considère que le dialogue social constitue son plus grand succès mais ne développe pas d'analyse sérieuse sur l'asymétrie de pouvoir entre les acteurs.

autres, a montré la difficulté de mettre en place un tel programme de réduction généralisé de la protection sociale et les résistances qui l'ont accompagné. Mais quoi qu'il en soit, le débat sur le lien entre politique sociale et emploi devient central. C'est aussi le moment où les syndicats nationaux et la CES décident la rupture des relations avec les institutions européennes (1979-1982) car ils jugent que ces dernières poursuivent des politiques de plus en plus éloignées des priorités syndicales (notamment en matière de réduction du temps de travail et de plan européen de relance keynésien).

Par ailleurs, différentes propositions de directives importantes pour les syndicats sont bloquées. La plus connue est, en 1980, la proposition dite « Vredeling » concernant l'information/consultation des travailleurs dans les entreprises multinationales, autrement dit la démocratie économique, qui fait l'objet d'un intense lobbying de la part des grandes entreprises et particulièrement des multinationales américaines au travers de la Chambre de commerce américaine. Les deux autres directives importantes concernent la réduction collective du temps de travail et la régulation des contrats atypiques (qui commencent seulement à se développer). La première car elle aurait ouvert un espace collectif collaboratif pour la réduction collective du temps de travail et aurait permis de désamorcer le débat sur la perte de compétitivité pour un pays l'appliquant seul. La seconde adresse une problématique émergente qui, de ce fait, n'était pas encore complètement régulée au niveau national. Cela aurait aussi indiqué la capacité de la Communauté européenne de se saisir de nouvelles questions sociales. Notons que ces trois thèmes sont réabordés au début des années 1990 et près de quinze ans plus tard des directives sont finalement adoptées.

Dans ce contexte peu favorable, quelques directives sur la santé et la sécurité et sur l'égalité hommes-femmes sont aussi adoptées. Mais dans ce dernier domaine, de nombreuses propositions de directives sont également délaissées (voir chap. 3).

L'Acte unique européen (1985) étend peu les compétences sociales de la Communauté. Il permet seulement d'adopter à la majorité qualifiée les mesures visant notamment la santé et la sécurité des travailleurs, cette formulation alimente un débat sur les contours exacts de cet article. Certains plaident pour comprendre le terme santé-sécurité comme l'équivalent de conditions de travail (Vogel-Polsky, 1991). L'article du traité (118A) servira de base juridique pour l'adoption de directives dans les années 1990 telles que la directive sur le temps de travail ou encore la protection au travail des femmes enceintes et venant d'accoucher (voir chap. 3).

L'article 118B du nouveau traité prévoit quant à lui, dans des termes encore extrêmement vagues, la possibilité d'un dialogue social européen. Ce dernier a le soutien de Jacques Delors mais aussi des syndicats européens revenus dans le jeu de la participation après la période de gel des relations avec les institutions européennes de 1979 à 1982. Cet embryon de dialogue social européen implique la CES d'un côté, et les employeurs privés représentés par l'Unice (maintenant BusinessEurope BE) et les employeurs publics représentés par le CEEP (Centre européen des entreprises publiques, devenu Centre européen des entreprises à participation publique et des entreprises d'intérêt général), de l'autre. Les partenaires sociaux européens adoptent des avis communs dans différents domaines, macro-économie, nouvelles technologies, formation tout au long de la vie (Didry, Mias, 2005 ; Lapeyre, 2017). Cette première phase du dialogue social renforce les acteurs sociaux collectifs, non seulement les syndicats mais aussi les acteurs patronaux (Michel, 2013). C'est aussi le moment où la Table ronde des industriels européens (ERT), un lobby patronal créé dans les années 1980, se donne pour objectif de non seulement établir un grand marché « libéré » des contraintes nationales mais aussi de créer des « champions européens » à la place des champions nationaux, donc de créer un capitalisme européen (Van Apeldoorn, 2000).

L'élargissement de la Communauté à la Grèce (1981), à l'Espagne et au Portugal (1986) fait rentrer trois pays plus pauvres, sortis de périodes de régimes autoritaires et corporatistes avec des systèmes de protection sociale peu développés mais par contre un arsenal législatif souvent surdéveloppé. Cet élargissement donne lieu à un échange entre l'ouverture progressive de leurs marchés nationaux contre un doublement de l'aide apportée par les fonds structurels. Pour l'Espagne et le Portugal, l'entrée dans la Communauté européenne constitue un projet de modernisation politique et sociale. Ce n'est pas tout de suite le cas de la Grèce, qui conteste longtemps les politiques européennes pour finalement embrasser ce projet comme (partiellement) modernisateur dans la seconde moitié des années 1990 et par l'entrée dans l'euro en 2001. Les dépenses en matière de sécurité sociale augmentent rapidement pour atteindre, au début des années 2000, 25 % du PIB.

Le débat tourne autour de la nouvelle globalisation avec l'émergence de la concurrence commerciale du Japon (certains se souviendront de l'épisode des magnétoscopes japonais bloqués par les douanes à Poitiers en France en 1982), du Brésil et de la Corée du Sud, mais aussi des États-Unis. Cela nourrit des débats sur le dumping social, la course au moins-disant et la manière d'arrêter une spirale négative de dérégulations sociales.

La relance de 1987-1997 dans le cadre d'une économie de plus en plus globale : des normes minimales et un dialogue social formalisé

Les déréglementations qui s'opèrent dans de nombreux États membres dans la seconde moitié des années 1980, accompagnées par une globalisation croissante des échanges commerciaux et une dérégulation des activités boursières, conduisent à s'interroger sur des nouvelles formes de la politique sociale européenne.

Un des moments essentiels est la libéralisation complète des mouvements de capitaux acquise en 1988. Cette libéralisation financière a des conséquences structurelles sur l'économie réelle et la gouvernance des entreprises, faisant passer au premier plan les intérêts des actionnaires. Celle-ci relance le débat sur une union monétaire du fait qu'on ne peut pas avoir en même temps des taux de change quasi fixes, une libéralisation des capitaux et des politiques monétaires indépendantes (Rapport Padoa-Schioppa, 1987).

L'objectif d'achever le marché intérieur pour 1992 permet d'ouvrir un espace pour l'accompagnement social de celui-ci. Les débats de l'époque tournent autour de la création d'un espace social européen. Le Parlement européen est particulièrement actif sur les enjeux sociaux (voir aussi chap. 4). Si la majorité des gouvernements est au centre droit de l'échiquier politique et de plus en plus sensible aux idées néolibérales, la dynamique portée par une Commission européenne menée par Jacques Delors et du Parlement européen en faveur d'une Europe sociale masque pour un moment ces évolutions nationales. Toutefois dans les services en réseau, les privatisations se multiplient sous la pression de la Commission européenne, et une série de secteurs publics sont forcés de s'ouvrir à la concurrence en particulier les télécommunications en 1992, suivi des transports, de la Poste (1997), de l'électricité (1996) et du gaz (1999)... (Clifton *et al.*, 2006).

Dans le domaine social, une harmonisation dans le progrès semble de plus en plus difficile à atteindre. Une nouvelle approche émerge visant à établir des normes minimales en deçà desquelles il n'est pas permis d'aller. Il s'agit d'un changement radical de perspective : on ne vise plus une amélioration, mais l'établissement d'un socle minimum impératif pour tous. Pour éviter un processus de course vers le bas, la plupart des directives contiennent une clause de non-régression (plus symbolique qu'efficace). C'est le vrai sens de la Charte communautaire des droits sociaux fondamentaux des travailleurs, adoptée en 1989 et du programme d'action qui l'accompagne. Ce dernier comporte 49 mesures dont une trentaine de natures juridiques pour la plupart, dans le domaine de la santé et de la sécurité. Ce programme reprend de nombreuses propositions qui sont sur la table depuis des années telles que le travail atypique, le temps de travail, les comités d'entreprises européens, etc.

La manière d'aborder la question du temps de travail est emblématique du changement d'approche entre le début des années 1980 et les débats dix ans plus tard. Au début des années 1980, l'objectif des syndicats était de parvenir à une réduction généralisée du temps de travail aux alentours de 35 heures, de préférence sans perte de salaire. Dans les années 1990, on s'attache à définir un maximum au-delà duquel il ne sera pas possible d'aller (ici 48 heures par semaine en moyenne sur trois mois, sauf accord collectif permettant d'étendre cette période jusqu'à un an). L'objectif est d'éviter une déréglementation encore plus forte tout en donnant la possibilité aux Britanniques d'avoir un opt-out individuel c'est-à-dire que le travailleur peut « accepter » de ne pas respecter ces règles (et de travailler plus).

Le développement du dialogue social à partir de 1985 amène les partenaires sociaux européens à négocier un accord entre eux fixant les règles du jeu pour la conclusion de possibles conventions collectives européennes. C'est cet accord qui est devenu en 1991 l'« Accord social » annexé à un protocole du traité de Maastricht (annexé et non inclus à part entière dans le traité en raison du refus du gouvernement britannique d'en accepter les termes). Il s'agit d'un changement essentiel. Les partenaires sociaux européens deviennent des acteurs à part entière. Ils ont la possibilité de signer non seulement des conventions collectives entre eux mais aussi de les rendre obligatoires envers tous (extension *erga omnes*) au travers d'une décision du Conseil de l'UE. Il s'agit de la projection d'institutions nationales (la négociation collective et ses institutions) au niveau européen (Lapeyre, 2017, voir chap. 4 et 6).

En termes de gouvernance, l'utilisation de « Livres verts » et « Livres blancs » initiée en matière sociale par le commissaire irlandais aux Affaires sociales, Pádraig Flynn, constitue une importante innovation qui se généralise au-delà du social par la suite. Le Livre vert innove dans le sens qu'il ouvre le débat en posant une série de questions sur, par exemple, les développements possibles d'une Europe sociale, en demandant l'avis de tous. Il s'agit d'une double évolution qui ne fera que s'amplifier. Tout d'abord, la Commission quitte son rôle traditionnel de médiateur discret des intérêts des États membres et son rôle exclusif de lanceur de propositions. Elle s'ouvre à des intérêts divers et renforce le poids des ONG sociales. Mais surtout elle ne choisit plus ; elle ne façonne plus la direction générale du débat et des politiques. Au nom de la bonne gouvernance, la Commission laisse le marché (au sens premier du terme : un lieu d'échange ouvert, c'est-à-dire ici un site internet) sélectionner les idées et les différents intérêts se prononcer sur les futures directions. Ce faisant, elle ignore l'asymétrie profonde entre acteurs (employeurs versus syndicats ou ONG *versus* entreprises). Certains y voient une démocratie de façade pour cacher l'impuissance et/ou la non-volonté d'agir de la part de la Commission européenne. Pour d'autres, il s'agit d'essayer de contourner l'absence de volonté politique des États. En tous cas, cela ouvre la question de la (bonne) gouvernance et de l'implication des acteurs non étatiques dans les politiques publiques communautaires (CE, Livre blanc sur la gouvernance, 2001).

De nouveaux acteurs émergent avec la montée en visibilité des ONG sociales européennes. Le Réseau européen de lutte contre la pauvreté (EAPN) est créé avec le soutien de la Commission en 1990 et la Plateforme sociale des ONG sociales (1995) voit le jour à la suite du Livre vert de 1993 sur la politique sociale européenne. Ensuite un Forum des migrants est également créé en 1990. À côté du dialogue social se développe donc un nouveau « dialogue civil ». Ce renforcement des acteurs sociétaux par des financements communautaires touche également l'égalité hommes-femmes avec la création en 1990 du Lobby européen des femmes. Cela s'accompagne de la création de multiples réseaux et de divers « Observatoires » (de la pauvreté, de la famille, de l'égalité homme femme, etc.) qui mettent en contact milieux académiques, activistes et fonctionnaires, créant les bases structurelles des coalitions de cause (*advocacy coalition*). De manière plus autonome et sans appui de la Commission, des acteurs non gouvernementaux organisent des Marches européennes pour l'emploi dans le but d'influencer les négociations intergouvernementales. Cela fut sans nul doute le plus important mouvement autonome d'acteurs non gouvernementaux et de citoyens.

Toutefois, si le traité de Maastricht et son protocole social apportent une capacité de développer une politique sociale à onze (sans le Royaume-Uni), il pose le problème d'une Europe sociale à plusieurs vitesses. Faut-il profiter de l'absence du Royaume-Uni pour développer plus avant la dimension sociale (avec le risque d'une concurrence sociale/dumping social britannique) ? Ou utiliser de manière créative les bases existantes dans le traité, principalement l'article sur la santé et la sécurité qui prévoit la majorité qualifiée ?

Enfin, le développement du dialogue social met le Parlement européen dans une position d'attente. En effet, ce sont les partenaires sociaux qui décident eux-mêmes, pour toute proposition sociale de la Commission, s'ils souhaitent essayer d'en négocier le contenu, ou s'ils préfèrent laisser la place à la voie législative classique. En cela, le Parlement, qui est alors pourtant l'un des acteurs de la coalition pro-sociale (Parlement/Commission/certains membres du Conseil) voit son rôle structurellement marginalisé.

Quoi qu'il en soit, durant cette période, le lancement du dialogue social européen conduit à la signature d'accords collectifs entre les partenaires sociaux en 1995 (sur le congé parental), en 1997 (sur les contrats de travail à temps partiel) et en 1999 (sur le travail à durée déterminée). L'échec de la négociation d'un accord sur le travail intérimaire en 2000 marque la fin cette période (Lapeyre, 2017). En 1994 est aussi adoptée la directive créant des comités d'entreprise européens dans les entreprises multinationales de plus de mille travailleurs. À ce jour, près de mille multinationales ont institué un comité d'entreprise européen.

Cette période est simultanément caractérisée par les pressions sur les finances publiques nationales pour l'entrée dans l'union monétaire, sur la base des critères de Maastricht. Le critère de 3 % de déficit public est considéré comme principal, celui de 60 % pour les dettes publiques, si appliquées trop strictement, éliminerait directement l'Italie (ce qui n'importune pas l'Allemagne), mais aussi la Belgique (ce qui est bien plus problématique). Dans la majorité des pays candidats à l'entrée dans l'UEM, il y a une réflexion approfondie sur le nouveau cadre de contraintes que constitue l'union monétaire européenne notamment en matière d'inflation et de politique salariale y compris sur la structuration des négociations collectives nationales (Pochet, 1999). Cette réflexion aboutit à la conclusion de Pactes sociaux nationaux essentiellement pour les pays en dehors de la zone deutschemark (Fajertag, Pochet 1997, 2001 ; Pochet *et al.*, 2010). On l'a un peu oublié, mais cela conduit aussi à la création d'un Fonds de cohésion (1994) qui vise à faciliter la transition vers l'UEM et de garantir un certain niveau d'investissement dans une période d'austérité budgétaire pour arriver aux critères de Maastricht.

Suite à la récession économique de 1992-1993, la première date de sélection des pays de l'UEM (1995) est reportée à 1997. La montée du chômage dans un contexte de réductions budgétaires liées à la qualification pour l'UEM relance la question de l'emploi au niveau européen. Ceci conduit à la publication du fameux livre blanc « Croissance, compétitivité, emploi » de Jacques Delors, et au Sommet européen d'Essen (1994) qui adopte cinq grands objectifs en matière d'économie et d'emploi (voir chap. 5). C'est le moment charnière où l'Europe commence à se pencher sur les politiques nationales de l'emploi.

Les méthodes ouvertes de coordination (MOC) et le moment social 1997-2005

Ce qu'on pourrait appeler le « moment social » (1997-2005) résulte d'une part d'une critique du traité de Maastricht entré en vigueur fin 1993, jugé déséquilibré en matière d'emploi et de politique sociale par rapport aux aspects plus développés de l'union monétaire, et de l'autre du retour au pouvoir des partis sociaux-démocrates et socialistes au Royaume-Uni, en France et puis en Allemagne (1998). Cela fait partie d'un phénomène plus général en Europe. Entre 1997 et 2003, les gouvernements sociaux-démocrates ou socialistes, seuls ou en coalition, sont largement dominants en Europe (Manow *et al.*, 2004). Il émerge une toute nouvelle approche en matière sociale en termes de convergence sur les meilleures pratiques et non plus en termes d'harmonisation législative.

La victoire du New Labour de Tony Blair et celle du Parti socialiste de Lionel Jospin permettent l'introduction d'un titre « Emploi » dans le traité d'Amsterdam (inspiré par les dispositions de l'UEM). L'Accord social de Maastricht est également intégré dans le nouveau traité suite au revirement de la position britannique, ainsi qu'une série de modifications en matière de vote à la majorité qualifiée. Un article spécifique est dédié à la non-discrimination en fonction de la race, des préférences sexuelles, de l'âge, de la religion... En 1995, pour la première fois des pays dont le PIB est supérieur à la moyenne européenne (l'Autriche, la Finlande et la Suède), dont les modèles sociaux sont très développés, et dotés d'un système de négociation collective élaboré avec des syndicats forts entrent dans l'UE.

Dans les années 1990, et dans le contexte de la préparation de l'union monétaire, une série d'acteurs politiques, sociaux et syndicaux, conscients du risque de transformation de la fonction des politiques sociales en variable d'ajustement aux chocs économiques dans la zone euro, tentent de développer une véritable dimension sociale de l'intégration économique et monétaire (Goetschy 2005 ; Pochet, 2006a). Cela explique pourquoi les premières années de l'intégration monétaire (1995-2005) ont donné lieu à des développements inattendus en matière sociale, surtout lorsqu'on considère le poids et la cohérence du groupe d'experts soutenant la dérégulation sociale (Serrano Pascual, 2009).

Au niveau européen, ce « moment social » débute réellement avec le traité d'Amsterdam (1997) et la Stratégie européenne de l'emploi qu'il initie. Il est ensuite complété par le lancement de la stratégie de Lisbonne (2000) et le développement des Méthodes ouvertes de coordination dans une série de domaines sociaux (emploi, pauvreté, pensions, soins de santé, éducation, migration, etc.) (De la Porte, Pochet, 2002 ; Dehousse, 2004 ; Pochet, 2005). La MOC est une manière flexible d'essayer d'atteindre des objectifs chiffrés européens, définis en commun par les ministres nationaux au sein de leur Conseil respectif, au travers de plans nationaux, et dont les résultats sont évalués selon des indicateurs conjoints. L'objectif est celui de la convergence des « performances » sociales des États membres par l'amélioration des politiques nationales résultant d'un processus d'apprentissage mutuel constant. En matière sociale, il se produit donc un extraordinaire élargissement des thématiques abordées. Avant l'émergence des MOCs le consensus politique et académique considérait que le cœur de l'État-providence – les systèmes de pensions et de soins de santé- ainsi que l'éducation étaient des éléments fondateurs du contrat social national et ne pouvaient pas faire l'objet de discussions sérieuses au niveau européen (au-delà de petits programmes d'échanges aux montants financiers symboliques tels les programmes européens « Pauvreté »).

Le recours à la Méthode ouverte de coordination comme instrument de gouvernance dominant constitue la 4e tentative de (re)définir la dimension sociale européenne. L'ambition n'est donc plus de créer un ensemble (plus ou moins cohérent) de règles européennes qui s'appliqueraient à tous, mais de promouvoir l'interaction entre les différents niveaux. La MOC mobilise l'idée de la diversité comme atout et comme opportunité pour améliorer les pratiques et standards nationaux en convergeant sur les meilleurs résultats. Ce processus est basé sur l'apprentissage et l'échange d'informations/idées qui sont censées améliorer les politiques publiques nationales (voir chap. 4). Les publications académiques sur les MOCs sont extrêmement nombreuses tant sur ses potentiels que ses limitations. Presque vingt ans après son émergence, il est pourtant toujours difficile d'avoir un jugement définitif (voir chap. 4).

Si, durant cette période, l'intérêt académique et politique porte quasi exclusivement sur les potentialités et limites des MOCs, d'autres développements se produisent qui n'attirent pas la même attention académique (Degryse, Pochet, 2017). La Charte des droits fondamentaux de l'UE est proclamée en 2000 lors de l'adoption du traité de Nice et est intégrée par la suite dans le traité de Lisbonne (2009). Elle codifie certains droits sociaux au niveau européen. Deux directives sur la non-discrimination sont adoptées en 2000 à l'unanimité suite aux événements politiques en Autriche (entrée au gouvernement du FPÖ, parti d'extrême droite d'Haider). Il se produit aussi certaines avancées dans le dialogue social sectoriel européen, tandis que les résultats du dialogue interprofessionnel prennent la forme d'accords dits « autonomes » c'est-à-dire qu'ils sont mis en œuvre par les partenaires sociaux nationaux. Ils portent sur le télétravail, le stress et la violence au travail (Dufresne *et al.*, 2006, voir aussi chap. 4). La révision du règlement 1408/71 sur la coordination des régimes de sécurité sociale et la libre circulation et son extension aux migrants non communautaires est enfin réalisée. Les thèmes sociaux traités dans les années 1960 et 1970 n'ont pas disparu de l'agenda européen (Ferrera, 2005, voir également section 3) mais n'en constituent plus le cœur. La santé-sécurité sur les lieux du travail est marginalisée dans l'agenda social et la nouvelle approche en termes de *gender mainsteaming* a du mal à se concrétiser (voir chap. 3).

Finalement dans le cadre de réflexion sur le rôle des salaires dans une union monétaire, différentes formes de coordination salariale ont émergé au niveau européen. Au plan interprofessionnel, la CES crée un groupe de travail sur la coordination salariale, en 1999. Au niveau sectoriel, la Fédération européenne des métallurgistes (FEM) et celle du Textile (ETUF) adoptent toutes les deux des lignes directrices pour les négociateurs nationaux à la fin des années 1990 (FEM 1998). Au niveau transnational, le « groupe de Doorn », comprenant des syndicalistes allemands, belges, hollandais et luxembourgeois (par la suite les Français s'y sont joints), tient des réunions annuelles pour évaluer les résultats de leurs négociations collectives nationales/sectorielles au regard de la formule agréée – inflation plus productivité nationale (Pochet 1999 ; Glassner, Pochet, 2011). Certains auteurs y voient l'émergence d'un système multiniveaux de relations industrielles (Marginson, Sisson, 2004, voir aussi chap. 4).

2005-2010. L'ÉLARGISSEMENT, UNE PAUSE OU LE DÉBUT DE LA FIN POUR LA POLITIQUE SOCIALE ?

À partir de 2005, une nouvelle phase de la politique sociale s'ouvre : celle de l'immobilisme et de la remise en cause des avancées de la période précédente avec trois facteurs principaux : a) l'élargissement à treize nouveaux États membres sans budget supplémentaire pour assurer la convergence économique, sociale et territoriale et la nécessité proclamée par la Commission européenne de « faire une pause » pour permettre aux nouveaux entrants de « digérer » l'acquis communautaire ; b) le tournant vers le centre droit ou la droite de quasi l'ensemble des gouvernements ; c) la remise en question par la Cour de justice de l'UE du principe d'égalité entre travailleurs sur un même territoire (Arrêts Laval, Viking, Rüffert et Luxembourg). Cela est aussi l'objectif de la proposition de directive dite Bolkenstein (2006) sur la libre circulation des services.

Les gouvernements de presque tous les nouveaux pays membres indiquent clairement qu'ils ne sont pas intéressés par des normes sociales européennes contraignantes. Au niveau national, il manque dans ces pays (sortant d'un régime communiste) des acteurs sociaux structurés, particulièrement du côté employeurs. Les institutions y compris tripartites sont faibles voire de façade (Ost, 2000). Dix ans après l'élargissement, c'est toujours le cas (Transfer, 2015/3). Par ailleurs, leur participation au processus souple et aux diverses méthodes ouvertes est relativement passive. Après la décennie 1990 de transition rapide vers le capitalisme, les années 2000-2008 semblent celles du rattrapage, alimenté essentiellement par d'importants investissements étrangers surtout allemands.

Contrairement aux Espagnols et aux Portugais qui ont vu dans l'adoption d'un modèle social européen une source de modernisation après les années de dictature et de régimes autoritaires, les pays sortis de 40 années de communisme ne partagent pas cette vision et cette ambition sociale, même si les situations nationales peuvent différer fortement (Bohle, Gregovitz, 2012). Mais il n'y a pas d'échange politique global comme lors de l'élargissement à l'Espagne et au Portugal. L'ouverture des marchés, la privatisation et la domination de l'économie de marché sont données pour acquis et ne font pas l'objet d'une compensation par des transferts financiers conséquents. Au contraire, le montant de ceux-ci est plafonné en pourcentage du PIB. De nombreux gouvernements de l'Ouest acceptent l'élargissement à reculons et sans vision globale et le social ne fait pas partie des priorités. C'est dans ce cadre de non-deal global que chacun essaie de maximiser ces intérêts.

L'émigration devient alors un moyen d'ajustement pour certains pays (pays baltes, Pologne, Roumanie et Bulgarie), ce qui renforce la crainte de dumping social (voir le débat sur le fameux plombier polonais en France) ou de shopping des bénéfices d'États-providence plus généreux à l'Ouest (le prétendu et mal nommé « tourisme social ») (Kvist, 2004). Dans le cadre du Brexit, ce débat fut alimenté par le gouvernement conservateur britannique de David Cameron à l'égard des citoyens polonais, bulgares ou roumains.

Ces pays vantent la flexibilité de leur marché du travail et la simplicité de leur système fiscal (la plupart ayant introduit un système d'imposition standard – *flat tax* – pour tous types d'impôts et de taxes), et leur adaptabilité aux changements. Comme le souligne Guglielmo Meardi (2012, p. 10), ils constituent un défi pour le modèle social européen. Ces pays se distinguent par le fait qu'il ne leur manque pas seulement tel ou tel élément du modèle social, mais l'ensemble de sa structure. Les syndicats héritiers de la période communiste ou crées lors de la transition, peinent à se trouver un nouveau rôle. Lorsqu'elle existe, la négociation entre partenaires sociaux aux niveaux sectoriel ou interprofessionnel n'a rien à voir avec ce qui se passe à l'Ouest, la protection sociale ne protège pas les travailleurs et le droit du travail n'est pas appliqué sérieusement. « Les travailleurs sont laissés dans une situation de vulnérabilité maximale et manquent de possibilité de se faire entendre (Voice). Les inégalités croissantes et le déficit démocratique sont éclipsés par les succès économiques apparents. »

Pour ce qui concerne le deuxième facteur, 2005 constitue un tournant politique. À l'automne 2005, Angela Merkel remporte les élections législatives en Allemagne. Silvio Berlusconi est au pouvoir en Italie, Jacques Chirac en France, bientôt remplacé par Nicolas Sarkozy. De manière plus générale, entre 2005 et 2010, l'équilibre des forces dans les États membres penche très nettement en faveur de la droite et du centre droit. Les nouveaux pays entrants sont également largement dominés par des gouvernements conservateurs/libéraux/nationalistes. Par ailleurs, les partis sociaux-démocrates y sont le plus souvent très modérés, ayant souvent des politiques qu'on peut difficilement identifier comme sociales.

Aux élections européennes de 2004, la droite modérée regroupée au sein du PPE remporte une très large victoire sur les sociaux-démocrates/socialistes, en net recul. De 34,9 % de suffrages en 1994, ils tombent à 27,3 % en 2004, puis à 25 % en 2009. En l'espace de quinze ans, les socialistes européens ont donc perdu quelque 10 % des voix. Les partis politiques libéraux progressent eux fortement. La Commission est dirigée à partir de 2005 par une large majorité de commissaires de centre droit avec, à sa présidence, José Manuel Barroso (voir le chap. 7).

Troisième facteur : la Cour de justice de l'Union européenne remet en cause l'un des principes fondamentaux sur lequel avait été fondée la politique sociale européenne, celui de l'égalité de traitement entre travailleurs nationaux et européens dans chaque pays. Ce principe avait été acquis à un moment où les migrations signifiaient une installation réelle dans le pays d'accueil. À partir des années 1980 s'était développé un autre type de migration temporaire, en vue d'effectuer un travail ponctuel dans le cadre d'un contrat de service ou de sous-traitance (le détachement). Après un jugement de la Cour de justice sur des travailleurs portugais travaillant sur le chantier du TGV Ouest français avant l'ouverture des frontières aux travailleurs espagnols et portugais (Arrêt Ruis Portuguesa), l'Union européenne avait adopté une directive en 1994 fixant que les règles impératives s'appliquent également à ces travailleurs détachés. Par règles impératives, il faut entendre celles qui s'appliquent à tous ou à un grand nombre de travailleurs (pour une analyse de cette question complexe (Picard, Pochet, 2018). En ce qui concerne le salaire minimum, un certain nombre de pays dont le Danemark, la Suède, la Finlande, l'Italie, l'Autriche et l'Allemagne ne disposent pas de salaires minimums légaux ou négociés conventionnellement puis étendu *erga omnes* (cela a changé en Allemagne en 2016). Dès lors, pour les travailleurs détachés dans ces pays, les entreprises qui les emploient ne sont pas obligées de respecter un salaire minimum quelconque. Cela entraîne en Allemagne le scandale des abattoirs où des travailleurs venant des pays de l'Est sont payés quelques euros de l'heure. C'était pour cette raison que dès le milieu des années 1990 le salaire minimum du secteur de la construction en Allemagne est rendu obligatoire pour l'ensemble des travailleurs et des entreprises du secteur.

On peut faire des analyses juridiques subtiles, mais ce qui apparait comme essentiel est que la Cour de justice de l'Union européenne dans ses différents jugements Laval, Viking, Rüffert, Luxembourg, a finalement accepté qu'il y ait une concurrence sociale des normes (salaires, temps de travail, conditions de travail...) sur un même territoire. En d'autres termes, elle a permis que le dumping social ne se fasse pas entre pays ayant des normes et des protections différentes, mais qu'il puisse avoir lieu à l'intérieur d'un même pays entre travailleurs de nationalités différentes et ayant un statut différent. Ceci a été partiellement remis en cause par l'accord de décembre 2013 du Conseil pour permettre aux États membres de mieux contrôler les conditions de travail détaché. Beaucoup ont jugé que ce n'était pas assez et la Commission Juncker a pris la décision de présenter une directive modifiée. Ceci a créé une forte tension entre la plupart les nouveaux pays membres qui ne veulent pas de modifications sauf mineures et les autres qui sont ouverts à des améliorations. Finalement à la surprise générale une directive modifiée a été adoptée en juin 2018. Celle-ci répond à la plupart des critiques antérieures (Picard, Pochet, 2018).

Dans ce contexte, le traité de Lisbonne (2009) ne rétablit pas l'équilibre et ne contient pas grand-chose en matière sociale. La rhétorique sociale se renforce par la reconnaissance d'économie sociale de marché, d'une clause sociale transversale, tandis que le dialogue social doit officiellement être soutenu maintenant par l'ensemble des institutions, et non plus seulement par la Commission. Ces dispositions ne sont toutefois pas soutenues par une coalition d'acteurs suffisamment forte pour les faire vivre. La Charte des droits fondamentaux proclamée à Nice en 2000 reçoit une deuxième consécration en 2007, mais avec des réticences fortes des gouvernements britannique et polonais qui s'en extraient, voulant éviter à tout prix un quelconque impact national de celle-ci.

2010-2015. La crise et la remise en cause du contrat social

La crise financière et économique de 2008 relance pendant une courte période le débat social au niveau national. Les pays ayant des institutions de négociation collective articulées avec les systèmes d'emploi/chômage (par exemple, l'Allemagne ou la Belgique) réussissent, grâce à des mécanismes de réduction compensée du temps de travail, à réduire l'impact de la crise et limiter l'augmentation du chômage.

Mais cela change rapidement et, en matière politique, la gauche devient ultra-minoritaire dans l'Union européenne en 2011 où elle n'est présente que dans 6 gouvernements nationaux et plus encore 2012 avec seulement 4 pays à gauche. Au début du printemps 2012, seuls trois États membres sur 27 sont gouvernés à gauche (Danemark, Autriche, Chypre) et un, la Belgique, en coalition gauche-droite dirigée par un Premier ministre socialiste (voir aussi chap. 6). Le S&D connaît une défaite historique lors des élections au PE de 2009 ; la Commission Barroso II est de manière disproportionnée à droite avec seulement 6 commissaires sociaux-démocrates sur 27 membres (voir chap. 7).

À partir de 2010, la crise bancaire se transforme en une crise de la dette souveraine. La gouvernance économique et monétaire telle que mise en œuvre jusque-là dans la zone euro est remise en question, et l'urgence d'éviter l'éclatement de la zone euro tient lieu de politique étant donné que le gouvernement allemand refuse de s'engager sur des changements importants tant que des mesures de corrections des pays en difficulté ne sont pas prises (voir chapitre 6). Un acteur émerge comme étant au centre du sauvetage de l'euro : la Banque centrale européenne (BCE). Une troïka est mise en place formée de la Commission, de la BCE et du FMI ; elle impose son ordre aux pays menacés de faillite (Grèce, Portugal, Espagne, Irlande, Chypre, voir Degryse 2012). Moins visibles médiatiquement sont les cas de la Lettonie et de la Hongrie et le soutien conditionnel au rétablissement de leur balance des payements. C'est ainsi que se met en place une nouvelle gouvernance que certains jugent non démocratique, voire anti-démocratique (Scharpf, 2014a ; Streeck, 2014).

Le principal problème est celui de l'absence de dimension sociale dans la nouvelle gouvernance économique (pas de transferts directs, pas d'ébauche d'assurance chômage...) ni de mutualisation des dettes. En particulier pour les pays sous assistance financière de l'UE, cette gouvernance conduit à une série de régressions sociales et de mises en cause des syndicats et des structures de négociations collectives (Degryse, Pochet 2012 ; Degryse *et al.*, 2013). Aux yeux de la BCE, le social au niveau national doit constituer la variable d'ajustement d'une union monétaire sans budget propre sérieux, et surtout sans solidarité (système de chômage européen ou Eurobond par exemple, voir chap. 7).

L'Europe est coupée en deux entre les pays qui passent relativement bien la crise avec peu de changements (Allemagne, Autriche, Benelux, pays scandinaves, Pologne) et ceux dont le chômage explose et qui adoptent des réformes radicales : outre la Grèce, le Portugal, l'Espagne, l'Irlande, l'Italie, les pays baltes, la Roumanie, la Bulgarie... Concernant d'autres aspects qui structuraient les périodes précédentes, le dialogue social national est sous attaque, il ne se passe rien au niveau européen où plus aucun accord n'est signé entre les partenaires sociaux européens entre 2010 et 2016. Conséquence du changement d'équilibre politique, à partir de 2005 la dynamique « sociale » des MOCs est remise en question, avec notamment la publication du Rapport Kok intitulé *Jobs, Jobs, Jobs*, réalisé à la demande de la Commission.

Celui-ci recentre tout le discours sur la croissance, la compétitivité et la flexibilisation. Les différentes méthodes ouvertes de coordination sont rationalisées d'abord autour de deux grands ensembles : économiques et emploi d'un côté, et protection sociale (pensions, soins de santé, pauvreté) de l'autre. Elles sont finalement fusionnées en 10 lignes directrices et 7 initiatives phares dans la nouvelle stratégie « Europe 2020 ». Mais celle-ci ne prend pas vraiment forme et reste un exercice marginal dans le système du Semestre européen qui met en avant la nécessité d'une flexibilité salariale et d'augmenter l'âge de la pension (en la liant à l'espérance de vie). Seul point positif en 2013 une Garantie Jeune vise à garantir l'offre d'un stage, d'une formation ou d'un travail après 6 mois de chômage, et est dotée d'un budget de 6 milliards d'euros. C'est la reconnaissance que la crise a touché dans la très large majorité des pays les jeunes de manière disproportionnée. Mais aussi le nombre inquiétant dans beaucoup de pays de jeunes ni en emploi, ni en formation, ni suivant un cursus scolaire.

Depuis 2005, l'Europe non seulement n'a plus de paradigme central en matière de politique sociale, mais elle remet en cause quelques-uns des principes fondamentaux sur lesquels les différentes versions des politiques sociales s'étaient bâties, notamment sur l'égalité entre travailleurs sur un même territoire. Par ailleurs, il existait une sorte de division de tâches implicites : au niveau européen l'efficacité du marché et au niveau national la légitimité de la redistribution, une division des tâches résumée en une formule par David Natali (2012) : « Adam Smith au niveau européen et Keynes au niveau national. » Or maintenant cela ressemble plus à Adam Smith si ce n'est Hayek à tous les niveaux (Höpner, Schäfer, 2012). Comme l'indiquent Brigitte Favarel-Dapas et Odile Quintin (ancienne directrice générale de la DG Emploi) « l'éventail des moyens s'est élargi et [...] il manque à la fois la volonté politique et une vision claire de ce que doit être la politique sociale communautaire » (2007, p. 166). S'il y a crise du social, c'est aussi parce qu'aucun nouveau concept fédérateur ne remplace celui de la convergence souple des MOCs dont les résultats ne sont pas à la hauteur des espérances de ceux qui soutenaient cette nouvelle approche.

Toutefois à partir de 2013 il se produit un début de rééquilibrage entre la gauche et la droite (la gauche remporte des victoires en France, en Italie et au Danemark, et un gouvernement de coalition est formé en Allemagne en 2014). Mais cela n'implique pas, comme on le remarque pour la France, un changement radical d'agenda en matière sociale. C'est dans ce contexte que quelques nouveaux thèmes émergent depuis les élections européennes de 2014 et la nouvelle Commission présidée par Jean-Claude Juncker.

2015. Un nouveau départ ?

La situation politique est marquée par le débat sur le Brexit et, en juin 2016, le vote à une courte majorité des électeurs britanniques en faveur d'une sortie de l'Union européenne. Pour la première fois de son histoire, l'UE pourrait rétrécir et non plus s'élargir. Car le Brexit est aussi un vote de rejet de l'Europe non sociale et des règles de libre circulation jugée trop laxistes. En ce sens, le rétrécissement est bien lié à l'élargissement.

Le vote populiste de refus tant de l'UE que des migrants prend une forte ampleur. Certains partis populistes entrent au gouvernement comme en l'Autriche ou en Italie, mais ce n'est pas (encore ?) généralisé (voir les élections en France). En Europe de l'Est, Viktor Orban en Hongrie et le PiS de Lech Kaczyński en Pologne sont en même temps anti-européens, anti-migrants, sans respect pour la démocratie libérale mais aussi sociaux du moins pour les nationaux. C'est la nouvelle donne, de nombreux mouvements populistes et d'extrême droite deviennent du moins dans leurs discours prosociaux. La crise de la gestion des flux migratoires indique à nouveau une forte division de l'Europe (Krastev, 2018). Si le refus des pays de l'Europe centrale et de l'Est de prendre leur part a été le plus médiatisé, ils n'ont pas été les seuls, loin de là (voir par exemple la France ou le Danemark).

En termes politiques, on assiste sur le plan national à un effondrement sans précédent de la social-démocratie. Cela est particulièrement frappant aux Pays-Bas, en France, en Allemagne, en Autriche, en Tchéquie et en Italie. Seuls les socialistes au Portugal et le Labour au Royaume-Uni s'en sortent mieux. La Commission européenne sous Jean-Claude Juncker est toujours déséquilibrée avec seulement 9 sociaux-démocrates sur 28 membres. Le PPE gagne les élections parlementaires de 2014 et reste le premier groupe politique, mais perd beaucoup de sièges. Le S&D est à son minimum historique. En revanche, les partis anti-européens progressent. Dans un contexte politique qui n'a pas changé (majorité à droite), des doutes émergent et des craintes se multiplient à propos du futur de la construction européenne. Ce qui conduit le président de la Commission à lancer l'idée d'une Europe sociale « triple A » et à se démultiplier pour montrer que l'ère Barroso et l'austérité aveugle sont terminées.

Cette situation particulièrement difficile a pour conséquence paradoxale de relancer les débats sur le futur de l'Europe et en particulier sa dimension sociale avec la publication par la Commission de plusieurs scénarios et de cinq documents sur différents enjeux (sociaux, monétaires, militaires, de cohésion, financement). Il ne s'agit en aucun cas d'un plan structuré visant à développer une dimension sociale forte. Cela découle plutôt d'une analyse du risque de naufrage du projet européen sans dimension sociale et des ravages de la période d'austérité et de remise en cause du social national dans les opinions publiques. C'est aussi un projet qui n'est pas appuyé par l'ensemble de la Commission ni par beaucoup de gouvernements (au-delà d'un acte à portée symbolique). À partir de 2017, le discours très pro-européen du nouveau président français Emmanuel Macron rompt avec une tradition de blâmer l'UE pour tous les problèmes et présente une vision positive d'une intégration plus poussée.

Dès lors, contrairement aux relances précédentes, celle-ci est confuse, non articulée et manque d'un concept central fédérateur.

En matière sociale, cette relance passe par l'adoption d'un socle social européen rassemblant un ensemble de droits et de principes distribués en 20 domaines. Selon les termes de la Commission,

« l'objectif du socle européen des droits sociaux est de conférer aux citoyens des droits nouveaux et plus efficaces ». Il repose sur 20 principes clés qui se déclinent autour de trois thèmes : égalité des chances et accès au marché du travail ; conditions de travail équitables ; protection et insertion sociales. L'ensemble est touffu comportant une quinzaine de documents, peu hiérarchisés, peu clairs. Quelques propositions (conciliation vie familiale et de travail, contrat de travail, accès à la protection sociale, création d'une Autorité européenne du travail...) constituent l'ébauche d'un programme de travail. Les deux derniers visent à assurer un minimum de droits aux travailleurs – notamment, mais pas uniquement dans l'économie numérique – qui sont souvent de faux indépendants. C'est en tous cas le début d'une réflexion sur le travail et les contrats de travail dans une économie digitalisée.

L'autre pan d'action est l'ambition d'avoir un impact sur l'union monétaire et le Semestre européen, de « socialiser » le Semestre (selon les termes de Bart Vanhercke et Jonathan Zeitlin). Ceci passe au travers d'un scoreboard social (couvrant 12 domaines). Toutefois le scoreboard proposé (qui devrait donner une coloration plus sociale à l'UEM) n'est finalement que le 5e ensemble d'indicateurs après ceux d'Europe 2020 (la suite de Lisbonne), de la procédure sur les déséquilibres macro-économiques (MIP), des indicateurs liés à l'emploi et ceux liés à la protection sociale (exclusion, pensions, santé). Difficile dans cette configuration d'avoir une idée précise de l'impact de cette nouvelle proposition (ETUI, 2017). De manière complémentaire, un plan d'investissement européen qui se veut ambitieux est adopté en 2015 et prolongé par la suite. Au-delà du message positif qu'il veut donner, il reste très peu clair si *in fine* il s'agit de « vrais » nouveaux investissements. En plus, ils sont plus importants dans les pays qui en ont moins besoin que dans ceux qui ont subi de plein fouet la crise (voir chap. 7).

Par ailleurs, la Commission et le Conseil affirment vouloir relancer le dialogue social européen. Le refus de BE de négocier de bonne foi sur les propositions de la Commission dans le cadre du socle social ne permet pas d'être optimiste sur cette relance.

La question de la libre circulation, dans son volet « mobilité de la main-d'œuvre », revient au centre de l'actualité (et ceci avant les vagues de réfugiés de l'été 2015). La Commission propose plusieurs directives sur les travailleurs saisonniers, sur les travailleurs qualifiés (green card), sur les personnes travaillant à l'intérieur de groupes multinationaux. Clairement la mobilité de la main-d'œuvre est envisagée comme une des solutions à la crise de l'emploi. Mais c'est évidemment la question de l'échec de la gestion des réfugiés et migrants qui fracture l'Europe et met en évidence des visions et approches différentes.

En termes de concept fédérateur, la notion d'investissement social tente de se frayer un chemin dans le débat public. Cette idée est partiellement reprise en 2013 par la Commission avec un paquet « investissement social ». Elle est promue et soutenue par une série d'intellectuels proches des think tanks de gauche, tels Anton Hemerijck, Bruno Palier, Frank Vandenbroucke, Gøsta Esping Andersen... (pour une vue d'ensemble voir Hemerijck, 2017 pour une présentation critique voir Nollan, 2013). Une des idées clés est que le social est un investissement et particulièrement si on poursuit des politiques préventives plutôt que réparatrices. Le cas le plus emblématique est celui de la petite enfance. Si des investissements massifs sont réalisés ils pourraient augmenter le capital humain, réduire les inégalités ou encore les violences.

Synthèse et conclusion provisoire

Les points les plus importants peuvent être synthétisés en un tableau reprenant les différents développements des sept ou peut-être huit grandes périodes de l'Europe sociale (tableau 1). Il présente de manière synthétique les quatre facteurs que nous avons développés ci-avant : les développements sociaux, économiques et politiques au niveau national, les principaux thèmes de la politique sociale européenne, la méthode de gouvernance dominante et finalement les diversités nationales.

Tableau 1. Les étapes du développement de la politique sociale européenne

Période	Niveau national	Principaux thèmes	Méthode de Gouvernance	Diversité des modèles nationaux
1958-1973	Modernisation/ rattrapage économique. Expansion de la protection sociale Keynesianisme proactive. Démocrates-chrétiens et/ ou gouvernements de droite au pouvoir dans les 6 États membres.	Libre circulation des travailleurs. Sécurité sociale des travailleurs (EU) migrants Fonds social européen.	Convergence automatique en matière sociale. Égalité sur le même territoire entre nationaux et migrants communautaires. Additionalité des prestations acquises dans différents pays.	Six États-providence Bismarckiens.
1973-1981	Stagflation. Conflictualité sociale. Meilleur équilibre gauche-droite, Gauche au pouvoir dans 5 États membres (sur 9) durant la moitié de la période.	Égalité hommes-femmes sur les lieux de travail. Santé-sécurité au travail. Protection des droits des travailleurs.	Harmonisation dans le progrès.	Danemark, Royaume-Uni et Irlande (1973). Modèles Anglo-Saxon et Scandinave.
1981-1988	Moment néolibéral dérégulation/ privatisation. Internationalisation/ mondialisation. Fin du keynésianisme. Majorité de gouvernements de droite libéraux et sociaux-chrétiens.	Égalité H/F Santé-sécurité au travail. Création d'emplois comme centre de la politique sociale.	Majorité qualifiée pour la santé-sécurité. Début du dialogue social européen. Doublement des fonds structurels.	Grèce (1981), Espagne et Portugal (1986). Renforcement des modèles de l'Europe du Sud.

Période	Niveau national	Principaux thèmes	Méthode de Gouvernance	Diversité des modèles nationaux
1989-1997	Majorité de gouvernements de droite ou du centre compensé par une Commission active. Discipline budgétaire (UEM). Pactes sociaux et recul de l'État- providence. Convergence vers une inflation de 2 % ou moins.	Droits fondamentaux et droits minimaux. Santé-sécurité (directive cadre). Comités d'entreprise européens, information-consultation des travailleurs. Fonds de cohésion.	Socle minimal. Charte sociale des travailleurs. Directives minimales avec clause de non-régression. *Opt-out* britannique. Dialogue social contraignant. Société civile organisée.	Entrée de l'Autriche, de la Finlande et de la Suède (1995), pays avec des États-providence aux standards élevés.
1997-2005	Majorité massive de gouvernements de gauche ou centre gauche New Labour et le Neue Mitte allemand. Globalisation accélérée : la Chine comme atelier du monde. Lancement de l'UEM Fin des pactes sociaux nationaux. Réforme des pensions.	Stratégie européenne pour l'emploi, MOCs exclusion sociale, pensions, soins de santé, éducation… Directives antidiscrimination.	Diversité comme atout pour l'apprentissage. Méthode ouverte de coordination, Droits fondamentaux politiques, économiques et sociaux Dialogue social autonome Protection sociale comme facteur productif.	Préparation de l'élargissement. Accroissement de la diversité interne en termes d'institutions du marché du travail et de protection sociale. Hybridation/convergence néolibérale.

2005-2010	Large majorité de gouvernements de centre droit et de droite. Début de la crise financière et de la grande récession qui s'ensuit.	Révision des textes antérieurs. Mise en cause du principe d'égalité entre travailleurs sur le même territoire (directive Bolkestein, Arrêt de la Cour de justice, directive travailleurs détachés).	Arrêt de la dimension sociale. Fusion des MOC et de la gouvernance économique. Dialogue social interprofessionnel au point mort.	Élargissement massif et accroissement de la diversité y compris entre les nouveaux entrants. Hybridation/convergence néolibérale.
2010-2015	Crise de l'euro. Bail-out de la Grèce et émergence de la Troika comme acteur central. Divergence entre les pays.	Augmentation de l'âge de la retraite. Flexibilité salariale.	Nouvelle gouvernance économique et monétaire et réformes structurelles. Dérégulation des institutions de solidarité au niveau national. Investissement social.	Convergence néolibérale.
2015- ?	Montée des partis populistes anti-européens. Brexit. Large majorité de gouvernements de droite. Effondrement de la social-démocratie. Remise en cause des accords commerciaux.	Détachement des travailleurs. Couverture des travailleurs atypiques, indépendants, faux indépendants.	Socle européen des droits sociaux. Investissement social.	Brexit.

Source : Élaboration de l'auteur.

La construction européenne est depuis son origine doublement déséquilibrée. D'une part, la logique centrale est celle d'une intégration économique dont la dimension sociale constitue essentiellement un dérivé des gains produits par l'intégration économique. D'autre part, la politique sociale est limitée tant dans les dimensions considérées que dans les procédures pour l'adoption des actes législatifs (unanimité). Le débat sur le développement d'une Europe sociale a donc toujours comporté deux aspects. La première de rééquilibrage avec la dimension économique (et monétaire) et la seconde de parvenir à développer un programme social ambitieux.

La politique sociale européenne a été dans ce contexte très inventive. En termes de gouvernance et d'objectifs, on passe successivement de l'égalité sur un même territoire (années 1960) à l'harmonisation dans le progrès (années 1970) suivi de l'adoption de standards minimaux (fin des années 1980), et de législations négociées pour arriver à la proclamation de droits fondamentaux et à l'idée de convergence sur des indicateurs agréés, de droit souple et de coordination des politiques (année 2000). Bien entendu certains éléments des gouvernances précédentes restent de mise mais les logiques dominantes de l'action sont différentes.

Quand on se place dans une perspective historique, on constate depuis le débat initial (1956-1958) sur la place du social dans l'intégration qu'environ tous les quinze ans, une proposition ambitieuse de rééquilibrage et de développement est adoptée. Ainsi, les années 1973-1974 voient une première tentative avec l'adoption d'un premier programme social et l'activation des dispositions du traité (article égalité H/F et, art 235 qui permet d'étendre les compétences à l'unanimité), quinze ans plus tard les années 1988-1989 constituent une période féconde avec l'adoption d'une Charte communautaire des droits sociaux fondamentaux des travailleurs (sans le RU) suivi d'un ambitieux programme d'action. Les premières années du nouveau millénaire sont l'occasion de repenser le logiciel européen avec l'adoption d'une Charte des droits fondamentaux et la négociation d'un traité constitutionnel (qui sera un échec partiel), ainsi que le lancement de la Stratégie de Lisbonne et des MOCs. Et enfin 2015/2016 la présentation d'un socle de droits et principes et d'un (très) petit programme social pourrait constituer la 4e tentative de relance de l'Europe sociale.

Chaque tentative a sa spécificité et ses acteurs principaux.

La première se fait dans un contexte de mobilisation sociale forte et de début de crise économique. Elle est la résultante d'une analyse des gouvernements nationaux et de la Commission qu'ignorer le social n'est plus possible. À traité constant, se développent deux politiques phares de l'Union européenne, l'égalité hommes-femmes et la santé-sécurité au travail. Les acteurs principaux sont les gouvernements, la Commission d'un côté et de l'autre les groupes féministes, les syndicats et plus généralement les mouvements sociaux de protestations et de mobilisation sociale communs à la plupart des États membres. Cette dynamique dure six ou sept ans et s'épuise avec l'avènement de Margaret Thatcher au Royaume-Uni (1979).

La deuxième tentative fait suite au projet de « Marché intérieur » et aux promesses du président de la Commission Jacques Delors de développer parallèlement la dimension sociale. Une charte non contraignante comportant 12 sections est adoptée ainsi qu'un programme d'action de près de 50 mesures dont 20 de nature contraignante. La perspective est ici défensive. Face aux libéralisations et déréglementations qui se multiplient dans tous les pays et les effets de la globalisation (alors Japon et Brésil) qui se font sentir, il est nécessaire de garantir (déjà) un socle de droits. Outre Delors, certains gouvernements comme le gouvernement belge sont à la manœuvre, ainsi que les institutions européennes, le Parlement européen et le Comité économique et social. Outre les institutions européennes, les partenaires sociaux jouent un rôle croissant ainsi que les ONG sociales qui s'organisent et se structurent sur le plan européen. Ici aussi la poussée initiale ne dure que six ou sept ans. Elle s'abîme sur la nécessité de respecter les critères de Maastricht pour l'entrée dans l'union économique et monétaire, et les réformes des marchés du travail et de la protection sociale qui vont souvent de pair.

Le troisième essai est plus complexe, plus ambitieux, mais aussi moins abouti. Il est la suite logique de l'intégration monétaire et de l'impossibilité (du moins historique) d'avoir une monnaie sans État. Ceci conduit à essayer de redéfinir les fondamentaux de l'intégration européenne. Cela passe fondamentalement par l'accélération de l'intégration politique en se donnant une (quasi) Constitution censée conduire à un *demos* partagé ainsi que d'une charte des droits fondamentaux exprimant les valeurs communes. Au départ la place du social n'est pas très claire et il faudra beaucoup d'effort pour l'inscrire à l'agenda de la Convention chargée de rédiger le projet de texte. C'est plus facile pour la Charte des droits fondamentaux, mais les droits inclus le sont à droit constant et n'apportent peu ou pas d'innovation ou de progrès. Comme on le sait, les deux projets sont contestés et aboutissent pour l'un à une simple proclamation à Nice en 2000 et à une seconde proclamation à Lisbonne en 2007, et pour l'autre à un long processus qui aboutira sous le nom de traité de Lisbonne en 2007. Il n'est pas facile de savoir qui sont les acteurs à la manœuvre, les États sont divisés, comme le sont les opinions publiques. La Commission est hésitante. Les partenaires sociaux s'autonomisent par un dialogue social autonome. En revanche c'est l'occasion d'un changement de discours radical passant de l'idée d'un programme d'action législatif à celui d'une convergence par une méthode souple et non contraignante, la méthode ouverte de coordination qui prend sens avec le sommet de Lisbonne (2000). Ceci ouvre un espace aux ONG sociales. Celle-ci aussi s'épuise après six/sept ans à la suite de la révision de la Stratégie de Lisbonne et de la SEE en 2004-2005.

Ainsi, quinze ans plus tard et presque trente après la Charte communautaire des droits sociaux fondamentaux des travailleurs, l'Union européenne dit vouloir opérer une nouvelle tentative de rééquilibrage et de développement d'une dimension sociale. Cela passe par le projet d'élaborer un socle social comprenant des droits et des principes distribués en vingt domaines supposés garantir et améliorer l'acquis communautaire et l'objectif de réformer la gouvernance économique. La Commission est engagée surtout par la volonté de son président. Les États sont très divisés et loin d'être enthousiastes. Les syndicats et les ONG s'essaient à utiliser au maximum cette fenêtre d'opportunité tandis que les employeurs s'y opposent.

*

En essayant de mettre de l'ordre dans cette longue période et particulièrement les trente années que j'ai passées à suivre et étudier la dimension sociale, je suis frappé par le passage de l'enthousiasme porté par le projet européen et les possibilités ouvertes par l'achèvement du marché intérieur et la création d'une monnaie unique au désabusement progressif et profond vis-à-vis du processus européen. L'Union européenne a basculé d'un espace porteur d'espérance (sauvé par l'Europe était la vision italienne des années 1990) y compris pour les syndicats (voir par exemple le cas du TUC britannique en 1989) à un carcan, une contrainte responsable de, si pas tous les maux, au moins d'une grande partie d'entre eux. Ceci entraîne que les acteurs échaudés craignent davantage les initiatives y compris plutôt positives de l'UE car elles sont systématiquement interprétées en termes de risques plutôt que d'opportunités.

CHAPITRE 3

Les deux politiques phare des années 1970 et leurs évolutions

Les deux politiques phare des années 1970 dans le domaine social – l'égalité entre hommes et femmes et la santé-sécurité au travail – sont clairement deux politiques très différentes quant à leur contenu. Les communautés politiques qui les soutiennent n'ont que peu de liens entre elles, y compris au niveau national. Mais elles sont, toutes deux, les premières politiques sociales menées par l'UE. Elles sont passées toutes deux par trois grandes phases et se trouvent actuellement en crise. Elles sont également les premières à avoir expérimenté les limites d'une approche purement législative en termes d'efficacité et à avoir mis en avant les changements de comportement et le rôle des institutions pour parvenir aux objectifs visés. Elles ont été les précurseurs de la réflexion sur la gouvernance du social et des méthodes ouvertes de coordination que nous présenterons au chapitre 4. C'est pour cela qu'elles sont analysées en parallèle dans ce chapitre.

Sophie Jacquot (2014), avec d'autres auteures (Alison Woodward, 2012 par exemple), identifient trois grandes étapes dans le développement de la politique d'égalité entre hommes et femmes. Ces trois étapes sont stylisées et temporalisées dans les lignes qui suivent, mais il est clair que la réalité est comme toujours plus complexe et qu'il y a des recouvrements temporels entre les différentes phases. La première, dans les années 1970, est celle de la mise en œuvre de l'article 119 sur l'égalité hommes-femmes du traité de Rome. Elle touche à l'égalité de traitement sur le lieu de travail, l'égalité par le droit. La deuxième dans les années 1980-1990 consiste en une tentative d'élargissement des domaines couverts au-delà du marché du travail, mais repose aussi sur le constat que des inégalités se maintiennent malgré les avancées juridiques. C'est la reconnaissance de la nécessité d'actions positives dans le domaine de l'égalité des chances. La troisième (1995-...) développe une analyse plus structurelle des enjeux, et affirme une volonté d'intégrer dans toutes les politiques européennes le souci d'éliminer les inégalités et de promouvoir l'égalité hommes-femmes. C'est le *gender maintraiming*.

La politique d'égalité hommes-femmes se trouve depuis le milieu des années 2000 dans une impasse et ne parvient que difficilement à créer des connexions avec d'autres politiques. En termes d'acteurs, les communautés dynamiques de l'origine mêlant féministes militantes, académiques, fonctionnaires et politiciennes font place à des experts et à des approches plus bureaucratiques. Les enjeux liés aux questions de non-discrimination avec les nouvelles communautés politiques (migrants, LBGTQ, personnes handicapées) qui se mobilisent autour de ces enjeux semblent prendre le dessus en termes de visibilité et d'agenda politique.

La santé-sécurité au travail peut elle aussi s'analyser au travers de trois grandes étapes structurantes. La première période court de la fin des années 1970 à l'adoption de la directive-cadre de 1989. Il s'agit essentiellement d'établir des valeurs limites communes (pour l'exposition aux agents chimiques, physique ou biologique ou encore le bruit par exemple). La directive-cadre redéfinit profondément la façon de concevoir la protection de la santé et de la sécurité des travailleurs. Elle s'inscrit dans les débats autour de l'humanisation des conditions de travail et de la participation des salariés à la réduction des risques. Elle donne lieu en quelques années à l'adoption d'une vingtaine de « directives particulières » (liées à cette directive-cadre), et qui constitue la deuxième phase, l'âge d'or européen de la santé et de la sécurité. Mais dès 1995 un nouveau tournant se produit et on assiste à une stagnation puis à un déclin progressif de l'agenda santé-sécurité au niveau politique. Dans les années 2000, la santé au travail est de plus en plus considérée comme une question purement technique occultant l'enjeu politique de l'amélioration des conditions de travail, et un coût (une « charge bureaucratique ») menaçant la compétitivité des entreprises européennes et particulièrement des PME. Les débats tournent de plus en plus autour du *better regulation* (mieux légiférer), relabélisé en 2015 *Refit* par la Commission européenne. Cela conduit à des programmes de travail de plus en plus faibles dans le domaine de la santé et de la sécurité, le dernier d'entre eux (2014) étant même présenté avec plus d'un an de retard. En revanche, la lutte contre les cancers professionnels dus aux produits chimiques est revenue, après une longue absence, à l'agenda législatif en 2016 (Musu, Vogel, 2018).

La question des accidents du travail et de la responsabilité de ceux-ci a été depuis la fin du XIXe siècle au cœur des développements des politiques sociales nationales (Ewald, 1986). À partir des années 1960, la question des conditions de travail a souvent été mise au second plan par rapport à celles des salaires et de la protection sociale (Trentin, 2012).

Même si cela n'est pas l'objet d'action législative au niveau européen, les questions de souffrance au travail, de risques psychosociaux et des impacts des troubles musculosquelettiques se retrouvent dans les années 2000 de plus en plus dans les agendas nationaux. Au niveau européen, la communauté d'acteurs qui soutient son développement est très étroite (il s'agit de la seule Unité de la DG Emploi qui est localisée à Luxembourg) et est caractérisée par le fait qu'elle est formée d'experts en sciences « dures » : médecins, ingénieurs, chimistes...

Ce sont les évolutions de ces deux politiques phare dans le domaine social que nous examinons plus en détail dans les pages qui suivent.

L'ÉGALITÉ ENTRE HOMMES ET FEMMES

Quand on examine les avancées en matière d'égalité homme-femme, il est instructif de se remémorer une époque pas si ancienne où les discriminations étaient considérées comme légitimes. Alison Woodward (2012, p. 85) nous rappelle que :

> Quand vous étiez une femme mariée belge en 1957, vous ne pouviez pas avoir votre propre compte en banque ou une propriété sans avoir les documents cosignés par votre mari [...]. Si vous travailliez, non seulement votre salaire n'allait pas sur votre compte en banque personnel, mais vous gagniez beaucoup moins qu'un homme. Il aurait été peu probable que vous ayez été à l'Université ; fin des années 1960, les femmes comptaient pour moins de 10 % de la population d'étudiants universitaires. Votre vie au travail aurait été plus courte, car les femmes devaient prendre leur pension à 60 ans.

Une augmentation importante et constante de la participation des femmes au marché du travail a accompagné des progrès en termes d'égalité en matière de salaires et de sécurité sociale. En revanche, le marché du travail est devenu de plus en plus segmenté avec, d'une part, une augmentation rapide du travail atypique (le plus souvent occupé par des femmes dans le cas du temps partiel) et d'autre part la concentration des emplois féminins dans les services publics ou liés aux soins aux personnes (*care*).

De nombreux changements se sont produits ces quarante dernières années tant dans les logiques internes des actions européennes que dans les thématiques abordées. Les domaines des actions ont évolué passant de la sphère du travail *stricto sensu* à des thèmes plus sociétaux tels que la participation à la vie publique, l'accès aux positions de décision dans les entreprises, le partage des tâches à l'intérieur des ménages, la violence domestique... Cela s'est accompagné d'un usage d'instruments différents (loi, droit souple, incitants financiers, création d'institutions, etc.).

Le tableau 2, repris de l'ouvrage de Sophie Jacquot, synthétise les différentes logiques en les regroupant en trois grandes phases. Celles-ci se chevauchent plus que ce qu'il est indiqué dans le tableau qui vise à mettre en évidence des logiques structurantes.

Tableau 2. Le principe d'égalité : les logiques sous-jacentes des trois phases

	Égalité des droits (1960-1970)	**Différence (1980-1990)**	**Genre (1990-...)**
Dénomination du principe	Égalité de traitement	Égalité des chances	Égalité d'impact
Stratégie politique	Égalité par le droit	Actions positives, discrimination positive	Gender mainstreaming
Types d'instruments d'action publique	Juridiques	Économiques	Transectoriels et cognitifs
Acteurs	Législateurs et plaignants	Experts, spécialistes (dans et hors institutions étatiques)	Acteurs habituels du processus politique
Ressort social	Femmes comme individus (sujets de droit). Adaptation aux normes de référence	Femmes comme groupe. Rattrapage, comblement des écarts de développement économique et social	Femmes et hommes (identités et rôles construits socialement). Construction sociale des inégalités et multiplicité des discriminations

	Égalité des droits (1960-1970)	**Différence (1980-1990)**	**Genre (1990-...)**
Frontières de l'action	Agir sur le droit	Agir sur le marché	Agir sur le processus politique
Direction de l'action	Action correctrice *a posteriori* Prise en compte des effets de la discrimination	Action compensatrice *a posteriori* Prise en compte des effets de la discrimination	Action anticipative *a priori* Prise en compte des causes de la discrimination
Limites	Transposition et mise en œuvre	Marginalisation, « ghettoïsation »	Dilution des objectifs et des moyens
Cadre temporel	Court terme	Court terme	Long terme

Source : Jacquot, 2014, p. 19.

Dans les paragraphes suivants, nous détaillons ces différentes phases.

Les années 1970 et l'égalité sur le marché du travail

De manière générale, une fenêtre d'opportunité s'ouvre à la fin des années 1960 et au début des années 1970 pour donner une place plus importante aux questions sociales dans la construction européenne. Ceci commence en 1969 avec l'appel à une Union politique, suivi par le Rapport Werner de 1970 qui propose une dimension sociale pour la future union monétaire. Le Conseil européen de Paris de 1972 demande à la Commission d'établir un premier programme d'action sociale. Il s'agit d'un tournant qui souligne que « l'expansion économique n'est pas une fin en soi, mais doit se traduire par une amélioration de la qualité aussi bien que du niveau de vie [et] qu'une action vigoureuse dans le domaine social revêt [...] la même importance que la réalisation de l'union économique et monétaire ».

Dans le domaine de l'égalité hommes-femmes, l'action communautaire est étroitement liée aux débats qui se déroulent parallèlement dans les enceintes internationales. Au début des années 1970, la préparation de la première conférence mondiale de l'Année internationale des femmes (1975) à Mexico mobilise tant les gouvernements que les réseaux féministes. Il s'agit d'un amplificateur de la fenêtre d'opportunité. Celle-ci sera suivie de trois autres conférences : la Conférence mondiale de la décennie des Nations unies pour la femme « Égalité, développement et paix » à Copenhague en 1980, la Conférence mondiale chargée d'examiner et d'évaluer les résultats de la décennie des Nations unies pour la femme à Nairobi en 1985 et la Conférence mondiale sur les femmes « Lutte pour l'égalité, le développement et la paix » à Pékin en 1995.

L'article 119 du traité de Rome sur l'égalité salariale est resté lettre morte dans les années 1960 (voir introduction). Mais une série de changements internes et externes à la Communauté européenne mettent progressivement cette question au centre de l'agenda communautaire. La question féministe fait irruption dans la deuxième moitié des années 1960 et dans les années 1970 à l'agenda politique du fait de l'organisation, de l'engagement et de la visibilité croissante des groupes féministes.

En termes d'acteurs, il se développe ce que Woodward (2004) appelle un triangle de velours entre des politiciennes et fonctionnaires militantes, des réseaux organisés de la société civile, et une expertise scientifique académique. Du fait des changements de perception du rôle de la femme sur le marché du travail, ces réseaux d'acteurs stratégiques instrumentalisent le niveau européen et utilisent les potentialités juridiques offertes par l'article 119 du traité sur l'égalité salariale pour contraindre des évolutions nationales.

Différentes personnalités jouent également un rôle déterminant. On peut citer particulièrement deux intellectuelles qui, l'une en termes sociologiques et l'autre en termes juridiques, ont été des acteurs clés dans le développement des politiques communautaires.

La première, la sociologue française Évelyne Sullerot, publie en 1968 un ouvrage comparatif pionnier intitulé – *Histoire et sociologie du travail féminin* – qui joue un rôle important dans la prise de conscience du travail des femmes. Son influence sera d'autant plus grande que le livre est rapidement traduit en anglais élargissant ainsi son audience. Elle est rapidement intégrée dans les premiers réseaux communautaires. La seconde, la juriste belge Éliane Vogel-Polsky, sera l'avocate de Gabrielle Defrenne, hôtesse de l'air de la compagnie aérienne belge Sabena, licenciée en 1968 au motif de son âge (40 ans). Dans un article datant de 1967, celle-ci argue déjà de l'effet direct de l'article 119 c'est-à-dire qu'il s'impose même sans transposition juridique sur le plan national. Selon sa bibliographie (Gubin, 2007), elle consacre les années suivantes à essayer de trouver le « bon » cas à porter devant la Cour de justice européenne.

Le cas de l'hôtesse de l'air belge Gabrielle Defrenne devient emblématique tant par sa portée symbolique que par la mobilisation des réseaux féministes et des institutions européennes, en particulier la Cour de justice et la Commission. Toutes deux veulent renforcer leur légitimité institutionnelle et trouvent dans la question de l'égalité hommes-femmes une opportunité d'y parvenir. Dans le second arrêt Defrenne en 1976, la Cour reconnaît l'effet direct de l'article 119. Elle reconnaît aussi la portée sociale et non simplement économique de cet article. La Cour poursuit ce raisonnement allant jusqu'à écrire dans un arrêt de l'année 2000 que « la finalité économique poursuivie par l'article 119 du traité et consistant en l'élimination des distorsions de concurrence entre les entreprises établies dans différents États membres revêt un caractère secondaire par rapport à l'objectif social visé par la même disposition, lequel constitue l'expression d'un droit fondamental de la personne humaine » (arrêt Deutsche Post, 2000 § 57, voir aussi De Schutter, 2006).

La Commission européenne trouve ici aussi la possibilité d'affirmer sa position d'acteur central et d'innovateur et, en parallèle aux jugements de la Cour, elle adopte différentes directives entre 1975 et 1985. La première directive de 1975 porte sur l'égalité de rémunération. Le champ est ensuite élargi par une nouvelle directive en 1976 traitant de l'accès à l'emploi qui comprend aussi une définition de la discrimination indirecte. C'est ensuite le tour de la sécurité sociale avec la directive de 1978 concernant les discriminations directes et indirectes dans les régimes légaux. Finalement la directive de 1986 concerne les régimes fondés sur un secteur professionnel ou une branche économique ou encore mis en place dans le cadre d'une entreprise. Celle-ci clôt l'époque de gloire de l'approche législative en matière d'égalité hommes-femmes. À l'exception de la directive sur le congé maternité en 1992, aucune directive n'est adoptée dans les dix années qui suivent.

Ce ne sont pourtant pas les propositions qui ont manqué mais celles-ci ne sont pas adoptées. C'est le cas des propositions de directives sur le travail à temps partiel (1983), le congé parental (1984), la sécurité sociale (1989), les pensions de veuves (1989), l'âge de la pension (1989), la charge de la preuve (1989), le travail atypique (1991) dont aucune ne sera adoptée faute d'accord au Conseil. D'autres potentielles directives sont transformées finalement en recommandations ou déclarations tels le chômage des femmes (1984), l'égalité de traitement dans la taxation (1991), les politiques familiales (1991), les soins des enfants (1991), le harcèlement sexuel sur le lieu de travail (1991) (Kantola, 2010, p. 38-39 citant Young 2000).

Au-delà du droit : de multiples réseaux

Les caractéristiques fortes de la politique d'égalité homme-femme sont la densité et la pluralité des réseaux créés. Tous les récits des premiers temps de cette politique sociale européenne confirment l'aspect militant et de sociabilité des premiers réseaux ainsi que leur création à la marge du fonctionnement bureaucratique traditionnel des Communautés européennes (Hoskins, 1996). On peut distinguer quatre niveaux.

Le premier est de nature institutionnelle. Il comprend l'Unité Égalité des chances à la Commission européenne, la commission « droit de la femme et de l'égalité des genres » du Parlement européen ainsi que les multiples réseaux au sein du Parlement et du Conseil.

Le deuxième se compose des réseaux structurés composés d'académiques et de spécialistes financés par la Commission. Ils lui fournissent des rapports et de l'expertise. Agnès Hubert (1998) mentionne cinq réseaux principaux : le Réseau emploi, sur la réconciliation vie familiale et vie professionnelle, les femmes dans la prise de décision, les initiatives locales d'emploi et enfin le réseau juridique. Ensemble ces réseaux produisent plus de 40 rapports dans les années 1990.

Le troisième est constitué des réseaux académiques comme CREW (Centre de recherche sur les femmes européennes), Wise (Femmes dans les sciences en Europe), AIOFE (Association des institutions d'éducation féministe) et Athena (Réseau thématique dans les études européennes des femmes) qui se transforme en 2009 en AtGender (Woodward, 2012, p. 92). Ceux-ci auront une influence particulière dans le domaine de l'égalité dans la recherche et l'enseignement.

Enfin, il y a les ONG féministes qui s'organisent pour influer sur les décisions bruxelloises, souvent avec le soutien direct ou indirect de la Commission. La première organisation est le réseau européen des femmes (European network of Women, ENOW) créé en 1983 par et pour les militantes féministes qui fait du lobby institutionnel (Pillinger, 1992). La plus importante de ces organisations est le Lobby européen des femmes (LEF) créé en 1990 qui constitue l'organisation coupole regroupant près de 2000 associations, 31 plateformes nationales et 20 réseaux européens. Une série d'autres organisations de moindre représentativité, féministes ou familialistes voient le jour, souvent temporairement. Près de 90 réseaux liés directement aux questions de genre ont été identifiés dans les années 2000.

Avant de passer à la seconde période, le tableau 3 synthétise l'ensemble des directives adoptées sur base de l'article 119. En matière d'égalité des femmes et de non-discrimination 13 directives ont été adoptées depuis 1958. Comme le montre le graphe ci-dessous il y a une très grande période d'inactivité entre 1986 et 1997 (année d'adoption de la directive sur le renversement de la charge de la preuve en cas de discrimination). Par contre deux accords collectifs entre les partenaires sociaux (congé parental et travail à temps partiel) concernent aussi l'égalité hommes-femmes et une directive sur les femmes enceintes est également adoptée mais cette dernière est déposée sur une base juridique santé-sécurité. Une certaine reprise commence dans les années 2000 due essentiellement aux directives non-discrimination et la consolidation des directives précédentes (2002 et 2006).

Figure 1. Directives concernant l'égalité hommes-femmes et la non-discrimination par année

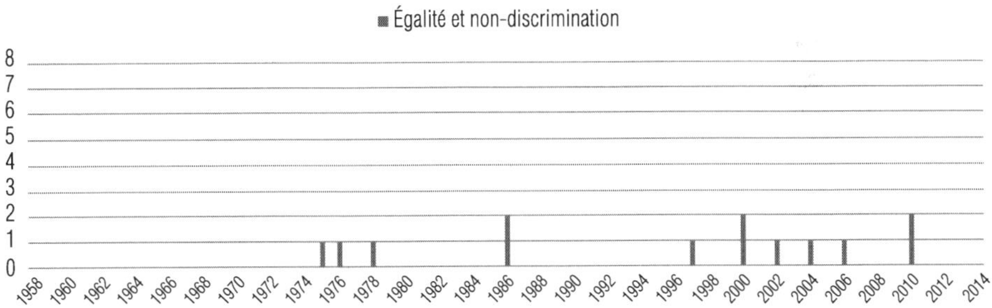

Source : Degryse, Pochet, 2017.

Les actions positives et l'élargissement de l'agenda 1985-1995

Dans les années 1980, un débat se développe sur la nature même de la notion d'égalité. L'objectif est-il d'égaliser la femme et l'homme sur le modèle masculin ? Ou bien de faire évoluer le modèle dominant masculin ? Ou encore de créer des espaces acceptant la diversité ? C'est ainsi que le débat évolue progressivement vers l'idée d'actions positives. C'est la reconnaissance qu'une approche basée uniquement sur des droits égaux ne parvient pas à réduire les discriminations réelles. Il faut donc combler les inégalités de départ pour entamer des actions positives en faveur des femmes. Cela passe aussi par l'importance de parvenir à changer les mentalités et les stéréotypes. D'où un intérêt croissant pour analyser le rôle de la presse et la télévision. En 1984, le Conseil adopte une recommandation sur les actions positives (1984/635). À partir de 1982, des Programmes d'action pluriannuels sont adoptés par la Commission européenne (ceux-ci s'arrêtent avec le programme de 2001). Ils permettent d'élargir les domaines abordés par la politique d'égalité hommes-femmes. Comme le remarque un des acteurs de l'époque : « Sans le programme d'action utilisé comme un levier face au Conseil, la Commission aurait eu à justifier chaque pas qu'elle aurait essayé de faire dans ce domaine (politique de l'égalité). Nous pouvions l'agiter face aux gouvernements pour justifier d'activités dans des domaines où les États membres n'auraient pas voulu que nous soyons trop actifs » (Mazey, 1991, p. 141 citant Rutherford, 1989).

Les programmes ont permis un élargissement de l'agenda avec des questions telles que le harcèlement (recommandations sur le harcèlement sur les lieux de travail en 1992/131), la participation à la vie politique (réseaux 1991-1996, déclaration d'Athènes en 1992 sur la parité soutenue par des femmes politiques de premier plan, Recommandation de l'Union de 1996/694 sur ce sujet), la garde d'enfant (recommandation en 1992/241) et finalement la conciliation vie familiale/vie professionnelle. Ces différents thèmes demeurent à l'agenda communautaire jusqu'à aujourd'hui. Ils se retrouvent par exemple dans le « Pacte européen pour l'égalité entre les hommes et les femmes » (2006), la Charte des femmes de 2010 ou dans la stratégie pour l'égalité des femmes 2010-2015. La nature des instruments mobilisés est du droit souple (recommandation) non obligatoire (pas de contrôle de la Cour de justice). On vise ici essentiellement à changer des comportements (voir section suivante) mais, il faut aussi le souligner, il n'y a pas de bases juridiques claires dans les traités pour la plupart de ces initiatives. De plus l'élargissement de l'agenda ne signifie pas nécessairement que ces nouveaux domaines sont abordés dans une perspective féministe. Par exemple la réconciliation vie familiale et de travail est abordée essentiellement en termes techniques – nombre de places pour les jeunes enfants – et non comme réflexion sur les rôles dans la famille (Lombardo, Meier 2009).

Un autre élargissement des thématiques concerne la question de la violence faite aux femmes et aux enfants. À la suite de l'affaire Dutroux en Belgique en 1996, la Commission crée en 1997 un premier programme Daphné sur la violence faite aux femmes et aux enfants au sein de la DG Justice. La question de la violence devient ainsi un axe fort de la politique d'égalité qui sera encore renforcé quand le domaine de l'égalité des chances passe de la DG Emploi à la DG Justice en 2011. Cette question est essentielle car près d'une femme sur trois a été victime (depuis ses 15 ans) de violence sexuelle ou physique. Cette violence est, pour un tiers des cas, le fait de son partenaire, pour un tiers de son partenaire et d'une autre personne, le dernier tiers par une personne non partenaire (CE, 2014b). Symbolique également de l'extension de l'agenda est l'adoption en 2004 de la directive sur l'égalité de l'accès aux biens et services.

À partir de la fin des années 1990 l'adoption de directives reprend mais à un rythme réduit. En 1997, l'effectivité de l'arsenal législatif est renforcée par l'adoption de l'importante directive sur le renversement de la charge de la preuve. Ce n'est plus maintenant à la plaignante de prouver la discrimination mais à l'employeur d'en prouver l'absence.

La Cour, qui dans les années 1970 et 1980 avait joué un rôle clé dans ce domaine, semble ne plus être en phase tant avec les gouvernements qu'avec l'opinion publique. Dans les années 1990, elle adopte deux arrêts qui posent problème sur deux questions différentes : l'égalité dans le domaine des pensions complémentaires (Affaire Barber, 1990) et les discriminations positives (Affaire Kalanke, 1995). Dans le cas Barber, la Cour va plus loin que ce que les États sont prêts à accepter, dans le second cas Kalanke sur les discriminations positives elle est en retard avec les évolutions nationales. Les deux cas présentés brièvement ci-dessous concernent la conception et le champ de l'égalité. Ils trouvent finalement une solution lors de l'adoption des révisions successives des traités.

L'arrêt concernant M. Barber porte sur l'égalité pour les systèmes de pensions complémentaires en entreprise (affaire 262/88). La

Cour décide que toutes les formes de pensions professionnelles relèvent de la notion de rémunération au sens de l'article 119. Dès lors, le principe d'égalité de traitement leur est applicable. La Cour en déduit le principe selon lequel les salariés de sexe masculin doivent pouvoir bénéficier de leurs droits en matière de pension et de pension de réversion au même âge que leurs collègues de sexe féminin. Si l'arrêt a des effets rétroactifs, cela aurait pu avoir des conséquences financières importantes pour les États membres et des entreprises concernées. Cela sera résolu par l'adoption d'un protocole au traité de Maastricht (1991) visant à exclure les cas avant 1990 sauf ceux déjà soumis à une procédure légale. En ce sens le législateur remet en cause les conclusions de la Cour de justice.

La Cour a, au départ, une attitude réservée en matière de promotion de femmes en situation de compétences équivalentes (actions positives). Dans son arrêt Kalanke, elle n'accepte pas ce raisonnement, en tout cas de manière systématique. Cela conduit les États membres à ajouter dans le traité d'Amsterdam (1997) un alinéa prévoyant la possibilité d'actions positives. L'article 141 (nouvelle numérotation) § 4 se lit comme suit : « Pour assurer concrètement une pleine égalité entre hommes et femmes dans la vie professionnelle, le principe de l'égalité de traitement n'empêche pas un état membre de maintenir ou d'adopter des mesures prévoyant des avantages spécifiques destinés à faciliter l'exercice d'une activité professionnelle par le sexe sous-représenté ou à prévenir ou compenser des désavantages dans leur carrière professionnelle. »

Dès 1997, avec l'arrêt Marshall, la Cour fait évoluer sa jurisprudence (affaire C-409/95). Elle y déclare que la législation communautaire ne s'oppose pas à une règle nationale obligeant à promouvoir prioritairement les candidates féminines dans les secteurs d'activité où les femmes sont moins nombreuses que les hommes, dans la mesure où cet avantage n'est pas automatique et garantit aux candidats masculins un examen sans exclusion *a priori* de leur candidature.

Finalement, les États membres soucieux de limiter les conséquences potentielles des arrêts de la Cour en termes d'impact financier adoptent lors du traité de Nice (2000) la disposition suivante : les dispositions de l'article 153 sur la politique sociale « ne portent pas atteinte à la faculté reconnue aux États membres de définir les principes fondamentaux de leur système de sécurité sociale et ne doivent pas en affecter sensiblement l'équilibre financier » (para 4). Comme présenté dans le chapitre 1 (voir aussi chap. 6 sur l'européanisation), le développement de la politique sociale européenne peut aussi consister en la protection et le maintien des politiques sociales nationales contre les empiètements européens. C'est ici le cas d'un article protecteur des États-providence nationaux pour éviter des conséquences non prévues de la part d'arrêts de la Cour de justice.

Les limitations de l'approche par des actions positives conduisent à envisager une approche plus globale.

Le tournant du milieu des années 1990

Au milieu des années 1990 se cristallise une série d'évolutions importantes qui se retrouvent toutes dans le traité d'Amsterdam de 1997.

Tout d'abord, les politiques en matière de discrimination positive semblent avoir des effets limités. On passe progressivement d'une approche en termes d'égalité des chances à une approche visant à intégrer la dimension genre dans l'ensemble des politiques, et ce dès leur conception. Il s'agit d'adopter une stratégie plus globale et qui vise à modifier ex ante les inégalités de genre. C'est ce qu'on appelle le *gender mainstreaming*.

La deuxième évolution est le développement à partir de 1997 de la Stratégie européenne pour l'emploi (SEE) dont l'un des quatre piliers est consacré à l'égalité hommes-femmes. La SEE et puis la MOC deviennent le centre des dynamiques autour de la création d'une dimension sociale de l'UE (voir chap. 2 et chap. 5) et mobilisent l'attention d'un grand nombre d'acteurs.

Enfin, le nouveau traité contient un article sur la non-discrimination en fonction du sexe, de la race ou l'origine ethnique, de la religion ou des convictions, d'un handicap, de l'âge ou de l'orientation sexuelle. Ce dernier est mis en œuvre à partir de 2000 par l'adoption (un peu à la surprise générale) de deux directives : l'une sur les discriminations et l'emploi, et l'autre sur les discriminations en général (Guiraudon, 2009). La politique d'égalité hommes-femmes perd en partie de sa singularité et se retrouve dans un ensemble plus large. Progressivement, les différentes communautés politiques autour des thèmes liés à la discrimination deviennent de plus en plus actives (Jacquot, 2013b).

Nous développons les deux premières évolutions dans les paragraphes qui suivent.

Le *gender mainstraiming*

Le *gender mainstreaming* émerge à l'agenda communautaire en parallèle avec la Conférence des femmes à Pékin 1995, montrant à nouveau l'entrelacement des niveaux international et européen. Dans la Communication de la Commission de 1996, on trouve la définition du *gender mainstreaming* qui insiste sur la « double approche » (gender mainstreaming plus actions positives) :

> Il ne s'agit [...] de ne pas limiter les efforts de promotion de l'égalité à la mise en œuvre de mesures spécifiques en faveur des femmes, mais de mobiliser explicitement en vue de l'égalité l'ensemble des actions et des politiques générales, en introduisant dans leur conception de façon active et visible l'attention à leurs effets possibles sur les situations respectives des femmes et des hommes (gender perspective). Cela suppose d'interroger systématiquement ces actions et de prendre en considération ces effets possibles dans leur définition et leur mise en œuvre [...]. Prendre en compte systématiquement les différences entre les conditions, situations et besoins des femmes et hommes dans l'ensemble des politiques et actions communautaires : telle est l'orientation du

> principe de mainstreaming que la Commission a adopté [cité par Vielle, 2010, p. 3].

La notion de *mainstreaming* est inscrite comme un principe de l'UE dans l'article 3 du traité d'Amsterdam en 1997 (article 8 du traité sur le fonctionnement de l'Union européenne) : « Pour toutes ses actions, l'Union cherche à éliminer les inégalités, et à promouvoir l'égalité entre hommes et femmes. » Le traité de Lisbonne (2009) renforce le principe d'égalité hommes-femmes en l'incluant dans les valeurs et objectifs de l'Union (art. 2 et 3, § 3).

Le *gender mainstreaming* constitue une stratégie globale et progressive. Pour autant, selon les évaluations académiques concordantes on ne peut pas dire qu'elle a été à ce jour un succès. Une approche en termes de gender mainstreaming requiert de repenser les acteurs à mobiliser et de trouver le bon moyen de les mobiliser. En effet, la volonté de couvrir de nouveaux domaines (au-delà de l'emploi) nécessite d'élargir radicalement la palette d'acteurs et politiques publiques concernés. Il s'agit d'amener l'ensemble des acteurs de politiques publiques et non plus seulement les secteurs spécialisés dans l'égalité, à prendre en compte cette dimension dans toutes les phases d'élaboration, décision et mise en œuvre de leurs politiques. Ainsi la question du genre devient la responsabilité de tous, avec le risque est de démobiliser les réseaux traditionnels sans pour autant parvenir à mobiliser de nouveaux acteurs. Comme l'indique Mieke Verloo (2001, p. 8) :

> Aux Pays-Bas, l'expérience au niveau local est révélatrice. Là, l'idée selon laquelle l'égalité entre les sexes devrait être intégrée « partout » a eu la triste conséquence que tous les bureaux de l'égalité des sexes ont été fermés, car l'égalité des sexes devait désormais être « la responsabilité de tous ».

En termes d'élargissement des acteurs, l'échec est patent. Il faut attendre par exemple près de 20 ans pour disposer d'une analyse européenne des hommes qui sont impliqués dans les questions d'égalité (2010). Ces questions restent l'apanage des femmes comme le montre le nombre réduit d'académiques masculins écrivant sur ces questions (Mark Pollack étant une des rares exceptions).

Par ailleurs, ce changement d'angle et d'outil (soft law) affaiblit les coalitions d'acteurs et réseaux qui étaient à l'origine de l'inscription et du développement de l'égalité hommes-femmes au niveau européen. Comme le souligne Jacquot (2013a, p. 23)

> le passage à des instruments de soft law affaiblit d'autant ce canal traditionnel de construction et de réforme de la politique communautaire d'égalité entre les femmes et les hommes par les instruments juridiques et leur usage par le militantisme féministe. Une politique incitative n'offre que peu d'aspérités auxquelles des requérants ou des militants puissent s'accrocher et donc peu de possibilités de développement qui aillent dans un sens inattendu, et pas nécessairement dans le sens choisi par les institutions.

En termes de champs couverts, les résultats sont inégaux. La politique externe et particulièrement de développement ainsi que la politique de recherche constituent des exemples positifs mais pour de nombreuses autres politiques publiques les avancées sont très limitées. L'étude menée par Émilie Hafner-Burton et Mark Pollack (2009) sur la Commission européenne elle-même et la mise en place du gender mainstreaming dans ses services montrent des développements inégaux et relativement faibles dans l'ensemble après plus de dix ans de discours.

Enfin, l'approche en termes de *gender mainstreaming* ne résout pas vraiment la question centrale : quelle est en fait la problématique du genre ? Comme le souligne Mieke Verloo (2005, p. 17), il n'y a pas de consensus sur « quel est le problème, où se situe-t-il, qui en est responsable ou quelle pourrait être une solution au problème ? L'objectif devrait-il être l'égalité ? Ou la différence ? Ou devrait-il être l'autonomie ? Ou encore l'objectif devrait-il s'inscrire dans une perspective d'éthique des soins ? ».

Avec le recul du temps, la plupart des académiques ont un jugement mesuré ou critique sur les avancées qui ont été permises à partir de cette approche globale. Il faut toutefois souligner que les actions positives, approche spécifiquement destinée à créer l'égalité, se sont poursuivies.

Égalité hommes-femmes et la Stratégie européenne pour l'emploi : une occasion manquée ?

La Stratégie européenne pour l'emploi (SEE) comprend un pilier égalité hommes-femmes. Ce dernier constitue un des quatre grands thèmes en 1997 lorsque la Stratégie s'élabore. Certes cela est davantage dû à la petite histoire qu'à des visées stratégiques de la part de la Commission. Le commissaire européen en charge de la politique sociale et de l'égalité hommes-femmes, l'Irlandais Pádraig Flynn s'était vu mis sous tutelle par le Parlement européen lors de son renouvellement en 1996. La question égalité hommes-femmes est rattachée au président de la Commission (Jacques Santer) qui crée un groupe de commissaires spécifique pour répondre aux préoccupations du Parlement européen mais aussi de la Suède, nouvel état membre et de sa commissaire Anita Gradin. Il y a donc la volonté de montrer patte blanche de la part de la Commission en mettant en évidence un pilier hommes-femmes. Dans les innombrables ouvrages académiques sur la SEE ou les MOC en général, on compte sur les doigts de la main ceux qui traitent plus spécifiquement de l'égalité hommes-femmes (Rubery, 2005).

Mark Smith et Paola Villa distinguent quatre phases quant à l'égalité hommes-femmes dans la SEE. Dans la stratégie initiale, le pilier égalité hommes-femmes compte quatre lignes directrices. En 1999, une ligne directrice spécifique sur le gender mainstreaming est ajoutée. Lors de la réforme de 2003 de la Stratégie de Lisbonne, l'égalité hommes-femmes devient l'une des dix lignes directrices mais il n'y a qu'une allusion au *gender mainstreaming*. Finalement en 2005 avec la fusion de la SEE, des grandes orientations de politique économique (GOPE, macroéconomie) et du processus de Cardiff (microéconomie) (voir chap. 5), il n'y a plus aucune ligne directrice dont l'intitulé est explicitement consacré à l'égalité hommes-femmes (même si le préambule et la ligne directrice 18 recouvrent certains thèmes). Finalement dans la stratégie Europe 2020, il n'est plus fait mention d'égalité hommes-femmes et seule une phrase évoque que la perspective de genre doit être intégrée dans toutes les politiques. Il s'agit donc d'un effacement progressif en termes de visibilité (Smith, Villa, 2010 ; Villa, Smith, 2014).

Les analyses faites en 2006 et 2008 pour la Commission par le groupe genre et emploi dirigé par Jill Rubery sur la prise en compte de ces aspects dans les plans nationaux de réformes qui constituent les documents de programmation nationale dans le cadre de la Stratégie pour l'emploi (voir chap. 5 pour plus de détails) sont pour le moins assez critiques mais certaines constatent des effets positifs dans le sud de l'Europe. Comme le souligne Julia O'Connor (2008), les États membres répondent de manière très inégale en ce qui concerne l'égalité hommes-femmes et encore plus sur les actions de *gender mainstreaming* dont Jill Rubery (2005) montre qu'elles n'avaient pas été prises en compte dans la plupart des analyses des différentes politiques faute d'intérêt et d'expertise. Lors de la fin de la stratégie de Lisbonne et la préparation de Europe 2020, la Commission n'est plus l'acteur le plus dynamique et les impulsions viennent principalement des États membres (Villa, Smith, 2014, p. 283).

Ce n'est pas qu'il ne s'est rien passé. Par exemple, il y a eu des retombées positives en matière d'emploi ou de garde d'enfant. Parmi les indicateurs importants, on trouve bien évidemment le taux d'emploi des femmes (objectif 60 % pour 2010). Même s'il n'y a pas de lien direct et mécanique entre l'utilisation d'indicateurs sur le plan européen et l'augmentation des emplois pour les femmes, il y a eu une forte progression du nombre des femmes sur le marché du travail. Entre 1997, année de lancement de la SEE, et 2016, le taux d'emploi des femmes est passé de 60,4 à 66,1 pour l'Europe des 15 et de 62 à 65,7 pour l'Europe des 27 entre 2000 et 2015. Tous les pays à l'exception de l'Irlande, la Grèce et l'Italie ont un taux d'emploi supérieur à 60 %, les trois pays ayant le plus haut taux d'emploi proche de 75 % sont la Suède, l'Allemagne et les

Pays-Bas. L'amélioration du taux d'emploi a aussi été affectée par la crise et en particulier pour l'Espagne, la Grèce, Chypre, l'Italie, l'Irlande, les pays baltes, la Hongrie. On a donc une progression inégale du taux d'emploi selon les pays. Toutefois il s'agit de la comptabilisation de toutes les femmes qui ont un emploi qu'il soit à temps (très) partiel ou à temps plein. Si on les convertit en équivalents temps plein la situation est fort différente (tableau 4). Eurostat à décider depuis 2010 de ne plus fournir ces données ce qui conduit à utiliser les données de l'OCDE. Il se développe parmi les femmes principalement une nouvelle catégorie de travailleurs : les travailleurs pauvres.

Tableau 3. Taux d'emploi équivalent temps plein hommes et femmes 15-64 ans

		15-64 ans				
		1995	2000	2005	2010	2015
Autriche	hommes	80,6	79,6	80,4	79,8	76,5
	femmes	52,9	52,1	51,8	53,8	53,5
Belgique	hommes	67,9	70,7	69,2	68,2	66,4
	femmes	38,1	42,0	43,9	46,4	48,2
République Tchèque	hommes	.	.	79,5	78,6	81,4
	femmes	.	.	55,7	54,9	60,1
Danemark	hommes	77,8	78,3	76,5	67,8	68,2
	femmes	54,1	58,9	58,2	55,4	54,6
Estonie	hommes	.	67,0	67,7	61,9	75,3
	femmes	.	55,8	60,3	56,8	63,6
Finlande	hommes	.	.	71,0	68,5	67,4
	femmes	.	.	59,9	58,7	59,1
France	hommes	69,1	68,2	71,4	70,1	67,5
	femmes	44,9	46,1	50,2	51,8	52,4

		15-64 ans				
		1995	2000	2005	2010	2015
Allemagne	hommes	75,3	75,0	71,7	76,3	76,6
	femmes	45,7	46,4	45,1	50,4	53,2
Grèce	hommes	81,9	80,3	82,5	77,8	65,7
	femmes	38,4	42,0	45,9	47,2	41,7
Hongrie	hommes	64,3	66,6	65,0	60,6	71,2
	femmes	46,0	49,4	50,0	48,9	56,3
Irlande	hommes	75,3	80,3	78,5	62,5	68,3
	femmes	35,5	44,0	46,1	43,0	45,4
Italie	hommes	69,2	70,6	72,6	69,0	65,6
	femmes	31,8	35,2	38,6	38,4	38,7
Lettonie	hommes	.	65,7	71,0	57,3	69,9
	femmes	.	54,7	57,5	56,3	63,3
Lituanie	hommes	.	58,8	65,8	55,3	66,8
	femmes	.	54,0	55,9	55,7	63,0
Luxembourg	hommes	78,1	77,7	74,5	74,0	71,8
	femmes	36,8	42,5	44,5	46,9	51,4
Pays-Bas	hommes	72,3	75,3	71,1	71,7	68,8
	femmes	34,0	38,7	38,5	42,5	42,5
Pologne	hommes	.	.	63,9	69,5	73,4
	femmes	.	.	44,7	50,2	54,7
Portugal	hommes	78,7	79,1	75,1	70,6	68,3
	femmes	53,1	56,7	57,0	56,6	58,1
Slovaquie	hommes	74,0	67,5	67,7	67,6	71,5
	femmes	54,6	53,4	50,4	51,6	54,4
Slovénie	hommes	.	71,3	73,6	70,4	69,7
	femmes	.	59,3	60,4	59,6	58,0

		15-64 ans				
		1995	2000	2005	2010	2015
Espagne	**hommes**	67,5	76,5	80,2	67,9	64,8
	femmes	30,3	38,7	46,8	47,3	46,2
Suède	**hommes**	.	.	74,5	71,5	73,3
	femmes	.	.	61,4	59,3	63,8
Royaume-Uni	**hommes**	84,5	85,4	82,9	77,1	79,9
	femmes	48,0	50,7	52,3	51,0	54,5

Source : OCDE, données de septembre 2018.

D'autres indicateurs importants sont ceux liés à la garde des enfants en bas âge (objectifs du Conseil européen de Barcelone en mars 2002), visant à augmenter la participation des femmes sur le marché du travail. Les États membres doivent s'efforcer de mettre en place d'ici 2010 (repoussé à 2020), des structures d'accueil pour 90 % au moins des enfants ayant entre trois ans et l'âge de la scolarité obligatoire et pour au moins 33 % des enfants âgés de moins de 3 ans. Ceci fait partie de l'agenda réconciliation vie privée et vie familiale dont la Commission a fait une priorité depuis 1990 et a soumis en 2017 une proposition de directive dans le cadre du socle européen des droits sociaux.

Dans les années 2000, on assiste surtout à la refonte de directives antérieures. En 2002, une directive met à jour la directive de 1976 et reprend en outre les arrêts de la Cour et les dispositions en matière d'actions positives. Elle précise aussi les notions de discriminations directes et indirectes, harcèlement, harcèlement sexuel, prévoit des organismes nationaux (reprenant la formulation des directives anti-discrimination) et précise le mécanisme de compensation pour les discriminations avérées. En 2006, une nouvelle directive simplifie et met à jour la législation de manière plus générale avec la refonte en une seule directive de 4 directives des années 1970 et 1980 (Favarel-Dapas, Quintin, 2007).

Le rôle des partenaires sociaux[1]

Les partenaires sociaux européens ont recours à une sorte de méthode ouverte appliquée au dialogue social. Ils adoptent en mars 2005 un « cadre d'actions sur l'égalité hommes femmes » comprenant quatre priorités d'action : le rôle attribué aux hommes et aux femmes ; la promotion des femmes dans le processus décisionnel ; la défense de l'équilibre entre vie professionnelle et vie familiale ; l'écart salarial entre hommes et femmes. Une soixantaine d'objectifs sont définis, tels que : attirer les jeunes femmes vers les professions techniques et scientifiques, promouvoir l'entreprenariat comme carrière pour les femmes comme pour les hommes, encourager la carrière des femmes comme des hommes, promouvoir l'esprit d'entreprise féminin, trouver des modalités de travail flexibles, etc. Leur adoption ne s'est pas faite sans tensions. Leur définition et ce qu'elles couvrent concrètement n'étant pas perçus de la même manière par les employeurs et les syndicats (ségrégation entre les sexes sur le marché du travail, stéréotypes, mais aussi flexibilité du travail dans le cadre de l'équilibre entre vie professionnelle et familiale, ou encore l'écart salarial persistant). En ce qui concerne le suivi, les signataires s'engagent à assurer la promotion de ce document dans les États membres, et à le transmettre aux acteurs pertinents aux niveaux européen et national. Ils s'engagent aussi à dresser chaque année et ce pendant quatre ans un rapport sur les actions engagées dans les États membres sur la base de leur texte conjoint.

Selon leur évaluation conjointe en 2009, ils estiment que le cadre d'action a eu « indubitablement » une influence importante sur le développement des politiques européennes dans ce domaine. Il a servi de source d'inspiration dans de nombreux États membres pour lancer des initiatives entre partenaires sociaux mais aussi avec d'autres acteurs. Toutefois, ce rapport souligne aussi que tous les États membres de l'Union européenne n'ont pas adopté de rapports nationaux, que les outils et instruments de mise en œuvre sont très diversifiés, et que les progrès accomplis devront être consolidés. Ils ont continué à adresser ces enjeux dans les programmes de travail suivants. Celui de 2015-2017 avait un focus particulier sur l'écart salarial entre hommes et femmes.

1. Cette section est tirée de OSE, 2011, p. 53.

En termes d'institutions, des progrès mitigés sont réalisés. Depuis 2002, les États membres sont tenus de désigner un ou plusieurs organismes pour l'égalité, chargés de promouvoir, d'analyser, de surveiller et de soutenir (entre autres) l'égalité de traitement entre les femmes et les hommes. Dans certains États membres qui n'avaient pas de mécanisme de ce type, c'est un progrès mais dans les anciens États membres qui avaient développé des mécanismes spécifiques pour accompagner les progrès de l'égalité hommes-femmes, c'est une régression car toutes les raisons de discriminations y sont mélangées, la race ou l'orientation sexuelle prenant généralement la priorité sur l'égalité hommes-femmes (Agnès Hubert, Communication personnelle, 2018). En 2006 l'Institut européen pour l'égalité entre les hommes et les femmes est créé et localisé à Vilnius mais ne devient réellement opérationnel qu'en 2010. Sa mission est d'aider les institutions européennes et les États membres à intégrer le principe d'égalité dans leurs politiques, et à lutter contre la discrimination fondée sur le sexe. L'Institut informe également les citoyens de l'Union européenne (UE) sur ce thème. Son efficacité voire sa pertinence est contestée. S'il est généralement bien vu d'ancrer ainsi plus fermement une politique menacée dans certains EM, certains tels Sophie Jacquot (2014, p. 314) évoque une dépolitisation de cette politique : « la création de l'agence s'inscrit dans une tendance générale de dépolitisation liée à une dynamique managériale qui touche l'ensemble des organisations féministes, amenées à produire un savoir technique plutôt qu'à développer des alternatives ou une vision politique ».

Quoi qu'il en soit, les réflexions sur la nécessité d'avoir des institutions permettant que les droits soient effectivement garantis d'une part et d'autre part servent de point de référence pour des dynamiques sociales sont l'indication des réflexions qui dépassent l'harmonisation juridique *stricto sensu* comme moyen d'apporter des progrès pour toutes.

Les développements récents

À partir du début des années 2000 se succèdent une série de documents de programmation et des proclamations de Charte ou Pacte sans que l'on puisse affirmer que ceux-ci aient un effet structurant quelconque.

Il y a d'abord le cadre communautaire pour l'égalité des genres (2001-2005). Il est suivi de la Roadmap pour l'égalité entre hommes et femmes adoptée en mars 2006 couvrant la période 2006-2010. La même année est adoptée par le Conseil, le Pacte européen pour l'égalité des genres. Ce Pacte ainsi que la Charte des femmes (Com 2010 78) qui est adoptée en 2010, engagent la Commission à être plus proactive. L'année 2010 est aussi marquée par un changement majeur : l'égalité hommes-femmes quitte la DG Emploi pour être rattachée à la DG Justice, marquant ainsi symboliquement le changement d'agenda, une approche de moins en moins liée à l'égalité sur le marché du travail et davantage juridique.

La même année, lancement de la nouvelle stratégie quinquennale 2010-2015 pour l'égalité hommes-femmes est lancée. Celle-ci comprend six axes :

- indépendance économique égale ;
- égalité de rémunération pour un même travail ou un travail de valeur égale ;
- égalité dans la prise de décision ;
- dignité, intégrité et fin des violences fondées sur le sexe ;
- égalité homme-femmes dans les politiques extérieures ;
- questions horizontales (rôle attribué aux sexes, législation et gouvernance).

La question de la participation des femmes dans les organes dirigeants des entreprises acquiert plus de visibilité mais la Commission ne parvient pas à faire adopter sa proposition d'avoir au moins 40 % de femmes et ce dossier est enlisé au Conseil depuis 2015.

Cette stratégie se poursuit par l'engagement stratégique pour l'égalité de genre (2016-2019) qui prolonge les grands objectifs adoptés lors de la stratégie précédente, avec quelques petites modifications comme l'indication de différentiel de pensions ou la pauvreté dans l'objectif 2. En suivant l'argument de Sophie Jacquot, « les documents adoptés depuis le début des années 2000 joue[...]nt un rôle d'institutionnalisation répétée et [...] réaffirme [...] la légitimité politique de l'action européenne en matière d'égalité entre les femmes et les hommes, mais ils restent largement déclamatoires » (2014, p. 293).

La crise de 2008 a eu des conséquences paradoxales sur la question de l'égalité hommes-femmes. Dans un premier temps, les licenciements et le chômage ont davantage touché les hommes qui travaillaient dans des industries très exposées comme la construction. Dans un deuxième temps à partir de 2010 et de l'austérité quasi généralisée, les services publics et le secteur des soins de santé ont été également affectés, touchant ici plus de femmes que d'hommes. Les différentes analyses montrent que l'égalité hommes-femmes et le gender mainstreaming ont été des aspects délaissés durant la crise et que celle-ci n'a pas servi pour remettre ces questions au centre de l'agenda politique. Que du contraire elles se sont trouvées plus marginalisées (Guerrina, 2017 ; Hubert, Helfferich, 2017 ; Kantola, Lombardo, 2017 ; Karamessini, Rubery, 2014 ; MacRae, Weiner, 2017). À partir de 2015 la question de l'écart salarial revient au centre des débats car on s'aperçoit que les progrès ont été relativement faibles et inégaux. Le marché du travail reste segmenté (les emplois publics ou dans le secteur du care occupés surtout par des femmes restent moins bien payés que ceux dans le secteur privé). La définition des tâches avantage généralement les hommes dont les compétences sont davantage prises en compte dans les grilles salariales. Mais c'est surtout dans le domaine des pensions que les différences sont et restent importantes (avec des variations importantes par pays et système global de retraite). En 2015 au niveau de l'UE, cette différence est de plus de 37 % avec de fortes différences nationales (figure 1).

Figure 2. Différence en % entre les pensions des hommes et des femmes dans les pays de l'UE

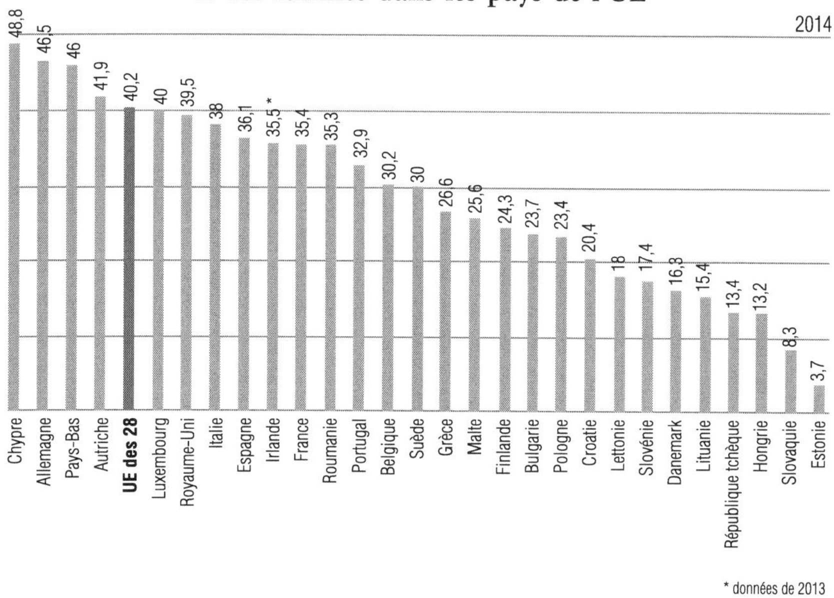

Source : Eurostat – SILC.

La santé et la sécurité au travail

Souvent cité comme un des grands succès de la politique sociale européenne, le thème de la santé et de la sécurité au travail est très rarement traité dans les livres sur l'Europe sociale, ou alors de manière très succincte (moins de deux pages dans le livre de Favarel-Dapas et Quintin, 2007). Portée principalement par des experts et techniciens, cette politique ne s'est que rarement imposée dans l'agenda médiatique ou académique. Il n'existe d'ailleurs aucun article récent qui dresse un bilan de ce qui constitue pourtant en terme quantitatif près de 40 % (54 directives) de l'ensemble des directives et règlement sociaux. Pourtant dans les années 1980 et au début 1990, la politique européenne de santé-sécurité fait l'objet d'une visibilité politique aujourd'hui oubliée. Les enjeux et débats qui la traversent alors sont très riches.

La directive-cadre de 1989 constitue pour beaucoup d'États membres une révolution copernicienne sur la manière d'envisager la santé et la sécurité sur le lieu de travail. En effet, il s'agit d'une approche faite d'anticipation, de participation et de rétroaction plutôt que purement réactive et segmentée en fonction de catégories de risques. Une telle approche basée sur l'analyse et l'évaluation des risques est une notion relativement nouvelle en santé-sécurité et a pris son essor après l'accident nucléaire de Three Miles Island.

Une autre innovation est celle de l'anticipation des risques liés à l'utilisation de machines lors de la conception de celles-ci (et non plus la compensation des dégâts causée par celles-ci). La directive machine adoptée en 1989 permet la libre circulation de celles-ci dans tous les pays de l'UE. Son approche est de s'attaquer à certaines causes des accidents et décès liées à la conception des machines en essayant d'anticiper les défauts de conception au lieu de se limiter à traiter les conséquences et leurs dédommagements.

Tout comme pour l'égalité hommes-femmes, on peut distinguer trois grandes étapes, après un départ manqué dans les années 1960 où deux recommandations (juridiquement non contraignantes) sont adoptées en 1962. La première recommandation est relative à la médecine du travail dans l'entreprise, mais il n'y a pas de suivi. La seconde vise l'adoption d'une liste européenne des maladies professionnelles. Celle-ci est revue quatre ans plus tard (1966) puis disparaît de l'agenda pour émerger à nouveau vingt-cinq ans plus tard et une nouvelle fois en 2003. Entre 1966 et le milieu des années 1970, il ne se passe rien.

La première étape entamée avec le programme de travail santé-sécurité de 1974 est celle de la définition de règles substantielles mais sans adresser la question de la responsabilité de l'employeur. L'échec relatif de cette approche conduit à la deuxième étape en

1989 avec la définition de principes généraux dans une directive-cadre dont l'établissement des responsabilités des employeurs est un élément central. Ces principes vont se préciser dans 19 directives particulières. Toutefois cette phase s'épuise très vite. À partir de 1995 on assiste à une stagnation et ensuite dans les années 2000 et particulièrement sous les présidences Barroso (2004-2014) à un long déclin.

La fin de la Commission Juncker laisse entrevoir une certaine relance du moins en ce qui concerne la question importante des cancers professionnels.

Première étape : la fin des années 1970 à la directive-cadre de 1989[1]

La santé-sécurité profite également de la fenêtre d'opportunité du sommet de Paris de 1972 et du programme d'action social pour se faire une place à l'agenda communautaire dans une double perspective. Les objectifs sont : d'une part de réduire la concurrence déloyale entre pays car les mesures de protection des travailleurs peuvent coûter cher, et d'autre part, selon les termes du programme d'action, d'humaniser des conditions de vie et de travail, notamment par « l'élimination progressive des contraintes physiques et psychiques existant sur le lieu et dans le poste de travail, notamment par l'amélioration de l'environnement et la recherche de moyens permettant l'enrichissement des tâches » mais aussi « d'établir un premier programme d'action concernant notamment l'hygiène, la sécurité du travail, la santé des travailleurs, l'aménagement des tâches en commençant par les secteurs d'activité où les conditions de travail apparaissent les plus pénibles ». Ce qui sera fait en 1978.

En 1974 est créé un comité consultatif tripartite (gouvernements, syndicats, employeurs) pour la sécurité, l'hygiène et la protection de la santé sur les lieux de travail. Ce comité localisé à Luxembourg,

1. Les paragraphes suivants sont largement inspirés par Vogel, 2015.

tout comme les services de la Commission chargés de cette question, devient le lieu central de débats, d'avis et de propositions sur la politique de santé-sécurité au travail.

En 1977 est adoptée la première directive sur la signalisation de sécurité sur les lieux de travail. Une seconde directive est adoptée suite au scandale de l'exposition des travailleurs au chlorure de vinyle monomère, une substance largement utilisée dans l'industrie des plastiques. Les principaux groupes industriels concernés avaient dissimulé aux autorités publiques, tant en Europe qu'aux États-Unis, les données qu'elles avaient réunies et qui prouvaient de manière incontestable que l'exposition de travailleurs à cette substance causait des cancers. De cela découle la directive du 30 janvier 1978 concernant les matériaux et objets contenant du chlorure de vinyle monomère destinés à entrer en contact avec des denrées alimentaires.

Le programme d'action santé-sécurité de 1978 comprend l'adoption de directives privilégiant des règles substantielles qui définissent le plus clairement possible des droits et des obligations. La clé de voûte de cette approche est la directive 80/1107 du 27 novembre 1980 concernant les risques chimiques, physiques et biologiques. Toutefois celle-ci n'introduit pas le concept de risque ni ne fait mention des employeurs et de leurs obligations. La directive de 1980 fixe un programme d'élaboration systématique de valeurs limites obligatoires. Neuf agents ou familles d'agents chimiques sont considérés comme prioritaires. Les développements législatifs ne concernent que deux d'entre eux : le plomb avec la directive 82/605 et l'amiante avec la directive 83/477. Un agent physique est également régulé avec la directive 86/88 sur le bruit.

C'est également sur la base de cette directive qu'est adoptée la directive 88/364 qui interdit quatre amines aromatiques. Celle-ci a une portée plus générale. Les quatre substances cancérogènes interdites figuraient dans une liste qu'il était prévu de compléter progressivement. En réalité, ce fut le chant du cygne de cette période de développement législatif. Après l'échec de la négociation d'une directive concernant le benzène, la fixation de valeurs limites obligatoires est abandonnée avec la révision, le 16 décembre 1988, de la directive de 1980 sur les risques chimiques, physiques et biologiques. Désormais, les valeurs limites ne sont plus obligatoires mais deviennent indicatives car il n'y a pas d'accord sur la définition juridique des valeurs limites.

La négociation de chacune de ces directives est difficile. La question des coûts liés des obligations des employeurs est le principal point de tension. En d'autres termes, un accord émerge sur le fait que la compétition entre entreprises/pays ne doit pas porter sur la santé et la sécurité mais il n'y a pas d'accord sur le niveau de protection à imposer. Le programme de travail contient déjà des réflexions sur ce qui sera l'approche dominante de la deuxième période. En particulier, il souligne qu'il existe un rapport étroit entre la prévention des accidents et des maladies résultant du travail et l'organisation du travail ainsi que la formation et l'information en matière de sécurité et de santé sur le lieu de travail. Il plaide pour développer, en renouvelant les méthodes classiques, une stratégie plus efficace de la prévention dans le milieu du travail.

De l'Acte unique (1986) au traité d'Amsterdam (1997) : l'âge d'or de la santé et la sécurité

Le point de départ est l'Acte unique qui contient un article spécifique sur la santé et la sécurité. Ce dernier se lit comme suit : « Les États membres s'attachent à promouvoir l'amélioration, notamment du milieu de travail, pour protéger la sécurité et la santé des travailleurs et se fixent pour objectif l'harmonisation, dans le progrès, des conditions existant dans ce domaine. »

Comme l'indique Patrick Venturini, à l'époque conseiller social au cabinet Delors (1988, p. 49), cet article trouve son origine dans une proposition danoise visant la protection du milieu de travail. Dans l'optique danoise le milieu de travail n'est pas limité à la santé et la sécurité des travailleurs *stricto sensu*, mais comprend également des mesures ergonomiques concernant le temps de travail sur écran par exemple, les facteurs psychologiques ou encore la formation à l'hygiène et à la sécurité. La formulation alambiquée donne lieu à de nombreux débats sur les contours de celui-ci. Si le concept de « milieu de travail » est clair pour les Danois, il ne l'est pas dans les autres États membres et le bout de phrase « notamment du milieu du travail » donnera lieu à des interprétations diverses (Vogel-Polsky, 1991).

Beaucoup moins discutée à l'époque, se trouve aussi une phrase indiquant : « Ces directives évitent d'imposer des contraintes administratives, financières et juridiques telles qu'elles contrarieraient la création et le développement de petites et moyennes entreprises. » Cela sera utilisé par les employeurs surtout à partir de la fin des années 2000 pour suggérer que le respect des dispositions de ces directives entraîne un coût trop important pour les PME et qu'il faut les « alléger ». Ceci est soutenu par certains gouvernements et particulièrement le gouvernement allemand utilisant sa présidence en 2005 pour pousser ce thème de coût pour le PME.

La base juridique pour la santé et la sécurité n'implique pas une harmonisation totale. Les États membres peuvent garder ou adopter des dispositions nationales plus ambitieuses, contrairement aux directives dites marché intérieur (art. 100a). Ceci pose la question de la nature de l'harmonisation. Selon le conseiller social de Jacques Delors, la démarche de la Commission est celle d'une harmonisation dans le progrès « c'est-à-dire établie à un niveau intermédiaire et orienté vers le haut, le but étant d'encourager un rattrapage progressif des pays les plus avancés » (Venturini, 1988, p. 49).

La période allant de l'Acte unique à « l'achèvement » du marché intérieur de 1993 est une période très particulière. Elle favorise les échanges politiques entre l'ouverture des marchés nationaux soutenue par les employeurs et le développement d'une politique sociale européenne demandée par les syndicats. Pour en donner un exemple concret, l'ouverture des marchés permet entre autres la libre circulation des machines. Il faut donc établir des règles communes européennes les concernant. Les syndicats veulent pouvoir participer à l'élaboration des normes au niveau européen dans le cadre du CEN

(Comité européen de normalisation) mais aussi obtenir une politique ambitieuse en matière de santé sécurité. Cette pression se situe dans la continuité d'un débat lancé antérieurement, dès les années 1970, sur l'évaluation et le contrôle social des nouvelles technologies. Il y a donc un échange entre la poursuite de l'intégration des marchés, la directive libre circulation des machines (avec la participation des syndicats), et celle sur la santé et la sécurité qui sera une directive-cadre. Par ailleurs les questions de santé-sécurité passant en partie du niveau national au niveau européen, la Commission accepte en 1990 de financer un Bureau technique syndical (BTS) pour soutenir le mouvement syndical européen et la CES sur ces questions techniques et scientifiques.

Ce sont donc des négociations complexes, mais qui sont néanmoins finalisées assez rapidement entre 1988-1989 avec l'adoption des deux directives essentielles : la directive machine et la directive-cadre. Signe de temps révolus, la directive machine bien qu'adoptée sur une base juridique « marché intérieur » (et non santé-sécurité) est discutée au Conseil « Affaires sociales », tout comme la directive-cadre santé-sécurité.

En même temps que la directive-cadre et la directive machine, la Commission adopte un programme d'action lié à la Charte communautaire de droits sociaux fondamentaux des travailleurs qui prévoit 11 mesures en termes de santé-sécurité *stricto sensu* ainsi que la création d'une Agence spécialisée qui deviendra l'Agence de Bilbao.

L'échec de la méthode précédente établissant principalement des valeurs limites et les réflexions sur les limites de cette approche ont pour conséquence l'adoption d'une approche novatrice en matière de santé-sécurité. Celle-ci permet l'adoption très rapide d'une quinzaine de directives dans les cinq années qui suivent.

Les débats sont aussi irrigués par la vague de nouvelles technologies et leurs possibles impacts sur l'organisation du travail. Les organisations syndicales françaises, italiennes, suédoises, allemandes et hollandaises sont à la pointe de ces débats. La santé-sécurité constitue d'ailleurs une priorité pour le mouvement syndical européen. Les secrétaires politiques de la CES qui ont la charge de ces dossiers, François Staedelin et ensuite Jean Lapeyre tous deux affiliés à la CFDT, sont très impliqués et influents au sein du Secrétariat politique de la CES et sont tous deux des proches de Jacques Delors (qui avait travaillé à la CFDT).

Un des principaux documents qui reflète la réflexion de la CFDT de cette époque est le livre *Les dégâts du progrès* publié en 1977 (CFDT, 1977). Il rompt avec une longue tradition productiviste dans la pensée syndicale. C'est un livre original où confluent une réflexion théorique amorcée par Jacques Ellul et des pratiques syndicales de contestation des choix techniques et d'organisation du travail (notamment dans le secteur textile par la fédération Hacuitex, dans la métallurgie et dans la chimie). Il se démarque nettement d'une croyance quasi religieuse dans les vertus de la technique et revendique un débat social et un contrôle syndical sur les changements technologiques. On retrouve une forte influence de ces réflexions dans plusieurs documents de la CES adoptés à la fin des années 1970 et du début des années 1980 (Hinterscheid, 1987).

Avant d'analyser la multiplication des directives santé-sécurité de 1989 à 1994, penchons-nous sur le contenu de la directive-cadre et de la directive machine. La directive-cadre du 12 juin 1989 constitue un changement radical d'approche, passant de la compensation (indemnisation) des accidents à la prévention des risques, ce qui est une notion nouvelle. La directive-cadre introduit en effet l'obligation de l'évaluation de tous les risques par l'employeur. Sur le plan de l'approche, elle s'inspire des expériences italiennes (voir Trentin, 2012 sur le débat entre salaire, conditions de travail et démocratisation de l'entreprise) et scandinaves sur l'autonomie dans l'organisation du travail de nouveaux modes de production (postfordiste). Elle innove aussi en mettant en avant des principes généraux plutôt que des règles détaillées. La directive-cadre formule une obligation générale de sécurité pour l'employeur et combine celle-ci avec une définition précise de la hiérarchie des mesures de prévention.

Les principales obligations des employeurs sont de se tenir au courant des avancées scientifiques, de prendre des mesures pour éliminer les risques évitables et de réduire les risques inhérents, d'avoir un planning stratégique, de former la main-d'œuvre, d'informer, de consulter et d'impliquer les travailleurs, de tenir des registres.

Outre une approche en termes de prévention au lieu de la compensation, Laurent Vogel (2015) y voit trois grands changements :

- le passage d'une optique préalablement centrée sur l'individu qu'il s'agit d'adapter, de réadapter ou de déclarer inapte vers une approche dans lesquelles les enjeux autour de la santé au travail se construisent collectivement. Le champ des politiques de prévention est ainsi élargi vers l'ensemble des facteurs matériels ou immatériels qui, dans le travail, peuvent avoir une influence sur la santé ;
- le passage d'une approche technique où les règles sont élaborées par des spécialistes vers une approche sociotechnique où les travailleurs deviennent des acteurs, le sujet de la prévention et non les objets. Cependant les formes concrètes de participation des travailleurs sont laissées aux législateurs nationaux ;
- et finalement, l'extension du champ d'application par rapport à la plupart des législations nationales en vigueur, par exemple en couvrant l'ensemble de la fonction publique.

Comme le souligne Laurent Vogel, le droit communautaire évolue de plus en plus vers un droit réflexif. Quelques règles substantielles sont définies mais les directives articulent l'obligation générale de sécurité avec des obligations de moyens qui mettent en place des procédures précises. Ces procédures ont deux fonctions. D'une part, elles imposent que toute information pertinente soit prise en considération et débouche sur des décisions appropriées. D'autre part, il est prévu une hiérarchie stricte des mesures de prévention, la mise en place de mécanismes de consultation des travailleurs ou de leurs représentants et l'établissement des éléments de traçabilité comme le document écrit d'évaluation des risques, la tenue de registres concernant les accidents du travail ou les travailleurs exposés à des agents cancérogènes etc. Tout cela encadre donc l'activité d'évaluation des risques par l'employeur.

En parallèle, la directive machine est adoptée la même année. L'enjeu principal est que des machines mal conçues risquent de provoquer des blessures graves voire des accidents mortels. La directive reflète ce qu'on appelle la nouvelle approche : elle formule des exigences essentielles de sécurité sans définir les modalités techniques spécifiques qui permettraient de les atteindre. Pour cela, elle effectue un renvoi vers des normes techniques harmonisées adoptées sur le plan européen. Le débat principal qui se développe autour de ces normes concerne la prise en compte du travail réel et des risques y afférents. S'il s'agit d'un domaine très technique, le plus souvent aux mains d'ingénieurs, les enjeux sont pourtant simples : anticiper les risques et faire remonter les difficultés liées à un usage dans des conditions de travail réelles. Ceci nécessite la participation des travailleurs et un système dit de *feed-back* est promu par les spécialistes proches du mouvement syndical (Rey, Gastines, 2009). Au niveau institutionnel, la participation syndicale au travail de normalisation qui bénéficie d'un financement communautaire depuis 1990 est consacrée de manière officielle par le règlement 1025/2012 sur la normalisation adopté le 14 novembre 2012.

L'âge d'or de la santé et de la sécurité au travail est en réalité très court. Il ne dure que quelques années. Cette conjoncture exceptionnelle aboutit à une période entre 1989 et fin 1996 où pas moins de 13 directives sont adoptées. Ces directives particulières portent sur des prescriptions minimales relatives aux équipements de travail, aux équipements de protection individuelle, à la manutention manuelle de charges présentant des risques dorsolombaires, aux équipements à écran de visualisation, aux risques de rayonnements ionisants, à l'exposition aux agents biologiques, chimiques, physiques, etc.

Pour la santé et la sécurité, la Commission continue donc à utiliser comme base juridique l'article 118a de l'Acte unique qui a l'avantage d'être déjà à majorité qualifiée et d'inclure le Royaume-Uni. En revanche, cette base juridique ne prévoit pas la possibilité pour les partenaires sociaux de négocier entre eux car celle-ci a été seulement inclue dans le protocole social. L'essentiel des discussions se déroule au sein du comité tripartite de Luxembourg, qui comprend les gouvernements, qui est chargé de donner des avis (influents mais non contraignants). Ceci contribue aussi à la marginalisation de la santé-sécurité de l'agenda social global car les acteurs syndicaux et les employeurs se réunissent dans des fora différents et ayant des règles formelles et informelles différentes du reste des consultations sociales de la Commission.

La figure 2 reprend le nombre de directives santé-sécurité par année et distingue entre les nouvelles directives en rouge et les modifications de directives existantes en vert. Avec le recul, la rupture de 1995 devient très visible et apparaît sans conteste. Pourtant, il faut presque dix ans pour qu'on commence à s'en apercevoir. Les éléments qui l'expliquent sont présentés dans la section suivante.

Figure 3. Directives santé-sécurité par année

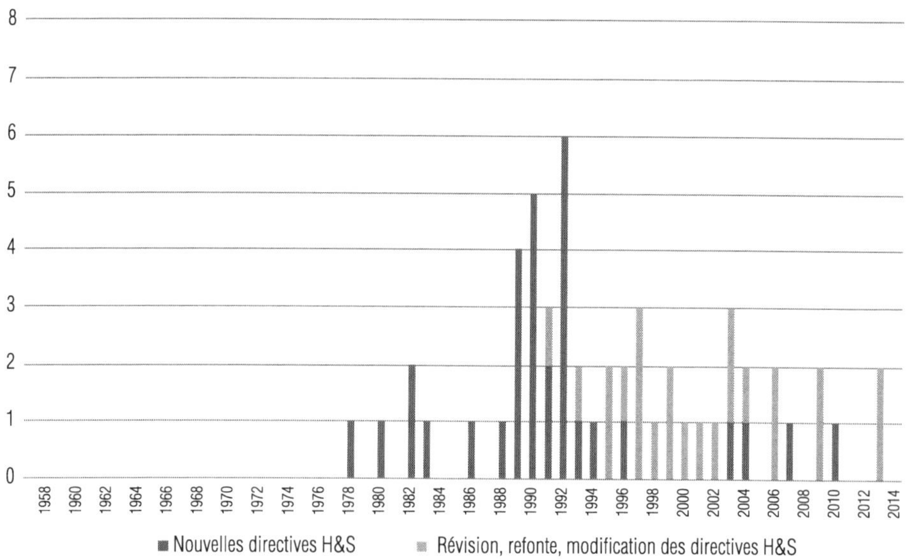

Source : Degryse, Pochet, 2017.

Une période de stagnation (1995-2005) puis de déclin (2005-2015)

Différents éléments contribuent à une stagnation puis au lent déclin de l'agenda européen santé-sécurité. De manière générale, une fois le marché intérieur sinon achevé du moins en bonne voie de l'être, la volonté de la part des employeurs d'échanger l'ouverture des marchés contre des avancées sociales s'estompe (voir chapitre suivant sur le dialogue social).

Mais en ce qui concerne plus particulièrement la santé et la sécurité, le tournant est étroitement lié à l'adoption en 1993 de la directive sur le temps de travail. Le protocole social du traité de Maastricht permet de développer des actions liées au milieu du travail mais sans les Britanniques qui ont négocié un opt-out. Pour certaines propositions de directives, le dilemme est de les adopter sans les Britanniques, avec le risque d'une forme de concurrence sociale, ou d'interpréter dans son sens le plus large l'article du traité se référant à la santé et à la sécurité (voir *supra*), où les Britanniques n'ont pas d'opt-out. C'est ce qui est choisi pour la directive sur le travail de jeunes, la directive sur les femmes enceintes et surtout pour celle concernant le temps de travail.

Ce choix constitue un tournant. Il cristallise l'opposition du gouvernement conservateur britannique qui mettra en cause sans succès le choix de la base juridique devant la Cour de justice européenne. Mais elle réveille aussi les représentants des employeurs qui combattent vent debout cette proposition. Tant le gouvernement britannique que les employeurs comprennent alors que derrière le label consensuel de santé-sécurité c'est tout l'agenda social qui pourrait être adopté sur cette base juridique. Il y a là un revirement stratégique qui conduit à une méfiance et un contrôle plus strict des développements possibles sur la base d'un agenda santé-sécurité. Comme Jean Lapeyre le souligne dans son livre :

> L'UNICE, par la voix de son Secrétaire général déclare, le 11 juillet 1996 à Dublin, qu'il craint que le jugement de la CJE puisse ouvrir, au contraire de ce que souhaite le gouvernement britannique, une augmentation radicale des législations sociales par une interprétation extensive du concept de « milieu de travail ». D'autant que l'Avocat général de la Cour de justice européenne avait déclaré, en mars 1996, qu'il croyait que l'Union européenne n'avait besoin que de votes à majorité qualifiée pour prendre des décisions impliquant des améliorations dans le milieu de travail.

À partir de ce moment, les employeurs refusent de continuer des négociations sur des thèmes qui paraissaient pouvoir donner lieu à des accords comme l'introduction des nouvelles technologies. Selon Marc Sapir, directeur du Bureau technique syndical à l'époque (interview, 2015), on pensait au niveau syndical que l'on avait obtenu la directive-cadre et les directives particulières et que la priorité était leur mise en œuvre dans les États membres. Avec l'élargissement et la préparation de l'UEM d'autres priorités étaient à l'ordre du jour.

Il y a aussi un désinvestissement de la Commission qui au fil des années 1990 et plus encore des années 2000 se retire de ce domaine. La santé-sécurité perd de son importance comme symbole fort de la politique sociale européenne. Alors que l'Unité de la Commission à Luxembourg comptait jusqu'à 120 fonctionnaires, leur nombre se réduit à une vingtaine (Smismans, 2003). Leur statut est aussi adapté devenant une simple sous-direction. Comme l'indique Marc Sapir (Interview, 2015) : « Les fonctionnaires de Luxembourg avaient au départ une large autonomie et prenaient les principales décisions, progressivement le pouvoir est revenu à Bruxelles et ils ne pouvaient plus s'avancer. »

Ceci n'est pas compensé par la création et le développement de l'Agence santé-sécurité à Bilbao (1994). En effet sa structure tripartite États membres, syndicats et employeurs (avec un rôle mineur pour la Commission) n'en fait pas une agence au service de la Commission. Contrairement à la Fondation pour l'amélioration des conditions de vie et de travail de Dublin,[1] cette Agence ne mène pas de recherches propres ni n'en commande. Elle s'appuie sur un réseau de points focaux dans les États membres (d'une efficacité inégale) chargés de faire remonter des informations et contribuer à une culture de la prévention. Le refus de créer une agence de recherche spécialisée (Agence est compétente seulement pour l'information) et le peu de ressources allouées à l'unité de Luxembourg pour le suivi des directives mais aussi le peu de ressources des ministères du travail ne donnent pas les moyens de mettre à jour les directives sur la base des expériences de terrain. Or l'objectif était de constamment améliorer les directives par un retour d'information de la part des acteurs et des progrès de la littérature scientifique. Des risques émergents non négligeables sont ainsi ignorés par la législation communautaire sur la santé au travail (perturbateurs endocriniens, nanomatériaux, etc.) alors que les méthodes de prévention traditionnelles sont peu efficaces à leur égard.

Certains experts dans ce domaine reconnaissent aussi les limites du droit comme seul instrument pour régler les problèmes liés à la santé et à la sécurité au travail. Comme le soulignent David Walters et ses collègues (2002, p. 16-17) : « Les améliorations de la santé et la sécurité ont atteint un plateau dans de nombreux États membres. Les approches traditionnelles en matière de régulation pour éviter des accidents sur le lieu de travail et des impacts négatif sur la santé ne sont plus perçues comme étant des facteurs de premier plan pour obtenir des nouvelles améliorations. »

Ils soulignent l'importance de mettre en œuvre des régulations en valorisant des méthodes participatives, en renforçant les capacités de l'inspection du travail, en s'appuyant sur des initiatives d'autorégulation et en favorisant l'échange des bonnes pratiques.

Dans le monde syndical, les personnes en charge de ce dossier à la CES dans la seconde moitié des années 1990 jusqu'en milieu

1. La fondation de Dublin et ses enquêtes quinquennales sur les conditions de travail constitue une ressource importante pour mesurer les questions liées à la santé-sécurité en Europe.

des années 2010 sont moins influentes et moins portées à soutenir de manière forte cette politique. Pour diverses raisons, une partie des confédérations nationales affiliées à la CES ne considère plus le niveau européen comme un élément central de leur propre stratégie en santé et sécurité. Les débats autour de REACH qui s'étendent de 1995 jusqu'à 2006 révèlent des divergences de vues parfois importantes entre les différentes composantes de la CES. La santé-sécurité ne redevient une réelle priorité syndicale sur le plan européen que vers 2015, notamment avec des campagnes sur les cancers professionnels.

Cet ensemble de facteurs (méfiance des employeurs, désinvestissement de la Commission, limites de la législation, moindre intérêt des syndicats, locus spécifiques de consultation) mais aussi nouveaux dossiers (élargissement, Union monétaire, premier accord collectif du dialogue social), contribue à une progressive marginalisation du thème de la santé et de la sécurité dans l'agenda politique européen.

Lorsque le Premier ministre britannique Tony Blair accepte en 1997 que l'Accord social de Maastricht soit intégré dans le traité, il devient possible d'adopter des mesures sur les conditions de travail à la majorité qualifiée sans passer par la base juridique santé-sécurité. Cela ne permet pas de relancer la santé-sécurité au travail. Au contraire, à partir de ce moment se développe un discours au sein de la Commission soulignant les difficultés d'adopter des mesures législatives et la nécessité d'explorer de la soft law et viser à une convergence plutôt qu'à une harmonisation. Cela a des conséquences directes pour la santé et la sécurité. Si on ne s'en aperçoit pas tout de suite c'est parce qu'il y a une série de révisions souvent techniques des directives existantes, des mises à jour des listes de valeurs limites d'exposition professionnelle ou encore l'adoption de directives sectorielles sur le temps de travail suite aux négociations entre partenaires sociaux sectoriels, autant d'éléments qui donnent l'impression qu'il existe toujours une certaine dynamique (figure 2). De plus des progrès sont réalisés dans le domaine des risques chimiques et par la suite par l'adoption du règlement REACH (2006) qui donne lieu à la mise en place de l'Agence européenne d'évaluation de ces risques ECHA. Le règlement Reach sur les risques chimiques inverse la charge de la preuve forçant l'industrie à prouver la non-toxicité des produits utilisés sur la base du principe « *no data, no market* ».

Une des rares analyses académiques de ce domaine écrite par Smismans en 2003 souligne la faiblesse du programme d'action de 2002 et le retrait de la Commission en cette matière. Mais en même temps que ce retrait politique de la Commission, les analyses académiques des dynamiques européennes disparaissent également quasi complètement (Walters étant une exception).

Trois des quatre directives sur les agents physiques (vibration, bruits et champs électromagnétiques) déposées au milieu des années 1990 sont, selon la base de données de Sciences Po, parmi le top 10 des directives sociales qui ont mis le plus de temps à être adoptées. La 16e directive particulière du 25 juin 2002 sur les vibrations met 3 424 jours pour être adoptée. La 17e directive 2003/10 sur le bruit du 6 février 2003 met 3 650 jours et enfin la 18e directive sur les champs électromagnétiques d'avril 2004 prend 4 099 jours soit 11 ans. Cas unique, elle ne sera pas transposée dans la plupart des États membres et une nouvelle directive sera adoptée en 2013. De consensuelle, la santé-sécurité devient conflictuelle.

La politique de la Commission présidée par Barroso constitue un tournant en remettant en cause la politique législative en matière de santé-sécurité. La Commission annonce en 2007 qu'elle entend réduire de 25 % les « charges administratives » des entreprises. En octobre 2009, elle annonce qu'elle envisage de réduire les obligations d'information liées à la directive-cadre et à la directive sur les chantiers mobiles et temporaires dans le cadre de sa campagne pour la réduction des charges administratives. Le principal argument concerne l'obligation d'évaluer les risques dans les petites entreprises. Elle préconise par ailleurs une réduction du nombre et de la durée des contrôles menés par l'inspection du travail dans les entreprises.

Une nouvelle stratégie communautaire pour la sécurité et la santé au travail aurait dû être définie pour la période 2013-2020. Il faut attendre juillet 2014 pour que la Commission Barroso en toute fin de législature présente enfin un texte pour la période 2015-2020. Ce texte est très vague et peu opérationalisable.

Enfin l'ensemble de la législation santé-sécurité y compris la directive-cadre est évaluée dans le cadre de Refit (Vogel, 2015 ; Van den Abeele, 2015). Contrairement à ce que beaucoup craignaient, les conclusions de cet exercice sont plutôt positives et ne remettent pas en question la politique européenne de santé-sécurité. Cela aboutit à des discussions en 2017 et 2018 pour une mise à jour technique (des annexes) et éventuellement des changements dans le contenu de six directives.

Les partenaires sociaux européens

Beaucoup moins visible a été le développement des questions liées à la santé et à la sécurité au niveau du dialogue social interprofessionnel et sectoriel européen.

Au niveau interprofessionnel, l'accord autonome sur le stress au travail en 2004 et celui sur le harcèlement de 2007 concernent directement la santé et la sécurité. Ils sont (très inégalement) mis en œuvre dans les États membres selon les traditions nationales (voir chapitre suivant). Ils constituent à ce jour les seuls textes communautaires abordant les questions des risques psychosociaux. Les évolutions sectorielles n'ont pas eu la même visibilité. Selon la base de données de l'Institut syndical européen, 89 textes sectoriels concernent la santé et la sécurité, soit 10 % de l'ensemble des 850 textes adoptés entre 1978 et 2016. La moitié des secteurs organisés (21 sur 43) ont au moins un texte commun sur la santé et la sécurité. Les secteurs les plus prolifiques sont l'agriculture, les télécommunications, la construction, les services aux personnes (coiffure), et les transports routiers. Autre particularité est le nombre important d'outils conjoints qui sont adoptés (29). Ces outils ont des finalités pratiques (manuels, jeux interactifs, sites web) visant à diminuer les accidents au travail. Contrairement aux discussions interprofessionnelles, on ne constate pas une diminution de l'intérêt pour les questions de santé sécurité au niveau sectoriel, comme le montre la figure 3 (p. 126).

Figure 4. Nombre de textes conjoints sur la santé et la sécurité

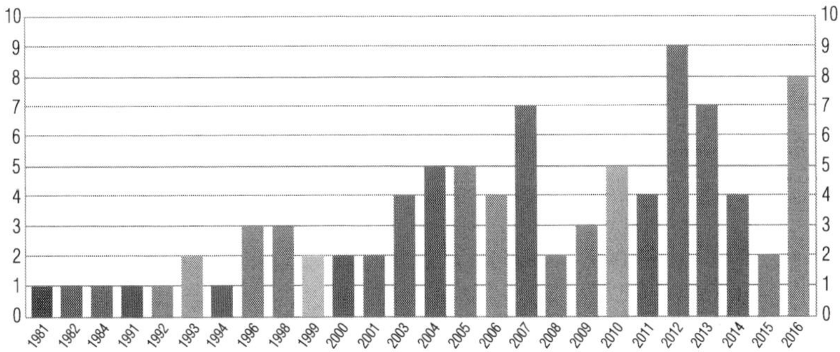

Source : Base de données ETUI.

Parmi les textes les plus importants, on peut citer l'accord dans le secteur hospitalier sur les blessures par objets tranchants (2009), l'accord dans le secteur de la coiffure sur la santé et la sécurité (2012) (voir aussi chap. 5), l'accord plurisectoriel NEPSI (2006) sur les poussières de silice (Degryse, 2015). Le niveau de contrainte juridique de ces textes varie. L'accord conclu en 2009 dans le secteur hospitalier a été mis en œuvre, à la demande de ses signataires, par l'intermédiaire d'une directive adoptée dès 2010. L'accord dans le secteur de la coiffure a été négocié sur la base de cette expérience et les signataires ont également demandé que, conformément au traité, il soit rendu obligatoire par une directive. Cette demande s'est heurtée à un refus de la Commission. L'accord plurisectoriel NEPSI est un accord volontaire sur l'utilisation de la silice cristalline : il s'applique aux entreprises qui y adhèrent. Il a suscité des divergences au sein du mouvement syndical (Musu, Sapir, 2006). Il a été négocié entre différentes organisations patronales et la Fédération syndicale européenne des mines, de la chimie et de l'énergie ainsi que par la Fédération syndicale européenne de la métallurgie. La Fédération syndicale du bois et du bâtiment a en revanche refusé de signer cet accord car il craignait qu'il devienne un substitut à la réglementation. Il s'agit là d'un débat récurrent : faut-il évoluer avec des règles plus souples qui peuvent faire consensus mais qui risquent d'avoir des effets inégaux ou attendre et promouvoir du droit classique. La question est maintenant tranchée car la silice cristalline fait partie des produits qui sont soumis à un seuil maximum (voir *infra*). Quoi qu'il en soit, on n'a quasi aucune donnée permettant de savoir si les textes adoptés dans le cadre du dialogue social sectoriel ont eu ou non un impact quelconque.

Les développements récents

Trois questions sont actuellement à l'agenda politique.

La première concerne les cancers professionnels. Selon les estimations scientifiques, 100 000 personnes meurent chaque année suite à des cancers ayant une origine professionnelle (Takala, 2015). La Commission a décidé d'agir et de proposer des limites pour une trentaine de produits (en plusieurs étapes). La question n'est pas neuve mais, jusqu'en 2017, seules cinq substances avaient reçu des valeurs limites.

La révision de la directive sur les agents cancérogènes et mutagènes semble avoir reçu un soutien important de certains gouvernements, même de ceux comme les Pays-Bas qui sont attachés à avoir moins de législation car la sensibilité à la santé et aux effets néfastes de certains produits chimiques est très forte dans la plupart des opinions publiques. La Commission a décidé de présenter les produits et leurs valeurs limites d'exposition professionnelle (VLEP) en au moins quatre ensembles qui devraient couvrir environ 25 substances. Le premier porte sur 13 VLEP, le second 5 VLEP. Un troisième a été présenté en avril 2018 et il concerne 5 VLEP. Un quatrième ensemble devrait être proposé dans le courant de l'année 2019. L'objectif de la Commission est d'en avoir progressivement une cinquantaine pour 2020. Un aspect important de la révision de la directive est l'extension de son champ d'application à des substances reprotoxiques (pour une synthèse Vogel, 2018).

Les troubles musculosquelettiques constituent un deuxième domaine. Cette question est à l'agenda européen depuis longtemps mais la proposition de directive qui avait été élaborée avec le Comité tripartite de Luxembourg a été abandonnée par la Commission en 2014. Il y a une difficulté à déterminer des mesures contraignantes à adopter au niveau européen. C'est en effet un domaine où au moins trois dimensions existent. La première est biomécanique ; c'est l'interaction entre un individu et l'activité de travail (y compris les outils et machines qui peuvent être plus ou moins bien adaptés pour cette interaction) qui explique de manière immédiate l'apparition et la fréquence des différents troubles musculosquelettiques. Mais des aspects plus généraux qui relèvent de l'organisation du travail jouent également un rôle important : intensité, caractère répétitif et monotonie des tâches, l'autonomie des travailleurs dans leur activité quotidienne (Roquelaure, 2018). Les adversaires d'une option législative mettent en avant les facteurs personnels et considèrent que l'approche « one size fits all » ne marche pas dans ce domaine. C'est la question des limites qu'une législation peut apporter aux prérogatives de l'employeur dans l'organisation du travail qui rend si difficile d'avancer dans ce dossier.

Finalement les risques psychosociaux sont la problématique émergente. Les partenaires sociaux européens ont traité de cette question dans leur accord-cadre sur le stress. La difficulté ici est que les employeurs mettent surtout l'accent sur les aspects individuels et privés tandis que les syndicats soulignent l'aspect collectif et le lien avec l'organisation du travail. Ce thème est à l'agenda de plusieurs États membres et pourrait dès lors se débloquer en partie au niveau européen même si cela semble difficile car on ne perçoit pas de dynamique politique pour le moment. Au niveau européen, il y a aussi une certaine confusion sur qui mène le dossier car la DG Sanco est très active notamment au travers de son « European Framework for Action on Mental Health and Welbeing » (2016) qui adresse également les risques psychosociaux sur le lieu de travail mais dans une perspective médicale et sans s'occuper du rôle des représentants des travailleurs. C'est un domaine particulièrement sensible parce qu'il touche le rapport de travail et son organisation et qu'il existe de grandes différences par pays.

Conclusion générale

Si l'essentiel de la production normative en matière sociale entre 1975 et 2000 a été concentré sur les questions de santé-sécurité et d'égalité hommes-femmes, cela n'a pas donné lieu à une réflexion approfondie sur leurs liens mutuels. La santé au travail n'a pas ou peu intégré l'exigence de l'égalité hommes-femmes et les politiques de l'égalité n'ont pas abordé les conditions de travail sous l'angle de leur impact sur la santé des femmes. Dans les deux cas, on a affaire à des réseaux d'acteurs qui, après les succès initiaux du milieu des années 1970 jusqu'au milieu des années 1990, ont des difficultés à se redéployer stratégiquement à partir des années 2000.

Le premier élargit considérablement son ambition avec le *gender mainstreaming*. Cela aurait dû conduire à d'autres types d'alliances et de stratégies pour dépasser les cas des politiques liées au marché du travail *stricto sensu*. Or ce repositionnement est largement inégal. Il se produit alors que le principe de l'égalité central dans la lutte pour l'égalité hommes-femmes se recentre sur les questions des non-discriminations sur la base de la race, de l'orientation sexuelle, du handicap... avec de nouveaux groupes d'acteurs qui occupent de plus en plus le champ politique et discursif.

Pour la santé et la sécurité, c'est plutôt d'un long déclin dont il faut parler. La communauté d'acteurs d'origine (fonctionnaires de la Commission, syndicalistes, experts...) devient lentement marginalisée et la question redevient une question technique livrée aux seuls spécialistes, sans visibilité politique ni des enjeux sociaux.

La conjoncture favorable à la politique européenne de santé-sécurité au travail ne dure que cinq années. Dès 1995, la dynamique est éteinte, et ne sont plus observables que des modifications ou amendements de directives existantes ainsi que des mises à jour de listes de valeurs limites pour l'exposition aux différents risques. Certains acteurs clés syndicaux de cette période que nous avons interrogés estiment que l'un des facteurs qui ont contribué à l'extinction brutale de cette dynamique serait l'adoption de la directive sur le temps de travail en 1993. Certaines directives sociales mettent près de 10 ans à être adoptées. Entre 2004 et 2016, seuls deux textes véritablement nouveaux en santé-sécurité sont adoptés à l'initiative de partenaires sociaux sectoriels. Il s'agit de l'accord autonome des partenaires sociaux sur la protection des travailleurs de la chimie, de la métallurgie et des mines contre les dangers de la silice cristalline (2006) ; et de l'accord entre partenaires sociaux sectoriels des hôpitaux afin de lutter contre les blessures par objets tranchants et piqûres d'aiguilles (accord transformé en directive 2010/32). La relance de l'activité législative dans le domaine des cancers causés par le travail restera-t-elle isolée ou permettra-t-elle une revitalisation des politiques de santé au travail de l'Union européenne ? La réponse à cette question n'est pas écrite à l'avance. Elle s'inscrit dans des débats beaucoup plus amples sur l'avenir de l'intégration européenne.

*

Indubitablement la situation des femmes a changé de manière radicale depuis quarante ans, mais on garde l'impression que les questions qui structuraient l'agenda des années 1970 et 1980 l'ont quitté prématurément et que la question salariale, des pensions et du type d'emploi (ségrégation) est toujours à l'ordre du jour. Que les progrès ont été lents ces dernières années ! Mais ce qui me frappe le plus est finalement l'échec relatif du gender mainstreaming. Celui-ci se réduit trop souvent à vérifier l'équilibre hommes-femmes dans les conférences ou les prises de parole. Ayant organisé des dizaines d'événements sur des sujets multiples, rarement une perspective critique féministe a été présentée par une participante ou un participant. Les débats internes au mouvement féministe ont été nombreux et complexes mais ne semblent pas parvenir à dépasser ce cercle. Peut-être que le retour aux questions sociales de base (salaire et emploi) sera l'occasion d'une articulation plus large et profonde de cette problématique.

Quant à la santé et à la sécurité, l'enjeu est finalement pour moi de trouver de nouvelles façons de présenter et d'appréhender les enjeux afin de trouver des alliances pour remettre ce sujet au centre de l'agenda européen.

En quelque sorte, pour les deux domaines, trouver de nouvelles alliances est le point clé pour retrouver une dynamique durable et une visibilité européenne et nationale.

Tableau 4. Les directives particulières liées à la directive-cadre de 1989

	Directives	Modifications
Lieux de travail	1989/654	
Équipements de travail	1989/655	1995/63 ; 2001/45 (travail en hauteur). Codification : directive 2009/104.
Équipements de protection individuelle	1989/656	1993/68 ; 1993/95 ; 1996/58
Manutention manuelle	1990/269	Élaboration d'une directive globale sur les troubles musculo-squelettiques.
Travail sur écran de visualisation	1990/270	*Idem*
Agents cancérogènes	1990/394	1997/42 ; 1999/38. Version consolidée par la directive 2004/37. Révision par étapes en cours de négociation menant à l'adoption de la directive 2017/2398 portant sur la définition de nouvelles valeurs limites contraignantes. En 2019, la Commission évaluera une éventuelle extension aux substances toxiques pour la reproduction.

	Directives	Modifications
Agents biologiques	1990/679	2000/54 (version consolidée)
Chantiers temporaires et mobiles	1992/57	
Signalisation de sécurité sur les lieux de travail	1992/58	
Travailleuses enceintes	1992/85	Révision lancée en 2008. Désaccord entre le Parlement et le Conseil. Retrait de de la proposition par la Commission en 2015.
Industries extractives par forage	1992/91	
Industries extractives à ciel ouvert ou souterraines	1992/104	
Navires de pêche	1993/103	
Agents chimiques	1998/24	Directive 2000/39 (62 valeurs limites indicatives) ; directive 2006/15 (33 valeurs limites) ; directive 2009/161 (18 nouvelles substances et révision d'une valeur limite de la liste de 2000) ; directive 2017/164 (25 nouvelles substances et révision de 6 valeurs limites des listes précédentes).

	Directives	Modifications
Protection des travailleurs contre le risque d'atmosphères explosives	1999/92	
Risques représentés par les vibrations	2002/44	À l'origine, une directive couvrant l'ensemble des agents physiques était prévue.
Bruit (cette directive abroge la directive de 1986)	2003/10	
Champs électromagnétiques	2004/40	Report de la date d'entrée en vigueur à deux reprises : jusqu'au 30 avril 2012 puis au 31 octobre 2013. Abrogation par la nouvelle directive 2013/35.
Rayonnements optiques	2006/25	

Source : Élaboration de l'auteur à partir de Vogel, 2015.

Chapitre 4

Vers un système de relations industrielles multiniveaux ?

Ce chapitre s'intéresse au développement du dialogue social interprofessionnel et sectoriel et aux dynamiques d'acteurs qui y sont liées. Il s'agit en matière sociale de l'innovation la plus importante car aucune autre intégration régionale n'accorde un tel rôle aux syndicats et employeurs. Plus que dans d'autres domaines de la politique sociale, l'action et les stratégies des acteurs, en particulier les syndicats et les employeurs à différents niveaux (entreprises, secteurs, régions, national) et leur dimension européenne, sont essentielles à la compréhension des dynamiques.

Du côté syndical, les acteurs sont pour l'essentiel les mêmes : la Confédération européenne des syndicats (CES), les fédérations syndicales sectorielles et les syndicats nationaux. En revanche, la représentation des employeurs est très fragmentée entre BussinessEurope (BE), l'UEAPME et le CEEP sur le plan interprofessionnel, plus de soixante organisations différentes sur le plan sectoriel et des milliers d'entreprises multinationales. La coordination entre eux reste très faible même s'il y a eu un certain progrès. Depuis 1990 une soixantaine de multinationales cotisent à BussinessEurope et constituent l'*Advisory and Support Group*. Il existe aussi une coordination informelle entre BE et certaines organisations d'employeurs sectorielles. Depuis 2014, une alliance pour une Europe plus compétitive a été formée par 11 fédérations sectorielles d'employeurs et BusinessEurope.

À la charnière des années 2000, deux livres importants s'interrogent sur la nature de la construction sociale européenne dans ce secteur : celui de Gerda Falkner (1998) a pour titre *EU Social Policy in the 1990s Towards a Corporatist Policy Community* et celui de Paul Marginson et Keith Sisson (2004) s'intitulait *European Integration and Industrial Relations: Multi-Level Governance in the Making*. Leurs titres présentent deux facettes possibles des évolutions structurelles des dernières décennies. L'objet de ce chapitre est de faire le bilan quinze ans après.

Le chapitre est divisé en deux parties : la première couvre le dialogue social interprofessionnel et la seconde, le dialogue social sectoriel.

Les évolutions du dialogue social interprofessionnel européen

Pendant les trois premières décennies de l'Union européenne, les seules mesures sociales contraignantes adoptées le sont par la voie de directives et règlements européens. À partir du milieu des années 1980, le dialogue social européen se développe en quatre grandes étapes que nous développons ci-dessous.

La première est celle de l'expérimentation et de la construction des acteurs collectifs de négociation (de Val-Duchesse 1985 au traité de Maastricht 1991).

La seconde – l'âge d'or- fait suite au protocole social de Maastricht. C'est celle des accords rendus obligatoires par extension *erga omnes* par le Conseil (1992-2001). Cela impose aux acteurs (les partenaires sociaux et la Commission) de définir les règles du jeu. La décision de négocier ou pas ainsi que les résultats obtenus fournissent des éléments clés pour comprendre les différentes stratégies. Cette époque constitue encore aujourd'hui la période de référence du succès de la voie conventionnelle.

La difficile expérimentation d'accords autonomes mis en œuvre au niveau national par les partenaires signataires de l'accord constitue la troisième phase (2002-2010). Ces accords autonomes posent la question de leur retranscription dans des réalités nationales de plus en plus diverses. On se retrouve devant un patchwork de situations et particulièrement depuis l'élargissement de l'UE aux pays d'Europe centrale et orientale.

La quatrième (à partir de 2010) est celle des doutes et difficultés à trouver un nouveau souffle dans un environnement extrêmement favorable aux thèses et approches des employeurs.

La phase d'expérimentation

À la suite de l'Acte unique qui reconnaît la possibilité de développer des relations contractuelles, si les partenaires le souhaitent, émerge le début d'un dialogue social structuré entre la CES, l'UNICE et le CEEP. Jacques Delors devenu président de la Commission en 1985 joue un rôle important dans le renforcement de ce dialogue (Didry, Mias, 2005 ; Lapeyre, 2017). Cette première phase est celle de consolidation des acteurs collectifs européens.

La CES créée en 1973 sort de sa phase de protestation contre le tournant libéral européen (1979-82) qui est marqué par la non-participation aux instances communautaires et des grandes manifestations européennes, la plus importante étant celle de Stuttgart en 1983 (pour une liste complète Degryse, Tilly, 2013, p. 239-241). Elle regroupe progressivement l'ensemble des organisations syndicales (la CGT française entre en 1999) des pays de l'UE et des pays candidats (ou l'ayant été). Cette unité constitue sa force mais fait coexister en son sein des traditions nationales fort différentes (Hyman, 2001). Ces différences entre pays concernent le niveau principal où se passent les négociations collectives (national, sectoriel, entreprise), mais aussi la diversité des situations en termes de nombre de syndicats (de 1 à 5 selon les pays) amenés à négocier. Il existe également des pratiques diverses en termes de culture de négociation *versus* de protestation (la France étant un cas emblématique), des rapports différents avec le monde politique ou encore dans la capacité d'étendre (ou pas) les conventions collectives à tous les travailleurs et les entreprises.

L'UNICE maintenant dénommée BusinessEurope (BE) (nous utilisons le plus souvent cette dénomination dans ce chapitre) est créé dès 1958 et regroupe les fédérations patronales nationales de l'ensemble de l'UE et des pays voisins. Au début des années 1980, elle doit faire face à l'émergence d'autres groupes de pression tels que la Table ronde des industriels (ERT) composée d'une quarantaine de chefs d'entreprises multinationales dont Delors rappelle l'importance dans ces mémoires (Delors, 2004). Le développement du dialogue social représente ainsi pour l'UNICE une manière de se distinguer des autres organisations/lobbies patronaux (Tyszkiewicz, 2003 ; Michel, 2013).

Quant au CEEP, il est composé d'entreprises publiques ou à participation publique qui s'y affilient directement. Fin 1991, il regroupe 252 entreprises dans 8 sur les 12 États membres que compose alors Communauté européenne et 9 % des salariés européens (Didry, Mias, 2005, p. 296). De par sa composition il est plus ouvert à la négociation, mais sa base composée d'entreprises publiques nationales se réduit du fait des différentes vagues de privatisation d'une part et des effets de l'élargissement aux pays de l'Europe centrale et orientale d'autre part. Il se réinvente comme représentant des services publics locaux notamment pour les hôpitaux ou l'éducation et se retrouve en compétition pour cette représentation dans les dialogues sociaux sectoriels avec d'autres acteurs patronaux. En 2017, le CEEP a des membres dans 17 des 28 pays de l'UE.

Même si leurs objectifs sont différents, chaque acteur a un intérêt à cette époque au succès de ce processus afin de renforcer et conforter sa propre légitimité organisationnelle. Les employeurs ont un intérêt stratégique à voir le succès du marché intérieur et sont prêts pour en assurer la finalisation à payer un certain prix en échange avec les syndicats.

Entre 1985 et le début des années 1990, une douzaine d'« avis communs » sont adoptés. Ils portent entre autres sur les nouvelles technologies, la stratégie de coopération pour la croissance et l'emploi, la formation et la motivation, l'information et la consultation, le rapport économique annuel 1987-1988, l'espace européen de mobilité professionnelle et géographique, etc. Ces Avis Communs sont largement ignorés sur le plan national. Mais ils ont une influence limitée mais notable sur le contenu de certains documents communautaires (Didry, Mias, 2005 ; Lapeyre, 2017).

En 1989, la CES manifeste son mécontentement devant les faibles résultats du dialogue social. Pour répondre à ces critiques les partenaires sociaux européens décident de mieux diffuser au niveau national les avis adoptés. Comme l'indique Jean Lapeyre, chargé à l'époque du dialogue social au sein de la CES (Lapeyre, 2017), dans une note interne concernant l'utilisation des avis communs au niveau national. « La base qui nous est fournie est assez fragile, étant donné que ces Avis contiennent parfois des formulations nées de compromis difficiles et mises dans un équilibre minutieux ». Mais au-delà de la faiblesse reconnue du contenu, l'auteur souligne « qu'ils faisaient partie pour nous (la CES) d'un processus d'apprentissage d'un système de relations industrielles dans l'espace européen ».

On passe donc d'un rôle de lobby conjoint vis-à-vis des institutions européennes à une implication accrue des membres nationaux. Les opinions divergent sur les résultats atteints à l'époque. Ainsi selon l'ancien Secrétaire général de l'UNICE, M. Zygmunt Tyszkiewicz (1999), les avis communs adoptés sont des documents constructifs et objectifs, qui signalent aux partenaires sociaux nationaux que patronats et syndicats des États membres peuvent s'asseoir autour d'une même table de négociation et s'entendre sur des problèmes délicats de politique sociale dans un contexte européen. Quant à la CES, son jugement est beaucoup plus nuancé. Elle souhaite franchir une étape supplémentaire en concluant des accords-cadres européens et de conventions collectives européennes contraignantes. Les années 1990 lui donnent satisfaction sur ce point.

De manière plus globale, l'environnement était propice. Comme le souligne *a posteriori* Markus Beyer, Secrétaire général de Business-Europe (2015) : « Lorsque le dialogue social européen a été lancé, le grand projet européen était alors de créer un marché unique. Le dialogue social européen contribuait donc à construire la dimension sociale de ce marché unique émergent et à définir des normes européennes en matière de conditions de travail, qui étaient devenues de la compétence de l'UE. »

Il y a donc à cette époque une possibilité d'échange stratégique entre ouverture des marchés et dimension sociale.

Du traité de Maastricht aux premiers accords : l'âge d'or du dialogue social

Après ce début que l'on peut qualifier de formatif, la négociation menant au traité de Maastricht constitue un changement majeur. En 1991, les gouvernements ouvrent des négociations pour un projet d'union politique qui doit accompagner l'union économique et monétaire. Les partenaires sociaux européens, de leur côté, décident de négocier la contribution commune qu'ils pourraient apporter au nouveau traité. La négociation est difficile, mais aboutit in extremis. Le 31 octobre 1991, l'UNICE, le CEEP et la CES parviennent à un accord sur des dispositions visant à développer du dialogue social européen (pour une étude minutieuse de cet accord et du rôle parallèle des négociations de la conférence intergouvernementale et notamment du projet belge, voir Claude Didry et Arnaud Mias, 2005, chap. 8, Lapeyre, 2017).

Le texte se propose de fixer les règles du jeu pour la consultation des partenaires sociaux sur les initiatives de la Commission, il définit le rôle des partenaires sociaux et les diverses options possibles, et précise la façon dont un accord entre partenaires sociaux peut être mis en œuvre au niveau communautaire et national (figure 4).

Pourquoi l'UNICE accepte-t-elle un accord qui constitue un pas essentiel dans la création d'une voie conventionnelle alors que le contexte lui est particulièrement favorable ? En effet, le déclin syndical en termes de membres commence dans la plupart des états membres dans les années 1990 (voir chap. 7), la négociation collective est sous pression dans nombre de pays. Les idées dérégulatrices portées par Margaret Thatcher s'insinuent dans de nombreux États membres. Une partie de la réponse tient au souhait d'éviter l'intrusion des institutions européennes dans le domaine social et particulièrement du Parlement européen qui se montre à l'époque particulièrement actif en matière sociale. De manière plus cynique, certains pensaient que cet accord ne serait pas accepté par le gouvernement britannique et donc ne serait jamais appliqué.

Face au refus du gouvernement conservateur britannique d'entériner cette contribution au traité, onze des douze États membres signent un « Accord sur la politique sociale » reprenant presque telle quelle la contribution des partenaires sociaux annexée dans un Protocole au traité de Maastricht. Après la victoire électorale du New Labour au Royaume-Uni, l'Accord sur la politique sociale sera finalement pleinement intégré dans le traité d'Amsterdam (1997).

L'article 4 indique que :

> Le dialogue entre partenaires sociaux au niveau communautaire peut conduire, si ces derniers le souhaitent, à des relations conventionnelles, y compris des accords. La mise en œuvre des accords conclus au niveau communautaire intervient soit selon les procédures et pratiques propres aux partenaires sociaux et aux États membres, soit [...] par une décision du Conseil sur proposition de la Commission.

Figure 5. Schéma opérationnel concernant la mise en œuvre pratique de l'Accord sur la politique sociale

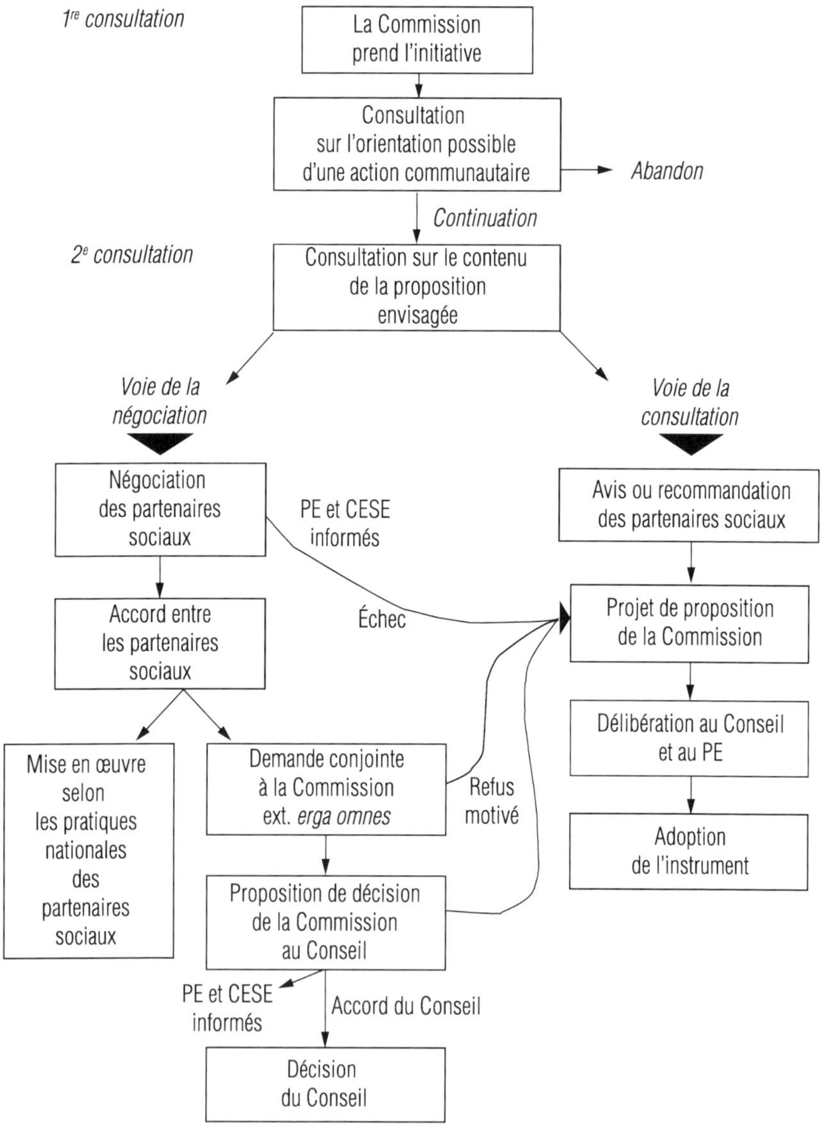

Source : CCE, 1993.

Des règles nouvelles et leurs conséquences

Les années 1990 sont donc celles de la reconnaissance du rôle des partenaires sociaux dans la construction de l'Europe sociale (Dølvik, 1997 ; Falkner, 1998 ; Degimbe, 1999 ; Keller, 2003). L'instauration de procédures nouvelles a pour résultat indéniable le renforcement institutionnel tant de la place du dialogue social dans l'architecture sociale européenne que des acteurs de celui-ci. En effet, l'objet n'est plus de faire pression sur la Commission pour obtenir une législation (rôle traditionnel de lobby) mais d'aboutir ensemble à un accord collectif. Ceci fait évoluer les acteurs. En ce qui concerne la CES, l'élection d'Emilio Gabaglio (Italie, CISL) en 1991 au poste de Secrétaire général indique la volonté de renforcer la création d'un véritable acteur syndical européen et une ligne favorable à la négociation collective comme expression de la nature même du syndicalisme (Degryse, Tilly, 2013 ; Moreno, Gabaglio, 2006).

Mais c'est aussi une procédure nouvelle pour nombre d'acteurs nationaux. Dans un certain nombre de pays dont l'Allemagne les négociations se déroulent principalement au niveau sectoriel, dans d'autres comme au Royaume-Uni après les changements imposés par Margaret Thatcher quasi uniquement au niveau des entreprises. Pour certains, le gouvernement et les pouvoirs publics sont tenus à l'écart. Il s'agit ici, comme nous le développons au chapitre 6, d'une véritable projection d'un modèle national particulier, une quasi-translation des modèles belge et français au niveau européen.

En termes d'européanisation, cette capacité d'adopter des accords entre partenaires sociaux européens signifie pour eux d'avancer sur plusieurs fronts y compris internes tels que la nécessité d'obtenir des instances qu'ils représentent des mandats de négociation, de rendre compte aux affiliés des progrès des discussions et de faire avaliser les résultats atteints. Les protagonistes (ici les organisations nationales) doivent à leur tour informer leurs propres membres et peuvent retranscrire les accords (rendus obligatoires *erga omnes* par une directive du Conseil) par une négociation collective nationale. Examinons ces éléments un par un.

Tout d'abord, les partenaires sociaux européens sont obligés de modifier leurs règles de procédure de manière à pouvoir, d'une part, accorder un mandat de négociation au niveau européen et, d'autre part, valider les accords conclus. La CES a franchi cette étape assez rapidement, mais non sans difficulté. Comme le souligne le Secrétaire général de l'époque Emilio Gabaglio (cité par Degryse, Tilly, 2013, p. 100-101) :

> La question interne est simple : si l'on est désormais confronté à la possibilité de négocier des accords au niveau européen, comment organise-t-on cette négociation ? Qui en est responsable ? J'ai dû me bagarrer pour dire que c'était au Secrétariat que revenait cette tâche. À l'époque, il était plutôt considéré comme un organisme technique par le Comité exécutif. J'ai dû m'imposer en affirmant que le Secrétariat, du fait qu'il était maintenant élu par le Congrès suite à la réforme de 1991, avait donc un mandat politique, en plus de la gestion au jour le jour de la CES. C'était donc à lui d'organiser, bien sûr avec les représentants nationaux, la délégation des négociations. C'était à lui d'être le porte-parole syndical.

Mais la question du mandat ouvre également de fortes tensions entre la CES et les fédérations syndicales européennes qui souhaitent pouvoir négocier en parallèle (Lapeyre, 2017). Un cas test pour les syndicats a été l'opposition du DGB allemand lors de l'adoption des premiers accords (travail à temps partiel). Malgré le fait d'avoir été mis en minorité, le principal syndicat d'Europe n'a pas remis en cause le résultat final.

BE, en revanche, exige toujours un mandat de négociation à l'unanimité et l'accord doit être approuvé par une majorité spéciale. Ce faisant et sans pression de la Commission pour qu'elle adopte de règles plus souples en termes de majorité qualifiée, BE se donne un moyen de renforcer sa position de négociation. Elle a toujours la possibilité de se replier sur ses membres les plus réticents (les Britanniques, mais aussi souvent les Suédois) pour refuser de faire évoluer sa position de négociation.

Le CEEP a une attitude plus souple, n'ayant pas comme membres directs des associations nationales mais des entreprises individuelles. Il décide immédiatement d'octroyer un mandat global pour trois séries de négociations sur le travail atypique (travail à temps partiel, emploi à durée déterminée, travail temporaire).

La signature des conventions collectives cadres européennes qui sont transposées et éventuellement améliorées dans les réglementations nationales (provenant éventuellement d'une négociation entre les partenaires sociaux nationaux) nécessite donc une articulation plus complexe entre le niveau national et européen. Chaque organisation nationale a l'occasion de faire le point sur les progrès accomplis dans les négociations (qui ont été à chaque fois assez longues). Dans certains cas, le mandat de négociation est précisé pour permettre de poursuivre les négociations. Cette interaction accrue entre les niveaux européen et national a pour effet que les protagonistes bénéficient d'une pleine connaissance du contenu de l'accord au moment d'assumer le résultat des négociations au niveau national. Ceci n'est pas le cas pour les directives qui sont essentiellement négociées au sein du Comité des représentants permanents et du PE et puis retranscrites nationalement par les gouvernements.

Après une période initiale (1985-1991) où aucune règle formelle de représentation n'a été adoptée, des règles plus strictes sont établies au niveau européen en raison de la nature potentiellement contraignante des accords européens. Ceci pose la question de la légitimité des acteurs en présence et leur capacité à représenter les intérêts des travailleurs et des entreprises dans leur ensemble. La Commission a établi des critères précis pour évaluer cette représentativité (CE, 1993), qui fait l'objet d'évaluations périodiques (1998, 2004). Ce débat sur la représentativité a permis d'impliquer dans le dialogue social d'autres acteurs (les PME, les cadres, d'autres syndicats).

L'UEAPME s'est plainte devant la Cour de justice (sans obtenir satisfaction, elle a même été condamnée à payer les frais de la procédure) de ne pas avoir été associée à la négociation du premier accord, celui sur le congé parental en 1995. Après cet épisode, BE a accepté d'associer l'UEAPME au groupe des employeurs dans la négociation mais celle-ci reconnaît dans un accord resté secret que BE représente toutes les entreprises, y compris les PME. C'est aussi le dialogue social qui force l'UEAPME à se renforcer en tant qu'acteur collectif (Milet, 2013). Quant à la CES, elle intègre l'organisation syndicale européenne des cadres (Eurocadres) et progressivement l'ensemble des organisations représentatives nationalement.

Si les acteurs ont muri et se sont renforcés, quels ont été les résultats depuis 1993 ? C'est l'objet de la section suivante.

Quels ont été les résultats ?

Le système en vigueur au niveau européen est très particulier car sur la base d'une consultation sur une possible proposition de la Commission, les partenaires sociaux disposent du choix d'entrer en négociation ou pas (figure 4). Ils délimitent donc eux-mêmes les champs de négociation et les domaines exclus au fur et à mesure qu'ils sont consultés par la Commission.

Trois grandes catégories émergent : les domaines exclus de commun accord par les partenaires sociaux, ceux exclus par manque d'accord entre eux, et ceux que les partenaires sociaux acceptent de négocier.

Les partenaires sociaux estiment que les questions liées à l'égalité hommes-femmes ou à la santé sécurité doivent être réglées par le législateur car c'est à lui à adopter les normes adéquates. Cela étant, les questions relatives à la santé et à la sécurité au travail sont un sujet abordé régulièrement sur le plan sectoriel (voir *infra*).

La deuxième catégorie a trait à l'information/consultation. Dans ce domaine au cœur des relations industrielles, les discussions ont par deux fois échoué après une valse-hésitation portant sur la volonté ou non des partenaires sociaux européens à entrer en négociation. Dans le cas du comité d'entreprise européen (1994), qui constitue le premier test du nouveau protocole social de Maastricht, les raisons de l'échec tiennent à la position négative du patronat britannique (CBI). Le fait que les règles de vote de BE sont l'unanimité fait craindre aux syndicats un veto britannique en fin de négociation. Point important, les

Britanniques s'étaient exclus de l'Accord social mais bon nombre d'entreprises multinationales ont leur siège principal en Grande-Bretagne.

Plus significatif est l'échec en 2000 de négocier l'information/consultation sur le plan national suite au refus de BE. Cette proposition est déposée à la suite de l'« affaire Renauld-Vilvorde ». La fermeture brutale de l'usine belge du constructeur automobile français avait donné lieu à d'importantes manifestations de solidarité (Lefebre, Lagneau 2002). Dans ce cas, le patronat européen se divise avec le président de l'UNICE, le belge Georges Jacobs, qui fait le forcing pour que son organisation accepte d'entrer en négociation tandis que diverses organisations nationales finissent par se joindre au clan opposé pour des raisons principalement liées à la politique nationale, par exemple le patronat italien (sur cet aspect voir Branch, Greenwood, 2001). Ces deux échecs, conséquences du refus de négocier de la part des employeurs européens, sont extrêmement significatifs. Ils indiquent que pour cette question au cœur des relations syndicats/patronat sur le plan national, il n'est pas possible de défricher une voie européenne négociée. Dans les deux cas, le législateur européen a adopté une directive, très rapidement dans le cas du comité d'entreprise, plus difficilement dans le cas de l'information/consultation sur le plan national.

Il existe toutefois une exception. Lors de la révision partielle de la directive sur les comités d'entreprise en 2007, la CES et BE parviennent à un accord partiel sur certains points de la directive. Cette position n'a pas été sans créer des tensions au sein de la CES, notamment de la part du DGB. Elle donne lieu à un jeu subtil où les syndicats du fait de leur accord avec BE ne peuvent plus faire pression directement sur le Parlement européen pour obtenir d'autres améliorations mais veulent néanmoins profiter que le Parlement européen peut améliorer le texte pour obtenir quelques avancées supplémentaires (pour un récit complet de cet épisode Waddington, 2011). Cet épisode illustre bien les relations complexes entre le PE et les partenaires sociaux (voir *infra*).

La troisième catégorie comprend les accords-cadres européens. Les partenaires sociaux en adoptent trois (sur le congé parental en

1995, sur le travail à temps partiel en 1997 et sur le travail à durée déterminée en 1999). Les accords n'ont pas une portée radicalement nouvelle mais amènent des modifications intéressantes dans différents États membres (Falkner *et al.*, 2005). En 2010, l'accord sur le congé parental est renégocié avec pour principal résultat un congé passant de trois à quatre mois (avec un mois obligatoirement pour un des parents). Il est à nouveau étendu *erga omnes* par une directive.

Le tournant est l'échec de la négociation sur le travail intérimaire (2001) qui constitue le troisième élément du triptyque sur le travail atypique. Il faut attendre jusqu'en 2007 pour qu'une directive sur le travail intérimaire soit finalement adoptée. Ceci indique clairement comment l'évolution de l'environnement institutionnel et politique devient nettement moins favorable aux syndicats au début des années 2000.

Tableau 5. Les principaux résultats jusqu'à aujourd'hui

Initiative de la Commission	Partenaires sociaux	Résultats
Comité d'entreprise européen (1994)	Échec des négociations à la suite du refus du CBI	Directive 1994/45
Congé parental (1995)	Premier accord collectif européen	Directive 1996/81
Charge de la preuve (1995)	Pas de négociation, renvoi direct au législateur	Directive 1997/80
Harcèlement sexuel (1996)	Pas de négociation, renvoi direct au législateur	Modification de la directive 1976/207
Travail à temps partiel (1997)	Second accord collectif européen	Directive 1997/81

Initiative de la Commission	**Partenaires sociaux**	**Résultats**
Information/consultation au niveau national (1998)	Refus de négocier de BE	Directive 2002/14
Travail à durée déterminée (1999)	Troisième accord collectif européen	Directive 1999/70
Travail temporaire (2000)	Échec des négociations	Directive adoptée en 2008 par le Conseil
Télétravail (2002)	Premier accord collectif autonome	Mis en œuvre par les partenaires sociaux nationaux
Stress au travail (2004)	Deuxième accord collectif autonome	Mis en œuvre par les partenaires sociaux nationaux
Harcèlement et la violence au travail (2007)	Troisième accord collectif autonome	Mis en œuvre par les partenaires sociaux nationaux
Révision de la directive comité d'entreprise (2007)	Position conjointe envoyée à la Commission	Directive 2009/38
Révision de l'accord/directive congé parental (2008)	Renégociation du premier accord	Directive 2010/18
Marchés du travail inclusifs (2010)	Quatrième accord collectif autonome	Mis en œuvre par les partenaires sociaux nationaux
Directive temps de travail (révision)	Échec des négociations	La Commission a retiré sa proposition
Vieillissement actif et solidarité intergénérationnelle (2017)	Cinquième accord collectif autonome	À mettre en œuvre par les partenaires sociaux nationaux

Source : Élaboration de l'auteur.

En termes de contenu, ces accords touchent l'égalité hommes-femmes (congé parental et travail à temps partiel). Ils peuvent être considérés comme précurseur de la flexicurité (travail à temps partiel et à durée déterminée) car ils échangent égalité des droits et de traitement entre travailleurs dit atypiques et classiques (sécurité) avec l'acceptation de ce type de contrat (flexibilité). Toutefois, le dialogue social ne s'articule stratégiquement à aucun de ces deux agendas – égalité hommes-femmes et flexicurité – ce qui contribue à son isolement d'autres dynamiques sociales européennes comme nous le présentons au chapitre 6.

Le tournant des années 2000 : comment une victoire syndicale se transforme en une success-story patronale

Au vu du blocage patronal pour adopter des accords-cadres, les acteurs syndicaux sont amenés à envisager d'utiliser l'autre possibilité offerte par le traité la voie des accords autonomes. Pour comprendre ces évolutions, il faut tenir compte du contexte et des stratégies d'acteurs. Comme on l'a vu, les employeurs européens acceptent de négocier avec les syndicats à un moment où le Parlement européen est très actif et visible sur les questions sociales. Un nombre important de directives sont sur la table de négociation en 1990-1991 (travail atypique, femmes enceintes, comités d'entreprises Européens, contrat de travail, jeunes travailleurs, temps de travail, travailleurs détachés, Falkner, 1998, p. 69).

Le mécanisme particulier qui accorde aux partenaires sociaux des droits de préemption dans le domaine social n'a pas que des résultats positifs. En effet, leur droit de choisir au départ d'ouvrir (ou pas) des négociations sur une proposition sociale marginalise le Parlement européen. Ce dernier ne peut agir que si les partenaires sociaux décident de ne pas ouvrir de négociations ou ne parviennent pas à conclure un accord. La subsidiarité horizontale (privilégiant les acteurs sociaux au législateur à un même niveau de pouvoir) accroit les pouvoirs des partenaires sociaux mais ne corrige pas le caractère asymétrique de leur relation. Le facteur permettant de compenser cette asymétrie est l'existence d'une menace jugée crédible d'adoption d'une directive par le Conseil et le Parlement (négocier « à l'ombre de la loi », selon l'expression de Brian Bercusson 1996 voir aussi Stijn Smismans, 2008). Dans l'étude sur l'UNICE de Ann Branch et Justin Greenwood (2001, p. 43), ces auteurs concluent :

> Même si les forces institutionnelles, la socialisation et l'apprentissage ont joué un rôle important, les attitudes de ces organisations à l'égard du partenariat social et du dialogue social relèvent néanmoins de l'instrumentalisation. Le changement de position opéré par l'UNICE n'a donc pas reflété une conversion à une philosophie nouvelle : il obéit en fait à des considérations de « realpolitik », à savoir un changement de stratégie en réponse à l'évolution des réalités politiques.

Cela est confirmé par un mémo interne de l'UNICE datée du 30 avril 1992. Dans ce document, l'organisation des employeurs indique :

> L'UNICE pourrait axer sa stratégie sur deux approches principales : i) assurer que l'article 3b (subsidiarité) soit réellement appliqué à la politique sociale et accompagné d'instruments adéquats, par exemple une « fiche » annexée à toutes les propositions législatives, expliquant pourquoi l'action envisagée doit être menée au niveau communautaire ; ii) faire efficacement usage de notre droit statutaire de consultation et de négociation (éventuelle), afin d'éviter, de retarder ou de modifier une centralisation excessive de la politique sociale ou une législation trop normative et préjudiciable à la compétitivité des entreprises [p. 2].

La note indique aussi que la décision de négocier dépend de plusieurs facteurs, dont la nature de la législation. Par exemple, l'organisation patronale ne veut pas négocier la santé et la sécurité, mais pour le reste cela dépend du contenu. Plus il risque d'être « dommageable » c'est-à-dire qu'il comporte des risques, plus l'UNICE sera ouverte à la négociation. Finalement, tout dépend également des chances d'adoption : pas de négociation si les chances d'adoption sont faibles, peut-on lire aussi à la page 3 du même document (Lapeyre, 2017 ; Pochet, Degryse, 2016).

Toutefois il existe un risque de remise en question de cette nouvelle procédure. Les trois accords sont adoptés dans des périodes où l'acceptation même d'une autonomie contractuelle des partenaires sociaux risque d'être remise en question par l'ouverture de négociations pour réviser les traités (Amsterdam 1997, Nice, 2000). En effet, le Parlement européen n'a jamais complètement accepté d'être relégué en deuxième position en matière sociale et peut remettre en question la voie conventionnelle s'il juge que celle-ci ne donne aucun ou trop peu de résultats. Sous la menace d'une révision des règles (Conférence intergouvernementale), les partenaires sociaux ont activé l'accord social pour prouver de sa pertinence.

En même temps, de manière plus subtile, les partenaires sociaux se renforcent dans leur légitimité d'acteurs de ce dialogue. Ils intègrent en leur sein d'autres organisations par exemple les PME (UEAPME) et évitent que d'autres acteurs notamment sectoriels puissent viser à les remplacer (c'est une des raisons pour lesquelles l'UNICE a signé l'accord sur le congé parental, selon Branch et Greenwood, 2001). Du côté syndical, UNI-Europe (à l'époque Eurofiet, la fédération européenne des services privés) était par exemple prête à tenter une négociation avec les employeurs du secteur du commerce si les négociations sur le travail atypique entre l'UNICE et la CES avaient échoué.

Dans les années 1990, l'idée dominante est celle d'une institutionnalisation progressive de cette procédure de législation négociée. L'échec des négociations sur les agences de travail intérimaire conduit à revoir cette approche incrémentale. Cet épisode fournit une indication importante sur l'évolution des rapports de force. L'absence de réaction rapide de la part des institutions européennes à l'échec indique aux employeurs qu'ils ne sont plus menacés par l'adoption rapide d'une législation si la négociation avec les syndicats n'aboutit pas.

Ceci s'accompagne d'un ralentissement de l'activité législative en matière sociale. Au début des années 1990 ; les thèmes des négociations proposés par la Commission viennent de propositions ayant déjà été examinées auparavant par le Conseil Affaires sociales et n'ayant pas été adoptées (Falkner, 2003). Elles constituent en quelque sorte un stock de propositions qui sont dans le programme social accompagnant la Charte sociale de 1989 (Pochet, 1993). Par la suite, la Commission réduit de manière drastique le nombre de propositions à vocation législatives dans ses programmes sociaux. Le programme couvrant la période 2001-2005 n'en contient que quelques-unes (voir aussi chap. 2, 3e section). Il y a donc beaucoup moins de pressions en termes de nombre d'actes législatifs. Mais plus important est le changement de positionnement de la Commission européenne. Celle-ci se retire de son rôle d'animateur « militant » du dialogue social vers une position de neutralité (voir les différentes communications en 1998, 2002, 2004, 2010 qui jalonnent la fin des années 1990 et les années 2000). C'est maintenant aux acteurs du dialogue social à faire leurs preuves et non plus à la Commission de soutenir (par des menaces crédibles d'une intervention législative) la partie la plus faible (les syndicats). Ces derniers ne peuvent en effet pas forcer les employeurs à entrer en négociation.

Ces deux éléments, moins de pressions législatives et plus d'incertitudes sur la position des autres acteurs (Commission, Parlement, Conseil) conduisent la CES à redéfinir sa position face au dialogue social et à explorer la voie d'une plus grande autonomie vis-à-vis de la Commission et du Conseil.

La perspective de l'élargissement aux pays d'Europe centrale et orientale a aussi influencé le développement du dialogue social. Les niveaux de développement économique sont largement en dessous de la moyenne communautaire mais surtout le rôle et l'influence de partenaires sociaux sont le plus souvent extrêmement faibles, particulièrement du côté patronal (CE, 2013). Ajoutons à cela la quasi-inexistence du niveau de négociation sectorielle qui est le niveau dominant dans l'Europe des 15 (Lado, Vaughan-Whitehead, 2003) et la faiblesse des mécanismes d'extension des accords sectoriels ou interprofessionnels *erga* omnes à l'ensemble des travailleurs et des entreprises.

La nouvelle étape du dialogue social interprofessionnel est donc le résultat d'une réévaluation de la part de la CES des divers rapports de force. Elle tente de sortir d'une situation bloquée en proposant au patronat européen d'explorer les possibilités d'un dialogue autonome ce qui correspond également aux préférences des employeurs européens. La ligne de retraite syndicale est qu'en l'absence de résultats substantiels, il sera possible de blâmer les employeurs et de demander alors avec une légitimité accrue une action de type réglementaire de la part de la Commission (Lapeyre, 2017). Quant aux employeurs, débarrassés d'une Commission militante et d'un Parlement européen jugé intrusif, ils adoptent rapidement comme ligne d'action et d'argumentation la défense pointilleuse de l'autonomie des partenaires sociaux, ce qu'ils répètent avec force à chaque tentative d'intervention externe notamment de la part de la Commission européenne. Par ailleurs, le marché intérieur est achevé pour les principaux secteurs économiques et il n'est plus besoin d'avoir les syndicats à bord.

Innovations et limites

Le début des années 2000 constitue les années charnières. Les pays membres de l'Eurozone sont sélectionnés, suite à la Stratégie européenne pour l'emploi (1997) une nouvelle Stratégie de Lisbonne (2000) est lancée avec l'émergence des méthodes ouvertes de coordination dans les domaines des pensions, de la pauvreté/exclusion sociale, des soins de santé. La Convention européenne chargée de préparer le contenu du traité constitutionnel européen est en mise en place. La CES par la voix de son Secrétaire général Emilio Gabaglio y est associée tout comme BE ou le Comité économique et social européen. L'élargissement de l'UE aux pays d'Europe centrale et orientale n'est plus une perspective lointaine.

Dans ce nouveau contexte, les partenaires sociaux européens identifient dans un document conjoint fin 2001 trois principaux défis : a) le débat sur l'avenir de l'Europe et la gouvernance ;

b) l'élargissement de l'Union ; c) l'achèvement de l'Union économique et monétaire et le développement de la coordination des politiques économiques, de l'emploi et sociales qui l'accompagnent. Ils clarifient les fonctions du dialogue social et distinguent le dialogue social bipartite de la concertation tripartite et de la consultation. Selon leurs termes, la concertation tripartite désigne les échanges entre partenaires sociaux et autorités publiques européennes, alors que la consultation couvre les activités des comités consultatifs et les consultations officielles de la Commission européenne. Le dialogue social désigne les travaux bipartites des partenaires sociaux découlant ou non des consultations officielles de la Commission. Le document propose aussi de développer un dialogue social autonome basé sur un programme de travail qui reposerait « sur une palette d'instruments diversifiés (divers types d'accords-cadres européens, avis, recommandations, déclarations, échanges d'expériences, actions de sensibilisation, débats ouverts, etc.) et comprendrait un ensemble équilibré de thèmes d'intérêt commun pour les employeurs et les salariés ».

Tout au long de l'année 2002 la CES, BE et le CEEP identifient les thèmes d'intérêt commun pour élaborer le premier programme de travail autonome pour la période 2003-2005. Trois thématiques émergent : l'emploi (12 propositions), l'élargissement (6 propositions) et la mobilité (une proposition). Ces domaines seront traités au moyen d'instruments divers principalement des rapports, des séminaires, des échanges d'expériences, des avis ou des recommandations.

Le programme de travail pluriannuel constitue une innovation importante. Il se veut le reflet de l'autonomie des partenaires sociaux. Il inscrit leur action dans une durée de 3 ou 4 ans et permet d'évaluer ex post la mise en œuvre ou non des actions prévues (la plupart le sont parfois avec des délais plus ou moins importants). Après ce programme initial, quatre autres programmes sont négociés pour les périodes 2006-2009, 2009-2010, 2012-2014, 2015-2017. Deux thèmes se retrouvent dans tous ces programmes. Le premier, traite des conséquences de l'élargissement et soutient le renforcement des acteurs et des institutions dans les nouveaux pays membres. Le second porte sur le suivi national de la mise en œuvre des textes européens signés et en particulier les accords autonomes et les cadres d'actions.

Cinq accords autonomes sont adoptés : le télétravail (2002), le stress (2004), le harcèlement (2007), les marchés du travail inclusifs en 2010, et le vieillissement actif et la solidarité intergénérationnelle en 2017. Les thèmes qui sont abordés sont des thèmes relativement nouveaux à l'agenda national ; c'est évidemment le cas du télétravail qui n'existait pas ou pas dans la même forme avant le développement d'internet. C'est aussi le cas du stress et du harcèlement qui sont des thématiques émergentes liées aux risques psychosociaux (voir chap. précédent). L'inclusion et les enjeux du vieillissement sont aussi des sujets de plus en plus présents dans les débats nationaux. Pour tous ces thèmes il n'y a pas ou peu de blocage national préalable car aucun pays n'a encore des idées ou des législations fort développées dans ces domaines. C'est aussi le genre de thématiques qui peut se trouver dans les agendas globaux des multinationales soit sous forme de CSR ou d'accords d'entreprises européens ou globaux.

Par ailleurs, trois « cadres d'action communs » (actions volontaires multiples) sont également adoptés : sur la formation en 2002, sur l'égalité en matière de genre en 2005 (voir chap. 3) et sur l'emploi des jeunes en 2013. Enfin, près de vingt documents adoptés ces dix dernières années sont des rapports de mise en œuvre des accords autonomes et des cadres d'action. Nombre d'activités prévues dans les programmes d'action sont des études, des outils communs ou des analyses conjointes.

À l'occasion du bilan de vingt ans de dialogue social (1991-2011), deux études présentent des résultats contrastés. Celle commanditée conjointement par les partenaires sociaux est globalement positive (Voss, Maack, 2011). En revanche, l'analyse réalisée par l'Observatoire social européen sur la base d'une enquête auprès des seuls affiliés de la CES (et à la demande unilatérale de cette dernière) indique une opinion de plus en plus critique des syndicats nationaux au fur et à mesure de l'adoption des accords dont le contenu est considéré comme devenant de plus en plus imprécis. Si l'accord autonome sur le télétravail comporte des clauses claires à mettre en œuvre, l'accord sur les marchés inclusifs est beaucoup plus évanescent (OSE 2011) de même que celui sur la solidarité intergénérationnelle.

Pour mieux comprendre les avancées et les limites de cette nouvelle phase en termes de mise en œuvre, il est intéressant de se pencher un peu plus en détail sur la mise en œuvre de l'accord sur le télétravail. L'accord interprofessionnel sur le télétravail fait suite à deux accords sectoriels sur ce thème dans le commerce et dans les télécoms. Cette articulation entre le niveau sectoriel et interprofessionnel est à cet égard nouvelle et mérite d'être soulignée (voir Benedictus *et al.*, 2002). Son contenu a été généralement bien accueilli par les organisations syndicales et patronales nationales dont la mise en œuvre relève des membres des parties signataires, c'est-à-dire des affiliés nationaux de l'UNICE/UEAPME, du CEEP et de la CES. Selon le texte de l'accord, elle s'effectuera « conformément aux procédures et pratiques propres aux partenaires sociaux dans les États membres dans un délai de trois ans (16 juillet 2005) une révision est possible cinq ans après la signature si l'une des parties signataires le demande ».

C'est là que le bât blesse. Dans un rapport pour la Commission, Nuria Ramos et Jelle Visser (2008) ont trouvé pas moins de sept manières de transposer cet accord au niveau national par 1) des lignes directrices communes, des recommandations et des accords modèles, 2) des accords nationaux autonomes, 3) des lignes directrices séparées et des accords modèles par un des partenaires sociaux, 4) des accords collectifs au niveau des secteurs, des entreprises ou établissements, 5) des accords nationaux transformés en législation, 6) une loi à la suite de consultations, 7) une législation sans consultation des partenaires sociaux.

La plupart de retranscriptions législatives sont faites dans les pays d'Europe centrale et orientale et dans les pays baltes. Se pose ici la capacité des partenaires sociaux de ces pays de retranscrire des accords européens alors qu'ils représentent souvent moins de

20 % des travailleurs et des entreprises et qu'il n'y a généralement pas d'extension par la loi d'accords collectifs (voir aussi chap. 7).

Avec des traditions et rapports de force si différents au niveau national, la couverture de ces textes de nouvelle génération s'écarte complètement de l'approche antérieure où les directives couvrent l'ensemble des entreprises et des travailleurs. Selon les situations nationales, un travailleur bénéficie ou non des dispositions de l'accord autonome ou d'une partie d'entre elles. Ce n'est pas nécessairement les travailleurs syndiqués (versus ceux non syndiqués) comme dans certains accords nationaux qui ne couvrent que les signataires à l'accord. Cela peut être à l'intérieur d'un pays un secteur mais pas un autre, certaines entreprises, ou encore une partie de l'accord mais pas l'ensemble, etc. Cette mise en œuvre lacunaire est la faiblesse intrinsèque de cette nouvelle phase. La CES va essayer d'obtenir de BE des engagements fermes pour résoudre ce problème mais avec un succès limité.

2010 et après : une nouvelle phase ou une crise fondamentale ?

Le principal changement relatif au dialogue social apporté par le traité de Lisbonne (TFUE) finalement entré en vigueur en 2009 est que l'article 152 indique que l'Union (et non plus seulement la Commission) « reconnaît et promeut le rôle des partenaires sociaux à son niveau, en prenant en compte la diversité des systèmes nationaux » et qu'elle « facilite le dialogue entre eux, dans le respect de leur autonomie ». C'est assez ironique quand on voit que la Troïka (Commission, Banque centrale européenne et Fonds monétaire international) et la nouvelle gouvernance économique tendent à affaiblir voire démanteler le dialogue social national dans de nombreux pays (Degryse *et al.*, 2013 ; Woolson, Sommers, 2016 ; voir chap. 7).

La crise économique européenne ne pousse pas les partenaires sociaux européens à essayer de conclure un nouveau pacte pour l'emploi ou une quelconque activité commune d'envergure. Ceci est également vrai au niveau sectoriel européen ou national. Que du contraire, la crise a renforcé le discours patronal en faveur d'une dérégulation accrue des marchés du travail au niveau national. La crise renforce le blocage entre les acteurs et la divergence entre leurs visions du futur du dialogue social, d'autant que les rapports sur la mise en œuvre des accords volontaires montrent une mise en œuvre au niveau national très inégale, voire inexistante, dans de nombreux pays.

En réalité rien ou presque ne se passe. Pendant la période 2010-2014. Ils échouent à s'entendre sur la révision de la directive sur le temps de travail fin 2012. Il est vrai que les positions de départ étaient très différentes et que les États membres et le Parlement européen avaient eux aussi échoué. Seul point positif, la CES, BE et le CEEP se mettent d'accord après des mois de difficiles négociations sur un cadre d'action pour les jeunes en 2012. Le programme de travail 2012-2014 consiste pour l'essentiel en une remise en chantier d'anciens accords tels que le cadre d'action sur la formation (pour y ajouter les nouveaux métiers verts et les travailleurs âgés), le cadre d'action égalité hommes-femmes ou le texte conjoint sur l'analyse du marché du travail (qui est adopté en juin 2015 après de longues et complexes négociations).

La véritable nouveauté est la question de la participation des partenaires sociaux à la nouvelle gouvernance économique européenne. Lors des discussions sur les aspects sociaux de celle-ci, un des thèmes relativement consensuels pour la Commission (qui était en pleine conflictualité entre la DG Ecfin et DG chargée de l'emploi) est celui de l'implication plus forte des partenaires sociaux. Cela a été repris par le Conseil européen (décembre 2013) et réitéré par le nouveau président de la Commission Juncker et par le document quadripartite de relance du dialogue social adopté en 2016 (voir infra). Cette question est très complexe pour les syndicats. En effet, la nouvelle gouvernance s'introduit dans les débats salariaux nationaux par exemple recommandant la fin des mécanismes d'indexation dans les pays ayant encore ce système (Belgique, Chypre, Luxembourg et Malte voir aussi chap. 7). La Troïka exige des réductions du salaire minimal en Grèce, Irlande, Portugal (avec des succès mitigés sauf en Grèce). Les syndicats refusent de s'engager dans un débat sur les salaires car cette question relève de leur autonomie nationale. La CES considère également le débat comme biaisé structurellement y compris quand la DG Emploi essaie de développer une approche si pas alternative du moins différente. Elle ne croit pas que la DG Emploi puisse être un véritable contrepoids face à sa consœur ECfin et est convaincue que la DG Emploi devrait montrer patte blanche c'est-à-dire reprendre une partie du discours dominant pour se faire accepter. L'argument martelé est celui de l'absence de compétence de l'UE en matière de salaire et l'autonomie des partenaires sociaux en cette matière. C'est l'essence de la position commune adoptée en 2013 par la CES et BusinessEurope. En revanche, ils s'impliquent (surtout la CES) bien que de manière inégale dans le processus du Semestre européen et les consultations nationales et européennes y afférent (Sabato *et al.*, 2017).

Au vu des résultats faibles en matière de dialogue social, les possibilités de développer une plus grande capacité de mener des actions collectives européennes pour maximiser un rapport de force européen reviennent dans les débats syndicaux surtout portés par les syndicats du Sud (Italie, Espagne, Portugal). Nombreux sont ceux qui arguent que le dialogue social européen reste faible car il n'y a pas de mobilisation des membres (Hyman, 2011) ou qu'il n'y a pas la possibilité d'organiser des grèves européennes (Degryse, Tilly, 2013). Ou comme l'indique fort élégamment le titre d'un article de Lowell Turner (1996), que les « structures précédaient l'action ».

En ce qui concerne les mobilisations (en termes de manifestations transnationales), Douglas Iming et Sidney Tarrow (2001) ont analysé les mobilisations européennes. Il n'y a pas, pour la période considérée (1984-1997), des changements importants. Les mobilisations sur les sujets directement ou indirectement européens restent essentiellement nationales. Il y a néanmoins une légère augmentation des « Europrotest » vers la fin des années 1990. Prolongeant cette étude jusqu'en 2007, Katrin Uba et Frederik Uggla (2011) confirment cette tendance en y ajoutant qu'il y a des pics de mobilisation lors des débats importants en Europe comme lors des réformes des traités. En ce qui concerne les grèves, il y en a tendanciellement de moins en moins dans la plupart des pays européens (Vandaele, 2012). Les traditions nationales sont à ce propos très différentes tant d'un point de vue culturel que par les possibilités légales de faire grève (durant la durée de la convention collective) et plus encore de faire des grèves de solidarité. Une exception a été la mobilisation des dockers autour des mesures envisagées dans le paquet portuaire. Une mobilisation qui a atteint ses objectifs. Au plan interprofessionnel le Comité exécutif de la CES a appelé en 2012 à une journée d'action avec une forme de coordination des grèves dans certains pays. Cette action aux résultats inégaux mais pas négligeables reste sans lendemain. Les années de crise marquent l'absence de mobilisation transeuropéenne importante. Les actions restent fondamentalement nationales.

Une relance sans perspective ?

La nouvelle Commission présidée par Jean-Claude Juncker (2014) décrète que l'Europe sociale doit être « triple A » et décide de relancer le dialogue social en organisant une grande conférence en mars 2015. Toutefois, malgré la bonne volonté du nouveau président, la Commission européenne ne s'engage pas vraiment. En cela, elle reflète le rapport de force persistant en son sein (large majorité de commissaires de droite, voir chap. 2 et 7). Elle laisse aux partenaires sociaux la responsabilité d'élaborer un programme commun. Or, comme déjà souligné, sans menace crédible, BusinessEurope n'a aucun intérêt à bouger et à accepter les demandes syndicales. En juin 2015, les partenaires sociaux s'accordent sur un document de relance du dialogue social qui comprend également des parties concernant les États membres, le Conseil et la Commission. Alors même que ce document a été demandé par la Commission, celle-ci est très réticente à s'engager. C'est bien la contradiction forte entre un message de relance au plus haut niveau politique et des résistances fortes au sein de l'appareil bureaucratique. Le Conseil européen est plus ouvert et annexe un document l'engageant lors du sommet de juin 2015. Finalement en juillet les quatre parties signent un accord édulcoré par rapport au document initial. On y retrouve deux points qui sont au centre des débats depuis plus de dix ans : le renforcement national du dialogue social et la participation à la gouvernance économique.

Après des mois de difficiles négociations, la CES, BE et le CEEP adoptent également en juin 2015 un nouveau programme d'action. Il s'attaque à la non-mise en œuvre de leurs accords autonomes en visant 8 à 10 pays ayant une retranscription partielle ou inexistante de ceux-ci. Ils s'accordent sur le fait que si des progrès ne sont pas réalisés après deux ans, ils examineront quelles mesures additionnelles adopter. Le compromis reflète largement le texte initial de négociation de BE et est très loin des espoirs de la CES d'améliorer radicalement la mise en œuvre des accords autonomes. C'est sans nul doute la meilleure illustration de la position patronale qui ne veut pas traiter sérieusement des problèmes de mise en œuvre d'accords autonomes qu'il a signés. Le reste du document est plutôt programmatique et prévoit des réunions chargées de déminer un agenda conjoint pour le futur. Il contient la promesse de négocier un nouvel accord-cadre sur le vieillissement actif. Celui-ci est adopté en 2017 après neuf mois de négociation et devient le cinquième accord-cadre autonome. L'objectif général est d'améliorer les conditions de travail des travailleurs âgés afin de leur permettre de rester sur le marché de l'emploi jusqu'à l'âge de la retraite légale *via* des mesures en matière de santé et de sécurité sur les lieux de travail, de gestion des qualifications et des compétences, d'organisation du travail (anticipation et adaptation de l'allocation des tâches, par exemple), de transition et de solidarités intergénérationnelles *via*, notamment, l'organisation de transferts mutuels de compétences. Cet accord relève essentiellement de la gestion des ressources humaines, de l'organisation du travail et de la non-discrimination (Degryse, 2017).

Mais cette dynamique se rompt avec les avancées du Socle social des droits fondamentaux ; celui-ci contient plusieurs propositions de nature législative qui reçoivent, avant même d'être connues, un tir de barrage de la part de BE. Son communiqué de presse suite à la présentation en mai 2017 des principaux éléments du socle social et ici en particulier de la proposition sur la conciliation entre vie familiale et professionnelle est caractéristique de la position extrême de BE. Le président de BE y déclare :

> De nombreux États membres ne peuvent tout simplement pas se permettre d'accorder des indemnités de maladie aux personnes prenant un congé parental. Nous sommes maintenant dans une situation paradoxale. Cette Commission européenne, qui souhaitait relancer le dialogue social, mettra gravement en péril l'outil clé permettant des négociations autonomes entre les partenaires sociaux au niveau de l'UE. L'autre paradoxe est que cette Commission, qui demande à juste titre aux États membres de garantir la viabilité des finances publiques, propose des dépenses sociales supplémentaires non financées.

Considérant l'impossibilité d'avancer avec BE, la CES privilégie la voie législative et fait pression sur la Commission pour qu'elle présente ses propositions à temps pour être adoptées durant cette législature. On en revient au temps du lobbying.

Conclusion

En résumé, on observe trois axes de développement partiellement complémentaires avec un acteur patronal changeant de stratégie.

Le premier axe des partenaires sociaux européens consiste à intervenir dans différents domaines généraux européens : la politique macro-économique, la politique de l'emploi, etc. Il s'agit d'influencer l'agenda général européen. Les premiers avis communs ont une certaine influence sur le contenu de certains documents communautaires. Il s'agit là d'une activité de lobby conjoint qui perdure et qui n'est que rarement analysée dans les présentations traditionnelles du dialogue social. Les sommets tripartites entre les partenaires sociaux, la présidence du Conseil et la Commission à la veille du Conseil européen de printemps sont l'exemple en termes institutionnels le plus significatif de cette fonction d'influence.

Le deuxième axe est celui du renforcement du dialogue social lui-même. Cela passe par deux voies différentes. La conclusion d'accords-cadres tels que prévus par le traité de Maastricht et d'Amsterdam qui légitime la raison d'être des acteurs. Mais aussi par les procédures de contrôle de la mise en œuvre qui doivent garantir la qualité du dialogue social par des interventions destinées à la Commission ou aux États membres afin de renforcer structurellement le dialogue social national surtout en Europe de l'Est et des actions conjointes pour renforcer les partenaires sociaux dans les nouveaux pays membres. Cette action trouve ses limites dans la faiblesse perdurant des relations industrielles dans les nouveaux pays membres, voire leur remise en question dans certains d'entre eux récemment (Slovénie, Hongrie, Roumanie).

Enfin, une troisième ligne est la construction d'un agenda propre en partie indépendant de celui de l'UE. Il ne s'agit pas ici uniquement de la question de l'autonomie mais surtout de la capacité de définir les problèmes à traiter en commun et non de répondre uniquement aux demandes et consultations lancées par les institutions communautaires. Mais pour être viable, cette ligne nécessite de trouver des échanges complexes entre les acteurs. Ceci n'est pas facile quand la Commission soutient depuis les Commissions Barroso I et II le programme politique des organisations d'employeurs. Ces derniers n'ont plus ou beaucoup moins besoin des syndicats pour un lobbying conjoint visant à structurer le marché européen. Ceci était largement acquis lors de l'achèvement du marché intérieur, mais ce n'est plus le cas actuellement.

L'évolution stratégique des employeurs s'est faite en trois temps. Tout d'abord (1984-mi-1990), l'idée de la formation d'un capitalisme européen au travers la création du marché intérieur et un échange possible avec les syndicats pour sécuriser cet objectif stratégique. Dans cette configuration le dialogue social sert à structurer l'espace européen. Au milieu des années 1990, cette voie est abandonnée pour un capitalisme mondialisé avec trois grandes zones d'implantation (Europe, USA et l'Asie). Dans cette configuration le modèle européen entre en compétition avec d'autres modèles et les employeurs européens ont beaucoup moins d'incitants à des négociations substantielles. L'objet des négociations s'apparente à des contenus que l'on pourrait retrouver dans des textes de responsabilité sociale d'entreprises multinationales (stress, violence, inclusion, télétravail, solidarité intergénérationnelle).

Actuellement, les lieux de croissance (y compris démographique) et d'innovation se sont déplacés de plus en plus vers l'Asie. Se pose la question du rôle de l'innovation dans des marchés saturés de biens et à la population vieillissante. La stratégie des employeurs est celle de soutenir une dérégulation maximale (un choc de compétitivité). Le dialogue social en tant que structuration générale d'un espace européen a perdu sa pertinence si ce n'est sous une forme dérégulée.

En résumé se détournant de la concertation sociale, les grandes entreprises ne se disent prêtes à s'engager dans le dialogue social que si celui-ci se transforme en un « partenariat pour les réformes structurelles ». Comme l'affirme Emma Marcegaglia, présidente de BusinessEurope, lors de la conférence sur le dialogue social de mars 2015 : « Nous avons besoin d'une vision commune avec les partenaires sociaux sur les défis à venir, en particulier sur les marchés du travail. Le dialogue social européen doit être un facilitateur pour les réformes nécessaires. Les syndicats devraient reconnaître que les entreprises européennes font face à une très forte concurrence mondiale, et seule une compétitivité renforcée nous permettra de continuer à faire fonctionner le modèle social de l'Europe. »

On aurait pu penser que le Brexit, la montée du sentiment anti-intégration européenne dans de nombreux pays et la mise en cause possible du marché intérieur (du moins dans sa composante « libre circulation », avec la crise des migrations) rendraient plus utile qu'avant pour les employeurs européens de relancer un dialogue avec les syndicats toujours favorables à un projet historique de construction d'un espace économique et social européen. Il n'en est rien pour le moment au moins. Que du contraire l'organisation patronale européenne semble s'être radicalisée et vouloir éviter toute avancée sociale.

Cela étant, les dynamiques sectorielles peuvent s'écarter de ses considérations générales, c'est ce que nous examinons dans la partie suivante.

Le dialogue social sectoriel

Le dialogue social sectoriel attire beaucoup moins d'attention académique et politique que le dialogue social interprofessionnel. Pourtant, quand on examine les évolutions récentes (voir chap. 2), une part non négligeable du droit européen récent est issue des négociations entre partenaires sociaux sectoriels européens (Degryse, Pochet, 2017). Ce dialogue s'est sédimenté en plusieurs couches avant de disposer d'un cadre commun à partir de 1999. Dans les années 2000 de grands secteurs jusque-là absents comme la Chimie, le Métal ou les autorités centrales créent à leur tour des « Comités de dialogue social sectoriels » (CDSS).

Nous rappelons brièvement cette histoire dans la première section. La section suivante présente les grandes caractéristiques des actes adoptés et leurs évolutions. La multiplicité des textes abordés, leurs intitulés assez imprécis ainsi que leurs très grandes différences de portée ont amené la Commission européenne et l'Observatoire social européen à proposer chacun une nomenclature de ceux-ci en fonction de la logique poursuivie.

Quelle est la logique d'échange entre les acteurs ? Peut-on voir des régularités par secteurs ou groupe de secteurs : est l'objet de la section 3. La question sous-jacente est celle des intérêts des employeurs pour engager un dialogue social sans pressions externes des syndicats (grève). Ce sont ces logiques multiples que nous analysons.

Les grandes évolutions

À l'origine les instances de consultation des partenaires sociaux européens sont des comités paritaires, constitués par la Commission. Une première vague de six comités paritaires est instituée dans les secteurs pour lesquels il existe des politiques communes européennes « intégrées » : les mines (1952), l'agriculture (1964/1974), les transports routiers (1965), la navigation intérieure (1967), la pêche (1974) et les chemins de fer (1972). Ils sont composés de membres nommés par la Commission à parité employeurs-travailleurs. Au cours des années 1980, des groupes de travail, constitués à la demande des partenaires sociaux se créent et travaillent de manière plus pragmatique et plus souple, et aussi plus informelle. Une deuxième vague de comités paritaires se crée à la fin des années 1980 et le début des années 1990 dans les transports maritimes (1987), l'aviation civile (1990) les télécommunications (1990) et la poste (1994). Parallèlement se sont mis en place les groupes de travail informels dans un certain nombre d'autres secteurs : hôtellerie-restaurants-cafés (1983), commerce (1985), assurances (1987), banques (1990).

Les possibilités de négociation d'accords contraignants ouvertes par le cadre légal du protocole social de 1991 du traité de Maastricht s'appliquent aussi au dialogue social sectoriel et favorisent ainsi l'essor de ce dernier. Cela incite la Commission à avoir une approche plus systématique. Elle propose en 1998 une réforme complète des comités de dialogue social sectoriel. Les conditions pour être reconnus sont les suivantes :

- appartenir à des secteurs ou catégories spécifiques organisées au niveau européen ;
- être composées d'organisations elles-mêmes « reconnues comme faisant partie intégrante des structures des partenaires sociaux des États membres », ayant la capacité de négocier des accords et étant représentatives dans plusieurs États membres ;

– disposer de structures adéquates permettant de participer de manière efficace au processus de consultation.

Depuis cette réforme, le nombre de comités a presque doublé entre 1999/2000 et 2017 en passant de 24 à 43. Rapidement, les 10 comités paritaires et les 15 groupes de travail informels existants se transforment en CDSS. Depuis lors 18 nouveaux secteurs se constituent également en comités. Parmi ceux-ci la culture (1999) et les travailleurs intérimaires (1999), l'ameublement (2001) et la construction navale (2003), l'audiovisuel (2004). En 2004 la chimie, à la suite de la proposition Reach puis les hôpitaux et soins de santé en 2006 et le secteur de l'acier en 2007. Le gaz (2007) et football professionnel (2008) créent à leur tour leurs structures sectorielles. Ils sont suivis par le papier (2010), l'industrie agroalimentaire (2012) et l'industrie graphique (2013).

Trois grands secteurs traditionnels de la négociation collective nationale – le métal, les autorités centrales et l'éducation – créent finalement leurs comités en 2010. Un cas particulièrement intéressant est celui des ports. Il s'agit d'un exemple de mobilisation réussie contre les directives voulant libéraliser le portage dans les ports européens acquis après des luttes et grèves européennes avec l'appui du Parlement européen (Turnbull, 2010). Pourtant, ce secteur a aussi sollicité sa reconnaissance en tant que comité (2013). Depuis 2014 aucun nouveau comité n'a été créé.

Les acteurs institutionnels sont aussi divers. Pour les syndicats la situation est relativement simple, les acteurs appartiennent principalement aux 10 fédérations sectorielles européennes affiliées à la CES. En revanche, il y a plus de 60 organisations patronales sectorielles et parfois comme dans le cas de l'aviation il y en a 5 dans le même secteur.

Si la représentativité intersectorielle découle en grande partie de la reconnaissance des acteurs historiques (CES, BE et CEEP), qu'en est-il de la représentativité sectorielle ? Ceci est d'autant plus important que les acteurs sectoriels peuvent signer de conventions collectives contraignantes. Différentes études ont été menées à ce sujet. À la demande de la Commission la Fondation de Dublin pour l'amélioration des conditions de vie et de travail mène des études de représentativité au rythme de 4 à 5 secteurs par an.

Comme nous l'avons vu ils doivent être représentatifs dans plusieurs États membres sans qu'un seuil limite soit fixé. Depuis les élargissements de 2004, 2007 et 2014, il devient d'autant plus difficile d'avoir des acteurs représentatifs dans un grand nombre si pas la totalité des États membres. En effet les structures sectorielles sont très faibles voire inexistantes dans la plupart des PECO. Cela pose encore plus de problèmes pour les organisations d'employeurs sectoriels. La notion de représentativité sur le plan national est d'ailleurs différente d'un État membre à l'autre (Fondation de Dublin, 2016). La question de la représentativité revient au centre des débats européens lorsque la Commission refuse de transmettre des accords sectoriels (coiffure et autorité centrale) au Conseil pour une éventuelle approbation de celui-ci (voir *infra*).

Nomenclature des textes adoptés et résultats quantitatifs

L'intitulé des documents conjoints est très divers : avis communs, déclarations, résolutions, propositions, orientations, recommandations, codes de conduite et labels sociaux, outils, etc. Nous les appelons de façon générique « textes conjoints ». Dans l'étude réalisée pour la Commission en 2004 nous avons distingué deux grandes catégories : les « positions communes », documents destinés aux pouvoirs publics et en premier lieu à la Commission et les « engagements réciproques » entre partenaires sociaux. Concernant les engagements réciproques nous avons distingué entre les outils, les déclarations, les recommandations et les accords. La logique de distinguer ces deux catégories est de contraster les objectifs de lobby conjoint (positions communes) et ceux de développement d'un partenariat entre employeurs et syndicats sectoriels (engagements réciproques et de graduer cet engagement). En sus, les règlements intérieurs constituent une catégorie supplémentaire. Ils fixent les règles du jeu du dialogue social dans le secteur.

Typologie des documents conjoints

Accords

Négociés entre les partenaires sociaux européens selon les procédures du traité c'est-à-dire pouvant soit être mis en œuvre *via* une directive, soit transposés au niveau national selon les pratiques propres.

Recommandations

Ce sont des textes destinés aux organisations nationales et pour lesquels une procédure de suivi et d'évaluation précise est déterminée sur le plan national et européen.

Déclarations

Elles sont également destinées aux organisations nationales ou aux comités eux-mêmes mais aucune procédure explicite de suivi n'est prévue dans le texte ou la procédure est vague. La différence entre certaines recommandations et déclarations est parfois ténue.

Outils (de formation et d'action)

Ce sont les études conjointes, manuels, glossaires, site web conjoint ou banques de données.

Positions communes

Ils concernent les textes adressés aux institutions européennes ou aux gouvernements nationaux en vue de les influencer que ce soit de manière générale ou sur un texte en particulier.

Règlements intérieurs

Ils comprennent une série de règles explicites de fonctionnement ainsi que, le plus souvent, les thèmes à aborder et la manière de le faire (consultations, textes conjoints, négociations).

Le nombre de textes adoptés est en croissance globale depuis la fin des années 1990 avec des résultats qui varient parfois significativement d'année en année. Bien sûr ces chiffres globaux doivent aussi tenir compte que le nombre de comités sectoriels a presque doublé en moins de vingt ans.

Figure 6. Nombre de textes conjoints adoptés par année

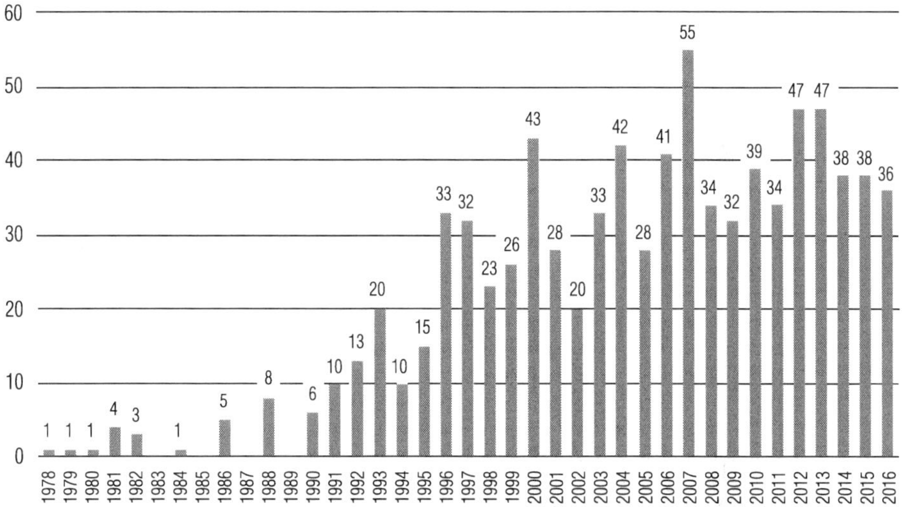

Source : Base de données ETUI.

Quand on regarde l'évolution par période de cinq années, on constate une augmentation du nombre de textes conjoints adoptés mais cette croissance se réduit au fil du temps.

Tableau 6. Nombre de textes conjoints adoptés par période de cinq ans

1990-1994	1995-1999	2000-2004	2004-2009	2010-2014
59	129	166	190	205

Source : Base de données ETUI.

Sur près de 850 textes conjoints plus de 60 % sont des positions communes adressées aux institutions européennes ou aux gouvernements. Toutefois plus de 10 % sont des accords ou des recommandations ce qui n'est pas négligeable.

Depuis la création des CDS en 1999-2000 on peut voir deux grandes périodes et peut-être le début d'une troisième. Avant de commenter ces périodes regardons les données globales.

Figure 7. Distribution entre les différents types de documents depuis l'origine

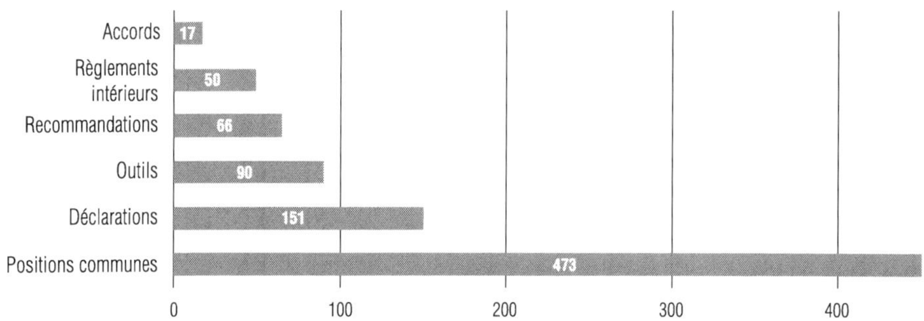

Source : Base de données ETUI.

Depuis le traité de Maastricht en 1992 17 accords contraignants ont été signés par les partenaires sociaux sectoriels. Parmi ceux-ci, cinq – tous dans les secteurs du transport – concernent des règles spécifiques pour le temps de travail (chemin de fer, 1998, gens de mer, 1999 ; aviation civile 2000, secteur ferroviaire transfrontalier 2005, transport fluvial, 2012 en examen pour devenir une directive). Les autres thèmes sont les conditions de travail (4), la santé et la sécurité (3) et la formation (3). Ils l'ont été dans 12 secteurs sur les 43, dont 8 dans les secteurs des transports (voir Degryse, 2015). Les recommandations sont au nombre de 66 dont la moitié a été adoptée entre 2000 et 2007.

Il semble y avoir donc un effet direct de la création de nouvelles structures et de règles plus contraignantes sur les engagements entre acteurs versus les activités de lobbying conjoint. Ces textes plus contraignants touchent les thèmes du temps de travail, de la santé et de la sécurité, de la formation, thématiques qui sont fort différentes de celles du dialogue social interprofessionnel. Leur effectivité est incertaine car pour la plupart d'entre eux, on ne connaît pas réellement les impacts au niveau national.

Depuis 2004 (jusqu'à 2015), il y a environ cinq engagements réciproques (accords et recommandations) par an ce qui est supérieur aux périodes précédentes. Il semble donc se produire une lente montée en puissance d'accords plus contraignants entre acteurs. En revanche la composition est différente, il y a beaucoup plus de recommandations que d'accords pour la période courant de 2000 à 2007 que pour la période suivante. On constate aussi depuis 2009 une diminution en pourcentage relatif des textes visant les engagements entre partenaires sociaux vers davantage des textes destinés à influencer les institutions communautaires. La crise a conduit à une multiplication d'interventions visant les décisions/propositions européennes (par exemple de nombreuses positions communes sur le changement climatique et les risques perçus pour les secteurs). Par contre les enjeux sociaux de la digitalisation de l'économie n'ont à ce jour pas fait l'objet de beaucoup de textes conjoints (Degryse, 2017).

Concernant les accords, il y a 9 accords signés de 2007 à 2016 ce qui est contre-intuitif. Quasi 50 % des accords sont signés (8 sur 17) entre 2009 et 2012.

Quel type d'échanges et de dynamiques internes ?

Nous avons précédemment souligné l'importance d'avoir des possibilités d'échange (marché unique contre accords collectifs) entre les employeurs et les syndicats. Qu'en est-il sur le plan sectoriel ? Il est évidemment difficile de mettre de la cohérence dans des négociations pour plus de 40 secteurs ces quinze-vingt dernières années. Si on se limite à l'analyse des accords ayant des effets contraignants et qu'on prend deux variables classiques – la force des syndicats sur le plan sectoriel national d'un côté et de l'autre leur engagement au niveau européen –, on n'aboutit pas à des classifications très cohérentes. Ou plutôt : il y a dans chaque catégorie des exceptions qui nécessitent d'être explicitées. Il faut donc être plus souple et ne pas prendre des catégories analytiques issues des analyses des relations industrielles nationales pour les projeter telles quelles au niveau européen. Par exemple, le secteur de la construction, sans avoir passé aucun accord contraignant, est un des plus riches en échanges entre syndicats et employeurs qui veulent avoir une compétition loyale dans leur secteur. Si on adopte une approche souple et inductive, il émerge néanmoins quelques traits importants communs à différents secteurs qui permettent de les regrouper en différents ensembles (Pochet *et al.*, 2004).

Une première constatation est qu'il n'y a pas une opposition entre des activités de lobbying conjoint vis-à-vis des institutions européennes ou nationales et celles de la négociation sectorielle. Il s'agit au contraire davantage d'une complémentarité. En effet, il n'y a aucun intérêt pour les employeurs de négocier avec les syndicats s'il n'y a pas un intérêt pour eux d'atteindre un objectif européen (par exemple avoir un plus grand accès aux décideurs) ou de participer et d'influer sur un espace européen en construction (avec la définition des règles sectorielles de marché) et encore d'éviter des mesures non voulues. Le lobby conjoint porte sur les politiques européennes qui visent à réguler le secteur ou au contraire défaire les protections nationales (concurrence par exemple). Pour en donner un exemple concret, avec mon collègue Christophe Degryse nous avons été appelés en 2005 par les employeurs du secteur du sucre en accord avec leur contrepartie syndicale pour analyser les impacts sociaux de la réforme du secteur. Ce dernier était particulièrement protégé de la concurrence internationale par des subsides aux prix d'un côté et par des droits de douane/restriction quantitative aux échanges de l'autre. Les menaces de dérégulation des protections pour se mettre en ordre avec les règles de l'Organisation mondiale du commerce (OMC) ont ouvert la porte pour un échange avec les syndicats sur les bonnes pratiques de Responsabilité sociale des entreprises (RSE). Dans les échanges internes aux employeurs auxquels nous avons assisté, il était très clair que le lobby avec les syndicats était un atout pour influencer la Commission et qu'en échange il fallait leur donner quelque chose en matière sociale, ce sera le catalogue de bons exemples sectoriels de Responsabilité sociale des entreprises.

Dans le cas de la Chimie, les syndicats ont eu l'occasion de pousser les employeurs européens (CEFIC) à créer un comité de dialogue social sectoriel lorsque ces derniers ont essayé de contrôler les effets du règlement Reach sur les produits chimiques. Pour ce faire l'appui des syndicats pouvait être un atout pour influencer la Commission et les États membres.

L'échange entre syndicats et employeurs ne peut se faire de manière classique de l'établissement d'un rapport de force car les syndicats manquent de capacité de pressions (par exemple la possibilité de faire une grève européenne voir supra). Il s'agit donc essentiellement d'un échange entre la structuration européenne du secteur (intérêt des employeurs) et la possibilité d'une dimension sociale (intérêt des syndicats). Ceci constitue la règle générale mais il y a des variations. Dans une typologie établie avec Christophe Degryse (2005) nous avons trouvé 5 ensembles de secteurs qui ont différents types d'échange qui conduisent aussi à adopter différents types de textes conjoints. Le résultat dépend en partie des rapports de force et de la nature du secteur mais aussi de la cohésion et de la créativité des acteurs en particulier du côté des employeurs.

Les secteurs intégrés aux politiques européennes comme les transports ou l'agriculture sont ceux qui ont produit le plus d'accords contraignants.

Les secteurs dont les espaces nationaux sont libéralisés/dérégulés, mis en concurrence et en interconnexion tels que les télécoms, la poste, l'électricité, le gaz... adoptent plutôt des recommandations (mais pas de codes de conduite).

Les secteurs traditionnels (banques, assurances) où les syndicats sont souvent forts au niveau national et ont une relativement faible européanisation de leurs activités ont des difficultés à trouver un objet européen sur lequel négocier.

Dans les secteurs « en déclin » (textile, chaussure, sucre...) et fortement soumis à la concurrence internationale, on trouve le plus de codes de conduite.

Les secteurs en recherche d'une visibilité et d'un « label de qualité » européen (sécurité privée, nettoyage...) s'essaient à des codes de conduite non basés sur les normes de l'OIT (éthique, par exemple).

Enfin, le secteur du commerce expérimente les divers instruments dans sa volonté de mieux faire ressortir ses enjeux spécifiques ; par exemple, ce secteur a une vue assez différente des opportunités/ risques de la globalisation que celle des secteurs industriels.

Des logiques d'échange se dégagent : les secteurs liés aux politiques communes européennes s'essaient à bâtir un étage européen des relations industrielles, les secteurs mis en interconnexion gèrent la dérégulation/ privatisation ouvrant des espaces de négociation dans des secteurs à tradition partenariale, les secteurs en déclin gèrent en commun la crise industrielle et de l'emploi. Les secteurs traditionnels ont un dialogue social « conservateur » dans l'attente de trouver un véritable objet. Les secteurs à problème d'image construisent avec plus ou moins de succès leur « objet » européen et, pour certains d'entre eux, tentent d'assainir le secteur (travail au noir, absence de formation, mauvaise image dans l'opinion publique...) en passant par l'Europe. Le secteur du commerce essaie de faire valoir ses spécificités et de participer aux réunions stratégiques de haut niveau.

La diversité des situations, enjeux et dynamiques explique la difficulté qu'il y a à construire un système articulé de relations professionnelles au niveau européen. Les innovations ne viennent pas nécessairement des grands secteurs ou de secteurs dont on voit directement l'enjeu européen. Pour illustrer ce point, nous prenons les cas de la coiffure.

Le cas de la coiffure est particulièrement intéressant car c'est un des secteurs les plus improbables pour avoir un dialogue social sectoriel européen. Il s'agit d'un secteur d'activité très national, voire local. L'explication tient à la volonté des employeurs, et en particulier le représentant danois, d'européaniser le secteur à partir d'une charte adoptée nationalement. Mais c'est aussi une question de concurrence entre coiffeurs salariés et indépendants : si des règles communes sont adoptées au niveau européen cela permet d'assurer dans tous les États membres de les voir appliquées tant pour les employés et les indépendants (Bandasz, 2014, p. 510). Cela dépend de la capacité de se construire un agenda européen. Celui-ci sera principalement lié aux enjeux santé-sécurité relatifs aux produits chimiques.

Le 26 avril 2012 un accord européen sur la santé et la sécurité est adopté par les partenaires sociaux de ce secteur. L'accord s'inspire des principes de prévention de la directive-cadre de 1989 sur la sécurité et la santé au travail. Il stipule notamment que l'employeur doit prendre des mesures de protection individuelle pour éviter les contacts prolongés avec l'eau et des substances irritantes pour la peau ou pouvant provoquer des allergies. Le texte prévoit également l'application du principe de substitution de produits chimiques dangereux par des alternatives moins nocives pour la santé des travailleurs. L'accord prévoit également des mesures afin de réduire les troubles musculosquelettiques parmi les employés des salons de coiffure : les employeurs doivent organiser une rotation des tâches pour éviter les mouvements répétitifs ou un travail intensif sur une longue période et recourir aux plus récentes bonnes pratiques en matière d'ergonomie (sèche-cheveux léger, avec un faible niveau de vibrations, par exemple). Les risques psychosociaux sont aussi traités, l'employeur doit assurer une préparation minutieuse du travail, une planification appropriée du temps et de l'organisation du travail.

La demande des partenaires sociaux de mettre en œuvre leur accord par une directive communautaire s'est heurtée à l'opposition affirmée de plusieurs États membres dont le plus vocal a été le Royaume-Uni (Bandasz, 2014) et à des exigences de la Commission européenne qui a refusé de soumettre cette proposition. Les partenaires sociaux ont revu leur copie et ont adopté un nouvel accord en 2015 qui répondait aux critiques de la Commission. Toutefois cela n'a pas suffi pour débloquer le dossier. La Commission propose d'essayer de mettre en œuvre certaines parties de l'accord mais sans recourir à une directive mettant l'accord en œuvre.

Conclusion

Le dialogue social sectoriel a connu de nombreux développements depuis la standardisation en 1998 des comités de dialogue social sectoriels voulue par la Commission. Ils suivent un modèle présent dans de nombreux États membres où les secteurs concluent des accords couvrant les signataires de ceux-ci et parfois demandent une extension erga omnes à l'État. Dans ce sens, cela pourrait être une reproduction du système allemand. Seulement il n'y a pas d'IG Metall européen. Par cela j'entends qu'il n'y a pas un leader qui inspirerait les autres secteurs et qui donnerait la tonalité pour les négociations. Au contraire, les secteurs suivent chacun une logique propre sans coordination stratégique. À ce stade, il n'existe aucun signe de la création d'un système européen de relations industrielles. La recherche de similitude avec les systèmes nationaux n'apporte que des désillusions. Il est nécessaire de porter un regard neuf sur les dynamiques en cours et ne pas s'arrêter aux aspects formels comme les accords plus ou moins contraignants. Des dizaines d'interviews d'acteurs que nous avons faites, il ressort de tous que c'est l'ensemble des interactions qui est important y compris les positions communes vis-à-vis de la Commission ou les outils créés en commun. Les nouveautés viennent souvent de secteurs marginaux sur le plan national.

Les échanges possibles entre employeurs et syndicats sont plus nombreux lorsque des régulations européennes structurent ou déstructurent les règles du jeu sectoriel national en les remplaçant (partiellement) par des règles européennes. Dans ce cadre, des espaces de négociation existent visant à accommoder ces changements. C'est aussi la possibilité pour certains secteurs d'avoir des règles du jeu européennes qui peuvent servir pour les renforcer sur le plan national et limiter la place de concurrents, comme nous l'avons illustré pour le cas de la coiffure (mais qui est aussi le cas par exemple de la sécurité privée, de la construction, du commerce ou du nettoyage).

Toutefois les refus récents de la Commission de transmettre au Conseil les accords autonomes dans la coiffure et ensuite pour l'information/consultation dans les administrations centrales constituent un changement important. En effet pourquoi essayer de négocier un accord contraignant si la Commission peut décider librement si elle le soumet ou pas au Conseil des ministres.

*

Le dialogue social sectoriel a été pour moi une grande découverte de manières de fonctionner si différentes d'un secteur à l'autre y compris à l'intérieur d'une même fédération européenne. C'est aussi des lieux d'expérimentation le plus souvent passionnants. Il s'agit selon moi d'un des domaines qui mériterait d'être beaucoup plus largement étudié que par la petite communauté d'une dizaine de chercheurs qui s'y intéressent. Mais c'est aussi ici où l'on s'aperçoit de la fragmentation des acteurs et stratégies qui a pour conséquence l'absence de vision globale et d'articulation entre niveaux et finalement une marginalisation du dialogue social en général.

Quant au dialogue social interprofessionnel, c'est l'histoire d'une déception. Depuis plus de dix ans il ne fonctionne plus, ne parvient pas à se donner des perspectives, à mettre en application des accords signés au milieu des années 2000. La situation semble bloquée et le dialogue social interprofessionnel suivre la voie d'un lent mais constant déclin.

CHAPITRE 5

Les méthodes ouvertes de coordination

Dynamiques, acteurs et évaluation

Le lancement des « Méthodes ouvertes de coordination » (les MOCs) dans les années 1990 et 2000 est certainement l'événement le plus inattendu et le plus commenté en matière sociale. Elles innovent tant par les thèmes abordés (à peu près tout ce qui était considéré comme étant au centre du contrat social national : emploi, pensions, santé, éducation, pauvreté) que par la méthode même (la *soft law*). Ce chapitre met en perspective les dynamiques des méthodes ouvertes de coordination sur une période de vingt-cinq ans. La MOC peut être considérée comme une nouvelle forme de gouvernance européenne du social (voir chap. 2) visant à amener à une convergence des politiques nationales par l'apprentissage et l'échange de bonnes pratiques plutôt que par la législation et l'harmonisation. À l'origine celle-ci est étroitement liée à la question de l'intégration monétaire et s'inscrit dans la perspective de la rééquilibrer. Ceci n'est pourtant qu'une partie de l'histoire. D'autres acteurs pensent que la MOC peut être instrumentalisée comme une étape intermédiaire vers une plus grande flexibilité du marché du travail. Il y a donc dès le début deux versions aux MOCs : celle qui les voit comme un rééquilibrage de l'union monétaire vers plus de social et celle qui l'envisage comme une étape vers une plus grande déréglementation sociale. Autour de ces deux options, différents groupes ou sous-groupes d'acteurs vont s'affronter (le plus souvent de manière feutrée ou technique) pour faire prévaloir leurs visions et préférences. Par ailleurs, le caractère ouvert de la MOC permet à des différents acteurs d'essayer d'avoir une influence sur les développements européens et nationaux. Enfin, il y a un débat non clos à propos de qui contrôle les MOcs, est-ce la Commission, ou les États membres ?

Notre analyse souligne les échanges complexes entre ces différents groupes d'acteurs dans différents terrains (économique, emploi, pensions, pauvreté/exclusion sociale, etc.). De manière générale, nous les avons regroupés en deux grands groupes : les « sociaux » et les « économiques ». Les acteurs « à orientation économique » correspondent principalement à la DGEcfin (Direction générale affaires économiques et financières de la Commission européenne), différents lobbies d'assureurs, de banquiers, d'employeurs et au Comité de la politique économique (CPE), Comité financier européen (CFC). Les acteurs « à orientation sociale » correspondent à la DG Empl (Direction générale emploi et affaires sociales), les syndicats, les ONG sociales et ultérieurement au Comité de l'emploi (EMCO) et au Comité de la protection sociale (SPC). Ces communautés politiques ne sont pas homogènes même si celle autour du groupe « économique » partage largement une même vision du monde et les mêmes textbooks économiques. En comparaison, la communauté « sociale » est plus fragmentée et divisée sur deux points : que devrait être une bonne politique sociale ? et quel est le niveau pertinent d'action : européen ou national ? Des questions déjà abordées dans le chapitre 1.

Mais la contrainte commune est celle de la création et d'un fonctionnement stabilisé d'une union monétaire sans mécanisme de solidarité. C'est donc un moment assez particulier de l'histoire européenne : celui d'un déséquilibre créatif, provenant d'une union monétaire centralisée. Cela implique des ajustements dans d'autres politiques (salaires, mobilité, protection sociale, transferts, budget européen...) que des groupes d'acteurs essaient de mettre à l'agenda (cela est développé également dans le chapitre 7).

Les MOCs ont donné lieu à une très importante littérature et à de multiples questions qu'il n'est pas possible de couvrir dans ce chapitre (De la Porte, Pochet, 2002 ; Zeitlin, Pochet, 2005 ; Heidenreich, Zeitlin 2009 ; De la Porte, Pochet, 2012...). Nous en avons sélectionné deux qui sont, selon nous, centrales. La première est celle des possibles effets des différentes procédures européennes sur le plan national. Et si ces impacts existent, comment parvenir à les mesurer (voir aussi le chapitre sur l'européanisation). Pour analyser cela nous prenons la MOC la plus ancienne et la plus importante : la Stratégie européenne pour l'emploi (SEE), lancée en 1997. La seconde question est celle de l'apprentissage et la nature de celui-ci. En effet, un des objectifs des différentes MOCs est d'améliorer la qualité des politiques publiques en permettant l'accès à des informations différentes et des expériences venant d'autres États membres. Cela doit permettre de considérer des solutions nouvelles sur le plan national. Pour ce faire, nous revenons sur la question de la flexicurité et de la qualité de l'apprentissage dans ce domaine.

Avant d'aborder ces deux questions, une première section présente une vue d'ensemble des dynamiques en les inscrivant dans le cadre des débats sur l'Union monétaire. Les MOCs se développent en quatre grandes étapes : les premiers développements vont du Livre blanc « Croissance, compétitivité, emploi » de la Commission de 1993 et du Conseil européen d'Essen de 1994 à celui de Lisbonne de 2000 ; la deuxième couvre les années 2000-2005 avec la multiplication et l'expérimentation des MOCs ; la troisième de 2005 à 2010 est celle de la rationalisation et de la simplification. Finalement, on assiste à leur soumission aux impératifs économiques et leur marginalisation durant les années 2010-2015. Les recommandations aux États membres deviennent plus précises et contraignantes. Les MOCs sont durant les années 2010-2015 au service de la dérégulation, instrumentalisées par les acteurs économiques et soumises à la procédure du Semestre européen. Ici aussi on peut débattre si une nouvelle phase plus sociale s'est ouverte à partir de la nouvelle Commission Jean-Claude Juncker (2014).

L'union monétaire et les différentes étapes des MOCs

La mise à l'agenda européen des politiques en matière d'emploi et de protection sociale est l'une des conséquences inattendues de l'intégration économique et monétaire. En termes d'effets, plutôt que d'un *spill-over* (effet d'entraînement), ce serait un effet de « pollinisation ». Comme le souligne Kenneth Dyson (1994, p. 295), la « pollinisation – le fait que les graines de l'intégration germent avec succès dans des secteurs proches tels que les marchés du travail et la politique budgétaire – dépend de la fertilité du sol, en ce qui concerne l'intégration, la fertilité nécessite une masse critique d'acteurs ayant la volonté et la capacité d'agir ».

L'union monétaire est construite sur la base de critères formels – notamment les fameux critères en matière de déficits publics et de dettes publiques – qui sélectionnent les pays qui les rencontrent et pas nécessairement ceux capables d'en supporter les contraintes intrinsèques à moyen et long terme. La gouvernance par indicateurs est censée « forcer » la convergence réelle des économies. Dans une union monétaire construite au départ sans mécanisme de solidarité (pas de budget, pas de transfert, pas de prêteur en dernier recours), quelles sont les possibilités d'ajustements en cas de chocs particuliers ? La théorie dominante sur les Zones monétaires optimales nous dit que les variables d'ajustement sont la flexibilité salariale et la mobilité. La question n'est pas de savoir si cette théorie est exacte ou non. Elle est remise en question par différents auteurs (Schelke, 2017 ; Iversen *et al.*, 2016) mais ce qui est important est qu'elle constitue la vision dominante partagée par le groupe d'acteurs « économiques » et qu'elle inspire donc leurs actions. En l'absence d'instruments d'ajustement par l'intégration politique et la solidarité qui en découle, cette approche se centre donc sur l'ajustement par le marché. Ceci qui implique la flexibilisation des politiques sociales au niveau national (décentralisation de la négociation salariale, flexibilisation des conditions d'embauche et de licenciement en parti culier, réduction du revenu de remplacement), et l'accroissement de la mobilité du facteur travail au niveau intra-européen. Cet ensemble de politiques a pour objectif de renforcer, selon leurs vues, la solidité et la pérennité de l'union monétaire. Celles-ci sont encadrées par une gouvernance par le respect de procédures et règles formelles (discipline budgétaire, « Semestre européen », etc.), définies par des experts sous menace de sanctions automatiques, c'est-à-dire sans marge ou avec des marges très réduites d'interprétation politique. Ce point est développé plus longuement dans le chapitre 7.

Parallèlement aux débats sur les conditions à remplir pour entrer dans l'UEM (traité de Maastricht) et les règles à observer par la suite (Pacte de stabilité et de croissance, 1998), d'autres débats portent sur les compléments en matière sociale à apporter au niveau européen. C'est ainsi qu'une autre coalition d'acteurs – ceux que nous appelons le groupe « social » – prône (sans succès) l'adoption de critères sociaux en matière d'emplois/chômage, et le renforcement de mécanismes de solidarité au niveau européen (gouvernement/gouvernance économique et social de la zone). L'analyse détaillée de la mise à l'agenda du titre Emploi et de la Stratégie européenne qui en découle montre qu'une série d'acteurs stratégiques et notamment issus des partis socialistes européens ont joué un rôle clé. Ces acteurs veulent développer une Europe plus sociale, profitant des fenêtres d'opportunité offertes par les révisions des traités pour insérer de nouvelles dispositions sociales qui pourront leur servir de levier (juridique) pour l'action par la suite (Johanson, 1999 ; Van Riel, Van Der Meer, 2002 ; Jenson, Pochet, 2006). C'est une époque où la Commission européenne elle-même aide à la structuration de certains acteurs sociaux par la création des divers réseaux européens et d'observatoires (voir chap. 2).

Toutefois le groupe social se divise. À la suite de l'élection de Tony Blair et du New Labour au Royaume-Uni (1997) un autre sous-groupe « social » émerge avec des objectifs différents. Ses membres veulent moderniser le modèle social européen. Ils ne lient pas cette modernisation à l'union monétaire mais à un fonctionnement renouvelé de l'État providence. Cette approche prend de plus en plus d'importance à l'intérieur de ce groupe social[1].

Ces groupes s'entrecroisent et s'affrontent dans la définition et l'évolution des priorités en matière sociale, de protection sociale et d'emploi. Les MOC reflètent l'histoire de rapports de force entre différents groupes d'acteurs pour équilibrer (ou non) l'économique et le social et donner une direction générale à la politique européenne (Pochet, 2006a).

Les premiers pas : 1993-2000

La première étape commence au début des années 1990 avec la mise en chantier de l'union monétaire. Elle commence avec l'adoption du Livre blanc de Jacques Delors sur la compétitivité, croissance et emploi (1993). Ensuite le Sommet européen d'Essen (1994) définit les grandes priorités suivantes :

- l'amélioration des perspectives d'emploi des travailleurs par la promotion des investissements dans la formation professionnelle ainsi que l'augmentation de l'intensité de l'emploi de la croissance ;
- l'abaissement des coûts salariaux indirects dans une proportion suffisante, en particulier pour les travailleurs non qualifiés ;
- l'accroissement de l'efficacité de la politique du marché du travail ;

1. Outre ces deux grands groupes d'acteurs qui structurent notre analyse, il existe aussi un autre groupe. Celui-ci veut compléter l'UEM par une intégration politique (adoption d'une constitution européenne) accompagnée des mécanismes de solidarité (utilisation des fonds structurels, création d'un fonds de convergence, augmentation du budget communautaire). Ils n'ont pas de position forte en matière sociale (entre subsidiarité et centralisation). Mais ce groupe peut faire basculer les rapports de force s'il est convaincu que certains aspects sociaux doivent être pris en compte sur le plan européen. C'est le cas par exemple avec ceux qui pensent qu'un mécanisme de stabilisation tel qu'une assurance en matière de chômage est requis sur le plan européen pour assurer la stabilité de la zone euro.

- et enfin le renforcement des mesures en faveur des groupes particulièrement touchés par le chômage.

Les changements de gouvernement en France (arrivée de Lionel Jospin) et au Royaume-Uni (Tony Blair) ouvrent une fenêtre d'opportunité pour inscrire l'emploi dans les traités. Cela aboutit en 1997 au traité d'Amsterdam et à son fameux titre Emploi. Celui-ci est directement d'application sans attendre la ratification finale du traité par l'ensemble des États membres (Goetschy, Pochet, 1997 ; Goetschy 1999).

Mais si le traité est modifié, personne ne sait encore vraiment comment l'opérationnaliser. Durant le second semestre 1997, la présidence luxembourgeoise du Conseil de l'UE tient des dizaines de réunions et propose finalement 4 piliers comprenant une vingtaine de lignes directrices (Pochet, 1999). Avec des modifications annuelles rétrospectivement peu importantes pour la plupart, elles structurent l'agenda politique européen pour les vingt années qui suivent ainsi qu'en partie les agendas nationaux (Tholoniat, 2010). Celles-ci visent à :

1) améliorer la capacité d'insertion professionnelle ce qui signifie s'attaquer au chômage des jeunes et prévenir le chômage de longue durée, passer des mesures passives à des mesures actives, encourager une approche de partenariat et faciliter le passage de l'école au travail ;
2) développer l'esprit d'entreprise en facilitant le démarrage et la gestion des entreprises, exploiter les opportunités de nouvelles créations d'emplois, et rendre le système fiscal plus favorable à l'emploi ;
3) encourager la capacité d'adaptation des entreprises et de leurs travailleurs par la modernisation de l'organisation du travail, et soutenir la capacité d'adaptation des entreprises ;
4) renforcer les politiques d'égalité des chances avec pour but de s'attaquer à la discrimination entre hommes et femmes, concilier vie professionnelle et vie familiale, faciliter la réinté-

gration dans la vie active et finalement favoriser l'intégration des personnes handicapées dans la vie active.

Un nouveau terme entre dans les débats, du moins pour les pays non anglophones, celui d'employabilité. Au début personne ne sait vraiment ce que cela signifie et ce qu'il serait nécessaire de faire pour renforcer cette employabilité. C'est clairement un effet de la MOC que d'introduire des termes nouveaux dans les débats nationaux sur l'emploi.

En 1999, les lignes directrices restent relativement stables intégrant l'égalité hommes-femmes dans toutes les autres politiques (*mainstraiming*). C'est aussi le début de la mise en œuvre d'innovations institutionnelles et procédurales. C'est l'année des premières recommandations aux États membres proposées par la Commission. Cette possibilité est bien prévue dans le traité mais personne ne pense vraiment à l'époque que la Commission oserait faire usage de cet instrument sans tenir compte ex-ante des avis des États membres. Luc Tholoniat (2000) présente le cas intéressant de l'administration française qui soutient la Commission malgré la faiblesse, selon elle, des recommandations, car de manière stratégique elle veut renforcer les processus et les capacités d'agir au niveau européen.

L'âge d'or : multiplication et innovations

La deuxième période court de 2000 à 2004/2005. Elle constitue la période d'or, avec une définition plus précise de la méthode ouverte de coordination, sa mise en œuvre dans des domaines de plus en plus nombreux (pensions, exclusion sociale, migration, éducation, soins de santé, etc.). Elle produit des innovations en termes procéduraux (*benchmarking*, apprentissage, pression par les pairs, bonnes et meilleures pratiques, échanges d'expériences situées, etc.). Les thématiques couvertes évoluent également en fonction des jeux complexes d'acteurs agissant au niveau national et européen.

Pour la SEE, c'est le début de la fixation d'objectifs chiffrés. Ainsi, le Conseil européen de Lisbonne (2000) fixe l'objectif d'atteindre en 2010 un taux d'emploi global de 70 % de la population active (16-64) dans l'UE et un taux d'emploi des femmes de plus de 60 %. Le taux d'emploi est aussi une nouveauté. Jusqu'alors l'objectif était de réduire le taux de chômage, c'est-à-dire le nombre de personnes qui cherchent un emploi. Avec comme objectif d'augmenter le taux d'emploi, les politiques publiques se découvrent d'autres publics, les étudiants, les personnes avec un handicap, les femmes qui veulent revenir sur le marché du travail après s'être occupées de leurs enfants, les personnes de plus de 60 ans, etc. C'est donc un ensemble de politiques publiques bien plus large que celles visant à la diminution des chômeurs indemnisés.

Ces premières années sont très intéressantes en termes d'acteurs. Face à cette méthode nouvelle aux impacts inconnus, certains gouvernements essaient de monter leurs priorités politiques au niveau européen. Par exemple la question du travail au noir ou des différences régionales en termes de chômage est soutenue par le gouvernement italien, reflétant des problèmes importants de l'économie italienne. Ces deux thématiques sont finalement intégrées. C'est aussi le lobbying de gouvernement belge pour ajouter aux éléments quantitatifs des éléments qualitatifs. La ministre de l'époque Laurette Onkelinx est persuadée que la Belgique aura des bonnes notes en termes de qualité d'emploi. En 2001, la notion de qualité de l'emploi et ses dix dimensions sont adoptées (pour d'autres exemples voir Büchs 2008). Ce n'est pas seulement un processus bottom-up mais aussi top down. La Commission – la DG emploi en particulier – poursuit ses recommandations aux États membres et use de ses marges de manœuvre pour les rendre le plus effectives possibles.

Pauvreté/Inclusion sociale

La question de la pauvreté a fait l'objet de petits programmes européens de soutien à des initiatives nationales depuis le milieu des années 1980. Ceux-ci sont remis en question au nom de la subsidiarité par l'Allemagne et par le Royaume-Uni. En 1992, la Commission adopte deux recommandations l'une sur les principes de la protection sociale et l'autre sur le revenu minimum.

Le contexte change avec la victoire de Tony Blair aux élections législatives britanniques de 1997 et la priorité donnée par le gouvernement britannique à la lutte contre la pauvreté et particulièrement la pauvreté des enfants. Lors des Conseils européens de Lisbonne (mars 2000), de Nice (décembre 2000) et de Stockholm (juin 2001), les États membres s'engagent à promouvoir une croissance économique durable et des emplois de qualité afin de réduire les risques de pauvreté et d'exclusion sociale et de renforcer la cohésion sociale dans l'UE. Le Conseil met en place une méthode ouverte de coordination incitant les États membres à travailler ensemble pour améliorer l'impact sur l'inclusion sociale des politiques de protection sociale, d'emploi, de santé, du logement et de l'éducation. Il fixe des objectifs communs de lutte contre la pauvreté et l'exclusion sociale. Ceux-ci sont repris par chaque État membre dans le cadre de « plans d'action nationaux inclusion » renouvelés tous les deux ans à partir de l'année 2001. Ces Plans d'action et le développement d'indicateurs comparables constituent le cadre de cette coopération. Ce processus est appuyé à partir de 2002 par la mise en œuvre sur cinq ans d'un programme d'action communautaire pour l'inclusion sociale doté d'un budget de 70 millions d'euros. Un enjeu important dans ce domaine est l'élaboration d'indicateurs communs. Pour donner une forte crédibilité à ceux-ci, un groupe d'académiques de haut niveau (Bea Cantillon, Brian Nollan et Eric Marlier coordonné par Tony Atkinson) est chargé de les préparer (2002). Les indicateurs proposés sont intégrés dans la MOC.

En termes d'acteurs, les ONG s'occupant de ces questions sont dans ce domaine relativement faibles et marginales tant sur le plan national qu'européen (où la Commission les aide à se structurer en soutenant par exemple l'EAPN, European Anti-Poverty Network). Elles réussissent pourtant à peser tant sur le plan européen que national grâce au caractère ouvert de la MOC. En effet les acteurs sont légitimes d'y participer sans avoir à prouver ex-ante leur représentativité. Du moment qu'ils comprennent les mécanismes, les enjeux et les procédures, ils peuvent faire entendre leurs voix. EAPN aura un rôle de leader expliquant à ses membres comment utiliser les opportunités nationales de la MOC. Les engagements européens de ministres et responsables nationaux en termes de pauvreté et d'exclusion sociale doivent se refléter sur le plan national/régional et local ce qui permet à des acteurs informés de surveiller la mise en place. Il est intéressant de noter que la FEANTSA (association européenne qui s'occupe des sans-abri) a choisi une autre stratégie et tenté de créer du consensus autour de ce thème et d'aboutir à des avancées concrètes (pour une intéressante présentation de leur stratégie Spinnewijn, 2009). La Commission essaie aussi de promouvoir d'autres réseaux européens en en finançant cinq pour assurer une plus grande diversité et appropriation mais sans grand succès.

Pensions

En mars 2001, le Conseil jette les bases de la MOC Pension. En décembre 2001, le processus est lancé par le Conseil européen de Laeken, sur la base de onze objectifs communs relevant de trois grands titres, des pensions adéquates, soutenables financièrement et à moderniser au vu des changements sociétaux. La tension dans ce sujet éminemment politique est celle de l'équilibre entre les objectifs financiers, la soutenabilité à long terme, et les objectifs sociaux (le niveau des pensions futures et le risque de pauvreté). Au vu du vieillissement de la population, c'est aussi un thème appelé à rester à l'agenda politique pendant longtemps.

Pour l'objectif social, il est composé de trois sous-objectifs : prévenir l'exclusion sociale, maintenir le niveau de vie et promouvoir la solidarité entre générations. Il y a eu de nombreux débats, car certains gouvernements voulaient limiter l'action à la lutte contre la pauvreté, ce qui n'est pas l'objectif premier d'États providences bismarckiens (qui vise à garantir les revenus). Ceci illustre un aspect important dans ce domaine qui est celui de la diversité des systèmes nationaux (Natali, 2010).

De toutes les MOCs, la MOC pensions est la moins ouverte. Elle est réservée essentiellement aux experts et aux fonctionnaires nationaux. Elle est aussi le lieu d'un affrontement frontal entre les groupes sociaux et économiques (Pochet, Natali, 2005). C'est un thème directement lié à l'UEM par le biais des finances publiques et du coût croissant des pensions du fait du vieillissement de la population. Les réformes qui sont adoptées visent le plus souvent à réduire le nombre de personnes prenant leur pension avant l'âge légal, à modifier le calcul de la pension. C'est aussi un domaine où les effets se font sentir dans le moyen et long terme, mais dont les décisions sont généralement très difficiles à prendre politiquement, car très sensibles électoralement.

La constellation d'acteurs est d'ailleurs alignée de manière différente. Ainsi, la BCE s'occupe des risques globaux des pensions, que celles-ci soient publiques ou privées, ce qui la rend moins sensible à la privatisation si celle-ci comporte des risques à long terme. Il y a aussi les acteurs financiers et les assurances qui soutiennent la privatisation et la portabilité des pensions. Il n'y a aucune volonté de faire entrer de nouveaux acteurs. Les syndicats sont relativement réservés par rapport à une participation active reflétant aussi les différents systèmes nationaux et l'état des réformes nationales des pensions.

La remise en cause : simplification et rationalisations 2005-2010

Après une période d'inventivité et de multiplication des MOCs, la troisième période de 2005 à 2010 est celle des rationalisations. Cela répond à deux critiques. La première concerne le cycle des réformes et le temps de voir un impact de celles-ci ; un an est trop court d'où le passage à trois ans. La seconde est la charge administrative trop élevée de faire des rapports complet chaque année. Les MOCs se divisent en deux grands groupes : le premier, dominant, autour de la macro et de la micro-économie qui fusionne avec l'emploi ; et le second autour des MOCs pensions, pauvreté/ exclusion et soins de santé.

Cette liaison entre emploi et GOPE a déjà commencé en 2003 avec la synchronisation des deux cycles. Elle se poursuit ensuite en 2005 par une intégration qui touche aussi un processus dit de Cardiff qui concerne les entreprises et les réformes des marchés. GOPE, Cardiff et la SEE se partagent 24 lignes directrices dont 8 en matière d'emploi dans un cycle de trois ans. C'est relativement difficile pour les trois MOCs protection sociale de trouver des objectifs communs. Elles s'intègrent davantage sous un chapeau commun qu'elles ne fusionnent. D'autant que les acteurs sont très différents. Cette division du social entre emploi d'un côté et sécurité sociale de l'autre a fait débat. Faut-il garder une MOC autonome en matière de sécurité sociale ou la fusionner avec l'emploi et l'économie ?

Il y a alors un débat sur les objectifs en matière sociale (au sens large). Deux approches s'affrontent : d'une part celle portée par ceux essentiellement liés à la Stratégie européenne pour l'emploi qui veulent surtout avoir une influence sur les stratégies économiques ; d'autre part, celle portée par ceux essentiellement liés aux stratégies de protection sociale qui ne veulent pas que le social perde son âme (une valeur en soi) pour essayer d'influencer les stratégies économiques en adoptant le langage dominant. En quelque sorte le social est-il un facteur productif (à démontrer dans le langage des économistes) ou une valeur de vivre ensemble (un droit fondamental). Il ne fait pas de doute que c'est une reprise en main des acteurs économiques et la compétitivité est bien plus centrale que la solidarité. Cela s'accompagne d'une simplification des indicateurs de premier niveau c'est-à-dire ceux qui sont considérés politiquement. Le début de la crise en 2008 fait passer les MOCs au second plan.

L'unification et la marginalisation

La dernière période porte sur l'après 2010. La nouvelle stratégie Europe 2020 qui prolonge la Stratégie de Lisbonne réunit l'ensemble des processus en un processus unique sous contrôle du paradigme économique dominant : compétitivité et croissance. Il n'y a pas de réflexion approfondie des causes de l'échec de Lisbonne. Au niveau communautaire, l'appréciation des résultats de Lisbonne est essentiellement politique et varie selon la conjoncture et la dynamique du moment. Positif de 2000 à 2004, négatif avec le Rapport Kok de 2004 à 2007, ensuite de nouveau positif avec la croissance en 2007 et 2008, enfin inexistant (ou très critique) avec la crise. Il est significatif que le document d'évaluation de Lisbonne par la Commission (CE, 2010b) soit sorti après que la consultation sur son évaluation a été ouverte. Europe 2020 vise une croissance intelligente, durable et inclusive.

La simplification est radicale. L'ensemble des MOCs y compris les objectifs de développement durable et l'éducation se résume en 10 objectifs dans le nouveau programme stratégique « Europe 2020 ». Quatre lignes directrices sont consacrées spécifiquement au social.

La première vise l'égalité hommes-femmes, le chômage structurel et la qualité de l'emploi. La deuxième l'éducation et la formation tout au long de la vie et le besoin d'une main-d'œuvre qualifiée. La troisième porte sur les systèmes d'éducation et sur l'enseignement supérieur. Enfin, la quatrième concerne la pauvreté et l'exclusion sociale. Par rapport à Lisbonne (2000), un volet environnemental est intégré y compris les objectifs chiffrés qui avaient déjà été agréés. Il y a aussi une réduction radicale des indicateurs. Pour rappel, il y avait 42 indicateurs dits structurels.

À l'horizon de 2020, les objectifs stratégiques sont :

– un taux d'emploi de 75 % au lieu de 70 %, mais pour la population âgée de 20 à 64 ans. Ici la Commission a changé

de base passant de 16-64 ans à 20-64 ans ce qui est cohérent avec la volonté d'augmenter le nombre d'étudiants post cycle secondaire ;
- des investissements dans le domaine de la recherche et du développement portés à hauteur de 3 % du PIB, pour tenter de rattraper le retard pris sur les États-Unis et le Japon. C'est le même objectif que celui de Lisbonne ;
- un taux d'abandon scolaire de 10 % dans le secondaire et 40 % de diplômés de l'enseignement supérieur ;
- enfin, réduire de 20 millions le nombre de personnes menacées par la pauvreté.

Ce dernier objectif est particulièrement intéressant. Il vise à réduire le nombre de pauvres ou à risque de pauvreté d'environ 20 millions. La façon de mesurer la pauvreté devient conflictuelle et finalement trois indicateurs sont retenus. Les États membres peuvent choisir leur indicateur. Cette réduction du taux de pauvreté d'ici 2020 nécessite, si on veut la prendre au sérieux, des politiques ambitieuses incluant l'augmentation des allocations, la diminution du chômage et la mise à l'emploi, mais aussi et surtout des politiques macro-économiques axées sur la croissance. C'est-à-dire l'exact opposé des politiques menées entre 2010 et 2015.

Mais l'histoire est plus compliquée qu'une simple mise à l'écart. Matteo Jessoulla (2015) montre comment les acteurs du groupe social vont parvenir à reconquérir un certain terrain surtout à partir de 2013/14 et augmenter significativement le nombre de recommandations sur la pauvreté et la pauvreté des enfants. Par ailleurs, EAPN (le réseau européen de lutte contre la pauvreté) se mobilise formant une alliance pour un semestre plus social. D'une certaine façon, la MOC inclusion survit vaille que vaille mais elle est marginalisée de l'agenda principal qui est celui du Semestre européen.

Tableau 7. Nombre de CSRs par année se référant explicitement ou non à la pauvreté

Année	Référence explicite dans le texte des CSR	Pas de référence dans le texte des CSR texte, mais dans les considérations des CSR(s)	Total
2011	3	0	3
2012	7	0	7
2013	9	0	9
2014	5	6	11
2015	3	6	9
2016	2	10	12
2017	0	18	18

Source : Stefan Clauwaert, ETUI, réalisé pour l'auteur.

En revanche la MOC pension se trouve complètement marginalisée et se retrouve sous le contrôle du groupe « économique ». Dans la première ligne directrice d'Europe 2020 il est indiqué comme triple objectif : « La diminution rapide de la dette, réforme des dépenses publiques liées à la vieillesse (notamment en matière de santé) et relèvement de l'âge effectif de départ à la retraite. Il s'agit de faire en sorte que les dispositifs financés par les dépenses publiques liées à la vieillesse soient financièrement viables, socialement appropriés et accessibles. »

La Commission et la DG Ecfin modifient cet objectif en prônant de lier l'âge de la pension avec l'espérance de vie (ce qui est déjà en place dans quelques pays dont la Suède). C'est un changement radical, car l'objectif agréé est que les personnes prennent effectivement leur pension à l'âge légal de celle-ci. La lier à l'espérance de vie introduit une flexibilité (normalement à la hausse) de l'âge de la pension, car l'espérance de vie est censée augmenter. Ici au travers du Semestre et des pressions européennes de nombreux changements sont menés en matière de pension (voir chap. 7 pour plus de détails).

De manière générale c'est l'ensemble des processus de méthode ouverte de coordination qui est mis en question par Europe 2020 et surtout le Semestre européen. La priorité absolue est au sauvetage de l'euro et comme nous le verrons dans le chapitre 7, les acteurs du groupe économique prêts à appliquer leur programme de dérégulation des institutions de solidarité au nom d'un bon fonctionnement de l'UEM. Europe 2020 s'efface devant les débats et développement de la nouvelle gouvernance économique et le Semestre européen (Degryse, 2012). Les acteurs sociaux sont désorientés mais ne restent pas inactifs. Toutefois un rééquilibrage social de la construction européenne et de l'union monétaire par les MOCs ne se passe pas comme l'espérait le groupe « social ». Avec le Socle des droits sociaux proposé par la Commission européenne, le débat revient à nouveau à partir de 2016 sur les possibilités d'avoir des directives sociales.

Influence au niveau national de la SEE : Quel bilan ?

Le principal objectif de la SEE est d'augmenter les taux d'emploi (global, par sexe, par âge). Ce qui émerge de la SEE est un message global sur les changements nécessaires au niveau national, avec deux directions opposées ayant comme « modèles » pour une telle mutation d'un côté le Danemark et les Pays-Bas, et de l'autre le Royaume-Uni. Il est difficile d'évaluer l'incidence de cette méthode douce étant donné qu'il peut s'agir d'un impact volontaire (utilisation stratégique par les acteurs) ou d'un impact incontrôlé (diffusion d'idées).

Le chapitre suivant développe dans sa première partie une approche holistique des changements possibles. Il y a au moins deux dimensions importantes. La première est celle de coalitions d'acteurs sur le plan européen et national et leur capacité d'agir ou non de manière stratégique et de prendre les MOCs comme des opportunités fortes. Comme nous l'avons montré, les groupes féministes ont largement ignoré la SEE car à la fin des années 1990 et au début des années 2000 elles avaient d'autres canaux pour influencer les politiques d'égalité hommes-femmes. C'est aussi les cas de la plupart des syndicats nationaux qui n'ont pas besoin de la SEE pour avoir accès aux responsables politiques et tenter d'influencer les politiques publiques.

Dans un article écrit avec Caroline de la Porte (2012), nous avons mis en évidence qu'outre le rôle des acteurs, il y avait aussi des impacts différenciés selon le type de régime de protection sociale. L'argument principal est qu'un objectif de taux d'emploi de 70 % exerce un impact particulier sur les pays bismarckiens étant donné que leur objectif n'est pas l'emploi à n'importe quel prix, mais le partage des gains de productivité (à l'avantage des travailleurs masculins) et la garantie d'un salaire (familial) correct pour les travailleurs masculins. C'est aussi le cas pour les pays appartenant au régime d'État providence méditerranéen (Italie, Espagne, Portugal, Grèce). Le message global de la SEE renforce les discours sur les problèmes importants auxquels seraient confrontés les modèles méditerranéens et bismarckiens.

Il ne s'agit pourtant pas d'une nouveauté complète. Des universitaires de haut niveau (voir Streeck et Scharpf pour ne mentionner que le cas allemand) avaient déjà émis des approches critiques antérieurement au niveau national. La Stratégie européenne pour l'emploi fait partie d'un changement multiniveaux de paradigme global. Si les idées sont empruntées au niveau UE, elles s'articulent avec diverses pressions et idées développées au niveau national qui ne sont pas en ligne avec les approches traditionnelles des pays bismarckiens et veulent modifier le modèle bismarckien (Palier, 2010). De nombreuses analyses ont tenté d'évaluer l'effet d'apprentissage, s'il en est un, et les instruments qui s'y rattachent (échanges des bonnes pratiques, examens par des pairs, comité d'emploi, etc.)

mais les résultats sont souvent apparemment contradictoires (pour une synthèse voir De la Porte, Pochet, 2012 ; Barcevicius *et al.*, 2014). La section suivante discute ce dernier point en détail à propos de la flexicurité.

Nous illustrons notre propos en présentant quelques exemples sur les cas français et allemand qui sont parmi les plus documentés. Dans un article très critique, Timo Fleckenstein (2006) explique combien est limité l'impact de la SEE en Allemagne. Mais une autre lecture de son argument, moins centrée sur l'apprentissage et sur des politiques précises, aboutit à une conclusion opposée. Voici ce qu'il écrit : « L'impact de la SEE sur les réformes concrètes du marché de l'emploi par le gouvernement Gerhard Schroeder Rouge-Vert a dans une large mesure été indirect, vu que le processus de Luxembourg contribuait à structurer le discours national sur l'activation de la politique de l'emploi et sur l'objectif d'un accroissement du taux d'emploi. » (Pour un argument similaire sur la France, voir Erhel, Palier, 2005, pour la Belgique, voir Pochet, Reman, 2006). Par ailleurs, il explique de quelle manière le débat a été influencé par une comparaison de l'Allemagne avec le Danemark, les Pays-Bas et le R-U. Le fait d'avoir deux modèles alternatifs à celui de R-U, le Danemark et les Pays-Bas auxquels l'Allemagne n'était pas habituée à être comparée avant la SEE, est typiquement un résultat de la SEE. Selon d'autres auteurs, cette influence indirecte fut également très présente dans la Commission Hartz qui « força les traditionalistes à réexaminer le noyau même de ce en quoi ils croyaient confrontés avec de nouvelles preuves sur le mode de fonctionnement des marchés de l'emploi. Son importance a résidé dans le fait de structurer le débat vers une direction particulière » (p. 237).

Martin Heidenreich et Gaby Bischoff (2008, p. 22) résument et réconcilient les deux tendances principales :

> En conclusion, d'une part, nous devons reconnaître l'autonomie fondamentale de l'arène politique nationale. Par rapport aux nombreux points de veto du système allemand [...], l'impact des incitants européens, des suggestions, des obligations et des contraintes est relativement faible. Les changements effectifs sont uniquement

> possibles lorsque les défis sont reconnus comme tels par les acteurs nationaux. D'autre part, à l'intérieur de la petite élite administrative et politique qui, en fin de compte, a conçu les réformes sociales du marché du travail allemand, l'impact cognitif [...] s'est avéré considérable.

Il en va de même pour l'évaluation la plus complète de l'influence de l'Europe sur les politiques sociales françaises. Il apparaît clairement que l'impact a porté sur de nouvelles directions (taux d'emploi en lieu et place du taux de chômage) (IGAS, 2007). L'analyse de l'interaction entre les politiques de l'emploi et des pensions françaises avec la SEE et la MOC indique que même si la MOC ne dicte pas l'orientation des politiques françaises, elle fournit aux acteurs nationaux des ressources européennes qui pourraient les soutenir dans leur action au niveau national. Selon Christelle Mandin et Bruno Palier (2004) durant les interviews sur l'influence des MOC ou de la SEE sur leur action, en France, les hommes politiques et fonctionnaires ont dénié tout impact direct, mais ont néanmoins mentionné un « effet de levier » (expression utilisée en premier lieu par Coron et Palier, 2002) produit par l'instrument développé au sein des MOC. La question était moins de savoir s'ils « mettaient en œuvre » les lignes directrices de la MOC que de savoir si celles-ci leur étaient utiles dans leur interaction avec d'autres acteurs nationaux. La MOC devient une ressource supplémentaire pour les acteurs nationaux plutôt qu'une contrainte extérieure non négociable. Ils ont utilisé les procédures, les lignes directrices, les orientations et les instruments de la MOC comme un levier pour renforcer leur propre position en vue de mettre en œuvre avec succès ou de légitimer certaines réformes (pour une analyse détaillée de cet « effet de levier », voir Coron, Palier 2002 ; Erhel *et al.*, 2005 ; Barbier, Sylla, 2001). Ici aussi, elles ont touché plutôt des élites restreintes que des acteurs fortement structurés et établis dans le jeu politique. Comme le souligne Jean-Claude Barbier (2008, p. 95) : « Les MOC sont aussi des canaux par lesquels les influences circulent entre États, car, s'il est constant que les cultures politiques sont cloisonnées, comme les débats nationaux et les cycles électoraux, ainsi que leurs enjeux directs, les communautés politiques ne sont pas pour autant fermées aux influences. » Ce sont des conclusions identiques que formulent Herbert Obinger et Emmerich Tálos pour l'Autriche (2010), ils soulignent l'influence de la SEE et des MOC non sur les détails des réformes, mais sur leur trajectoire et sur les objectifs.

Quand on analyse plus en détail les réformes particulières (par exemple les politiques d'activation), des différences considérables entre pays demeurent notables (voir Barbier, 2006). L'objectif de la SEE est, d'une part, de tenter de rééquilibrer le message économique libéral au niveau de l'UE et, d'autre part, de promouvoir la modernisation du marché de l'emploi au niveau national. Cela n'a pas de sens d'espérer (ou de craindre) que chaque ligne directrice soit strictement mise en œuvre au niveau national. Les impacts portent davantage sur des grandes directions et grandes orientations que sur le détail. Elles sont concomitantes avec des intérêts de groupes particuliers qui s'étaient exprimés avant. En d'autres termes elles n'arrivent pas sur une page vide. La SEE contribue à modifier le cadre national des références. Ce changement était seulement pour partie extérieur étant donné que les États membres (et les ministres des Affaires sociales) avaient pour tâche de promouvoir le message de la SEE et, plus globalement, celui de Lisbonne. Il n'y a pas d'impacts directs et unilatéraux sur les États-providence bismarckiens ou sur les États-providence nationaux en général. Les acteurs et leurs stratégies servent d'intermédiaires aux impacts de par la nature du problème, par l'héritage du passé (Schmidt, 2002). Comme le souligne justement Bruno Palier, les États-providence bismarckiens continuent encore à essayer de trouver une manière de se réinventer (ce qui est moins vrai pour les États-providence anglo-saxons et scandinaves). Dans ces pays, la plupart des chercheurs académiques en soulignent les faiblesses et soutiennent la nécessité de changements substantiels. Le discours de l'UE et les nouveaux mots à la mode (taux d'emploi, activation, vieillissement actif, flexicurité, apprentissage tout au long de la vie, gender mainstraiming, équilibre entre les trois piliers de pensions, etc.) ne faisaient pas partie du langage traditionnel des pays bismarckiens. Ce (nouveau) vocabulaire est particulièrement utile pour ceux qui veulent « moderniser » les États-providence bismarckiens, car il contribue à influencer et à construire de nouveaux discours. D'autres pays par exemple scandinaves ont recalibré leurs propres États-providence avant l'apparition de la SEE ou des MOCs ce qui en a limité l'impact. Cela ne signifie pas pour autant qu'elles aient eu aucun impact, mais cela n'a pas influencé les grandes directions des réformes, car des choix nationaux avaient été faits préalablement.

Pour mesurer correctement les impacts, un des problèmes dans la littérature existante est que peu ou pas d'efforts ont été faits pour analyser les systèmes de connaissance propre à chaque pays. Qui influe qui ? Quels sont les acteurs qui comptent ? Quel est le rôle des *think tanks* ? Y a-t-il des *think tanks* gouvernementaux ? Des centres d'études des partis politiques ? Quels sont les groupes et cercles spécialisés qui ont une influence, etc. ? Comme l'ont bien montré John Campbell et Ove Pedersen (2014) dans leur comparaison entre quatre pays (États-Unis, France, Allemagne, Danemark) sur l'origine nationale des idées politiques, il existe des régimes différents.

Les recherches sur les impacts de MOCs se sont concentrées sur les administrations et les membres de cabinets ministériels qui comprennent bien évidemment les personnes qui participent officiellement aux divers comités intergouvernementaux. Mais les MOCs sont bien plus que ces rencontres. Il y a des peer review, des échanges de bonnes expériences, des colloques organisés par ou avec le soutien de la Commission. Cet ensemble d'activités a pu avoir une influence (ou pas) sur des acteurs stratégiques dans l'élaboration et la diffusion des idées sur le plan national. Elles ont essayé de standardiser les comparaisons alors qu'il aurait fallu les diversifier pour prendre en compte les différences nationales.

Pour donner l'exemple de la Belgique, l'administration y est extrêmement politisée et chaque haut fonctionnaire est censé avoir une appartenance politique. La personne clé qui assistait aux réunions de la SEE n'était pas affiliée à un parti au pouvoir. Dès lors son influence, même s'il était convaincu de la pertinence de l'une ou l'autre proposition européenne, était proche de zéro. Les personnes qui comptaient étaient le directeur général de l'administration (très influent à l'époque), mais qui n'assistait quasi jamais aux réunions et le membre du cabinet chargé de la politique sociale qui lui aussi n'assistait pas. Parmi les lieux importants externes d'influence et d'idée il y a les centres d'études des partis politiques dont les membres étaient aussi absents des réunions officielles mais pas d'autres réunions européennes ou de coordination interne. En revanche les partenaires sociaux ont eu énormément d'informations, car le représentant belge du ministère des Affaires sociales au comité emploi leur présentait de manière officielle au sein du Comité national du travail les points sur la table de discussion au sein du comité ainsi que les documents soumis à discussion. Ceci signifie par exemple que les syndicats belges disposaient de beaucoup plus d'informations que la plupart des autres syndicats nationaux mais aussi que la Confédération européenne des syndicats. C'est la même chose évidemment pour les employeurs belges.

Si la SEE a eu une influence en Belgique ce n'est certainement pas par les canaux directs (les personnes clés n'assistent pas), mais indirectement par leur participation dans d'autres arènes ou fora. Comme personne n'a cartographié ceux-ci, la réponse est donc que nous ne savons pas.

Mais l'analyse de l'influence des politiques européennes ne peut être confondue avec la simple analyse des méthodes ouvertes de coordination. Il faut tenir compte de l'ensemble des politiques (droit, cour de justice, modèle économique). C'est l'objet du chapitre suivant.

Le débat sur la flexibilité ou les limites de l'apprentissage

L'apprentissage est au cœur des MOCs et finalement leur raison d'être. On peut améliorer les politiques nationales en s'inspirant des succès (ou des échecs) dans d'autres pays. Il concerne donc d'autres expériences nationales. Toutefois il peut être réflexif, apprendre sur son propre modèle. C'est le cas de la flexicurité pour les Danois qui ont découvert qu'ils avaient mis en place un système qui fonctionne de flexicurité par les analyses faites par des chercheurs extérieurs au Danemark. Nous analysons de manière critique dans cette section l'apprentissage lié à la flexicurité.

On ne s'intéresse pas ici au parcours heurté de cette idée (voir le récit détaillé de Bekkers, 2012 ; Keune, Serrano Pascual, 2014). Notre interrogation porte sur d'une part l'existence de performances différenciées entre pays de l'UE et ce qui les explique et d'autre part sur les capacités d'apprentissage institutionnel et les risques de se tromper sur les réels déterminants du succès (Rose, 1993).

La flexicurité a fait son apparition dans le débat européen au début des années 2000. Elle fait suite aux Rapports Kok de 2003 sur la SEE et de 2005 sur la Stratégie de Lisbonne. Elle se développe suite au refus lors de référendum français et hollandais du traité constitutionnel en 2005. Ce Non est interprété par beaucoup comme la nécessité de relancer la dimension sociale de l'intégration. La flexicurité est entendue au départ comme un rééquilibrage du discours dominant sur la flexibilité. La flexicurité représente une réorientation importante du débat européen. Elle conçoit le marché du travail comme le lieu d'interaction entre différents types de flexibilité et de sécurité dont elle souligne les complémentarités et la façon dont ces deux dimensions peuvent se renforcer mutuellement (Wilthagen, Tros, 2004 ; Wilthagen 2005). En ce sens, l'approche de la flexicurité propose un outil holistique utile pour l'analyse et la comparaison de la gouvernance et les interactions institutionnelles des marchés du travail. La Commission, avec l'aide d'académiques, présente en 2007 une Communication contenant huit principes de flexicurité ainsi que des « parcours » qui sans les nommer concernent différents groupes d'États.

Dès le départ, de nombreux syndicats sont réticents et s'interrogent sur l'équilibre réel entre sécurité et flexibilité. C'est aussi le cas du Conseil qui craint d'être trop contraint par les parcours proposés et qui réécrit les principes de manière un peu plus équilibrée. La stratégie ne sera pas appliquée en tant que telle, mais intégrée à la SEE. Progressivement avec la crise de 2008 et ses prolongements, elle quitte formellement l'agenda communautaire même si selon Sonja Bekkers (2017a) certains aspects se retrouvent toujours, mais sans le label ou le chapeau flexicurité.

Les analyses traditionnelles de la flexicurité s'appuient sur des fondements empiriques fragiles, mais posent de bonnes questions : pourquoi certains pays réussissent-ils mieux que d'autres ? En quoi des complémentarités institutionnelles expliquent-elles ces réussites ? Nous montrons que l'approche standard ne peut pas expliquer pourquoi des résultats similaires sont obtenus par des complémentarités institutionnelles différentes. Nous proposons une perspective alternative basée sur différents types d'organisation du travail et différentes manières de soutenir les transitions sur le marché du travail.

La présentation traditionnelle et ses limites[1]

Les pays cités comme meilleurs exemples sont le Danemark et dans une moindre mesure les Pays-Bas. Le modèle danois est présenté comme étant une combinaison de trois éléments qui se renforcent les uns les autres. Il s'appuie sur des complémentarités institutionnelles renforcées entre un marché du travail déréglementé, nécessaire pour accroître l'adaptabilité, un haut taux de remplacement accordant la sécurité nécessaire à ceux qui n'ont pas d'emploi,

1. Les pages qui suivent sont largement inspirées par Keune, Pochet, 2009.

et le développement des politiques actives du marché du travail pour favoriser la mobilité du travail.

On a souvent compris la flexicurité comme une prolongation du débat des MOCs, mais c'est une erreur. L'essence des MOC est l'apprentissage de la diversité et les manières diverses d'atteindre des objectifs (basé sur des indicateurs, l'aspect institutionnel passe au second plan). En revanche, la flexicurité part d'une analyse institutionnelle qui met en avant des complémentarités positives (en particulier du « modèle » danois). Il y a donc implicitement des bonnes et des mauvaises complémentarités. Ce n'est pas étonnant que dans ce cadre un économiste régulationniste comme Robert Boyer se soit intéressé au modèle danois de flexicurité (Boyer, 2006).

Traçant la généalogie de l'idée de flexicurité Alexander Schellinger montre comment celle-ci constitue un prolongement des travaux sur les marchés transitionnels portés par Gunter Schmidt et Bernard Gazier. Ceux-ci ne constituent pas un schéma normatif tiré d'une expérience nationale particulière, mais essayent de modéliser des transitions entre différentes situations sur le marché du travail. Ton Wilthagen qui était un des chercheurs de ce groupe prolonge la réflexion en modélisant deux cas existants les Pays-Bas et le Danemark.

La flexicurité repose donc sur l'idée que des complémentarités institutionnelles conduisent à de meilleures performances. Il existe toutefois plusieurs autres pays qui obtiennent de bons résultats en termes de taux d'emploi et de chômage grâce à des modèles (très) différents. La Suède obtient des résultats comparables à ceux du Danemark, mais avec un marché du travail beaucoup plus rigide (d'après les indicateurs de l'OCDE). De même, les Pays-Bas obtiennent de bons résultats en matière d'emploi et de chômage, mais connaissent un régime beaucoup plus strict en matière de licenciement que le Danemark en général et se trouvent parmi les pays les plus « rigides » en ce qui concerne la protection des salariés ordinaires. Le Royaume-Uni enregistre également de bons résultats, mais avec un marché du travail très flexible et un État-providence minimaliste. Le tableau 8 résume la situation pour un ensemble plus large de pays, en les classant en fonction de la générosité de leur système de sécurité sociale et la rigidité de leur réglementation du marché du travail.

Tableau 8. Classification de la flexicurité de certains pays européens

Sécurité sociale	Réglementation du marché du travail	
Généreuse	Pays « flexi-secure » Danemark, Finlande, Suisse	Pays « inflex-secure » Pays-Bas, Suède, Norvège
Minimale	Pays « flex-insecure » Royaume-Uni	Pays « inflex-insecure » Espagne, Portugal, République tchèque

Source : Tangian, 2006, p. 13.

La leçon la plus importante à tirer de cette classification est que nous trouvons des pays comptant parmi ceux qui ont les meilleurs résultats dans trois cases sur quatre. Aucun pays ayant un taux d'emploi élevé et un faible taux de chômage se retrouve dans la case « réglementation du marché du travail stricte » et « système de protection sociale minimal ».

Cela remet en question l'affirmation selon laquelle c'est la combinaison des complémentarités entre certains types de flexibilité du marché du travail et de sécurité sociale qui explique ces bons résultats. Ce n'est apparemment pas seulement réalisable avec une grande flexibilité et une sécurité élevée comme dans le cas danois (ou finlandais et suisse), mais aussi grâce à une flexibilité peu élevée combinée à une sécurité élevée (par exemple, la Suède, la Norvège, les Pays-Bas).

Une version alternative du succès danois

Cela étant il reste à expliquer pourquoi certains pays ont des performances supérieures à d'autres. Y a-t-il d'autres complémentarités ou finalement peu à apprendre des autres ?

Les formes d'organisation du travail offrent une piste intéressante. Sur la base de l'enquête sur les conditions de travail réalisée par la Fondation de Dublin, Antoine Valeyre et ses collègues (2009) ont analysé les divers modèles d'organisation du travail prédominant dans les pays européens en utilisant quinze critères. Ils ont défini quatre types d'organisation du travail basés sur l'autonomie, l'apprentissage et la complexité de la tâche : « l'apprentissage sur mesure » (*discretionary learning*), « la production à flux tendus », « le taylorisme » et « les formes traditionnelles ». L'apprentissage sur mesure se caractérise par un degré élevé d'autonomie au travail, combiné à des niveaux élevés d'apprentissage, de solution de problèmes et de complexité des tâches. La production à flux tendus se démarque par des niveaux faibles de décision par le travailleur pour fixer le rythme et les méthodes de production. L'utilisation de la rotation des postes et du travail en équipe est beaucoup plus élevée que dans le premier type, et l'effort au travail est davantage subordonné aux normes de production quantitative et à la nature collective de l'organisation du travail qui correspond assez bien au modèle japonais. Le troisième type correspond à maints égards à une caractérisation classique du taylorisme. Cette situation de travail est à l'opposé de celle définie dans le premier groupe : niveau faible de décision et faible dynamique d'apprentissage et de solution de problèmes. Mais c'est dans l'organisation traditionnelle que l'apprentissage et la complexité de la tâche constituent les variables les plus faibles. Cette catégorie regroupe les formes d'organisation du travail dans lesquelles les méthodes sont essentiellement informelles et non codifiées.

Comme on peut s'y attendre, le modèle dominant d'organisation du travail varie selon le secteur d'activité. Il n'est par conséquent pas surprenant d'avoir, par exemple, davantage d'entreprises « apprenantes » dans le secteur financier que dans le secteur minier. Ce qui est plus important c'est que ces modèles varient aussi en fonction des pays et dans une mesure qui ne peut être uniquement expliquée par la pondération différente des secteurs selon les pays. Le tableau 9 ci-dessous montre l'incidence de la forme d'organisation du travail pour cinq groupes de pays basés sur les caractéristiques du régime de protection sociale de l'État-providence. Les pays nordiques en particulier, mais également les pays de l'Europe continentale sont nettement au-dessus de la moyenne européenne (38,4 %) du pourcentage des salariés travaillant dans des entreprises apprenantes. À seulement quelques exceptions près (Malte, Estonie, Hongrie et Irlande), les pays du Sud de l'Europe et de l'Europe centrale et orientale, ainsi que les pays anglo-saxons sont nettement en dessous de la moyenne.

Tableau 9. Répartition des formes d'organisation du travail par pays (% salariés)

		Formes d'organisation du travail				Total
		Apprentissage sur mesure	Production à flux tendus	Forme tayloriste	Forme traditionnelle	
Pays nordiques	DK	55,2	27,1	8,5	9,2	100,0
	FI	44,9	29,9	12,6	12,7	100,0
	SE	67,5	16,0	6,9	9,6	100,0
Europe continentale	AT	47,3	22,4	18,3	12,0	100,0
	BE	43,3	24,6	16,3	15,8	100,0
	DE	44,3	19,9	18,4	17,4	100,0
	FR	47,7	23,8	17,5	11,0	100,0
	LU	42,7	29,6	13,9	13,8	100,0
	NL	51,5	24,3	11,4	12,7	100,0

		Formes d'organisation du travail				Total
		Apprentissage sur mesure	Production à flux tendus	Forme tayloriste	Forme traditionnelle	
Europe centrale et orientale	BG	20,6	27,2	32,7	19,5	100,0
	CZ	28,0	26,7	22,5	22,9	100,0
	EE	40,7	33,4	11,2	14,7	100,0
	HU	38,3	18,2	23,4	20,1	100,0
	LT	23,5	31,1	22,0	23,4	100,0
	LV	33,4	34,5	17,1	15,0	100,0
	PL	33,3	32,6	18,9	15,2	100,0
	RO	24,0	33,4	27,6	14,9	100,0
	Sl	34,9	32,1	16,7	16,3	100,0
	SK	27,2	21,0	33,8	18,1	100,0
Pays anglo-saxons	IE	39,0	29,2	11,3	20,5	100,0
	UK	31,7	32,4	17,7	18,2	100,0
Sud de l'Europe	CY	26,4	27,0	21,2	25,4	100,0
	EL	24,0	29,1	22,6	24,3	100,0
	ES	20,6	24,6	27,5	27,3	100,0
	IT	36,8	24,1	24,6	14,6	100,0
	MT	45,6	34,2	12,1	8,2	100,0
	PT	24,9	30,3	32,5	12,3	100,0
UE 27		38,4	25,7	19,5	16,4	100,0

Source : Valeyre *et al.*, 2009.

Ces différences entre pays sont importantes parce que la compréhension et la perception de la flexicurité vont très probablement être totalement différentes en fonction du type d'organisation dans laquelle on travaille. En d'autres termes, si l'on est autonome dans son travail, la flexibilité sera perçue d'une façon autre que si l'on travaille dans un environnement strictement hiérarchique, sans aucune autonomie. En moyenne, plus d'un travailleur sur deux aux Pays-Bas ou au Danemark a un niveau élevé d'autonomie et une organisation du travail davantage basée sur la confiance et la coopération par rapport à un employé standard espagnol, polonais, roumain ou grec. Ce dernier est plus susceptible de travailler dans une organisation tayloriste ou traditionnelle dans laquelle les travailleurs ne disposent que de peu d'autonomie. Ces différences permettent de mieux comprendre pourquoi le discours de la flexicurité a bénéficié d'une réponse plus positive dans les pays nordiques ou aux Pays-Bas que dans les pays du Sud.

De plus, la transition involontaire d'une entreprise à l'autre est soutenue dans les pays nordiques dès le début par le service public en charge de l'emploi ou compensée financièrement, alors que c'est moins souvent le cas dans les pays du Sud, les pays anglo-saxons ou ceux de l'Europe centrale et orientale (voir par exemple Moreau, 2009). Un vaste projet de recherche européen (Translearn), qui a analysé les performances des pays nordiques et de la Slovénie, a conclu que c'était la combinaison des institutions de partage des risques et des entreprises apprenantes qui permet aux entreprises et aux travailleurs d'explorer de nouveaux projets au-delà de leurs frontières professionnelles, et de transcender les routines existantes). En d'autres termes, la prise de risques est soutenue par les institutions publiques (par exemple, encourager les transitions et apporter une allocation de revenus substantielle en cas de chômage) et une plus grande autonomie dans la vie professionnelle. En même temps, la prise de risques constitue un facteur important pour renforcer la productivité, l'innovation et la compétitivité. Elles sont essentielles dans une économie globalisée qui offre constamment de nouvelles opportunités tout en instituant de nouvelles concurrences et contraintes. Elles offrent également aux travailleurs plus de possibilités de se chercher un nouvel emploi s'ils ne sont pas satisfaits des conditions de travail offertes par leur employeur actuel. Par conséquent, les salariés peuvent être aussi actifs que les employeurs pour mettre en place la dynamique du système, car ils excluent de la sélection les employeurs qui n'offrent pas de possibilités d'améliorer les compétences (Kristensen, Lilja, 2009, p. 101-102).

Notre argument est donc double. D'une part, les pays scandinaves, les Pays-Bas et certains pays d'Europe continentale ont beaucoup plus d'entreprises qui peuvent être identifiées comme « entreprises apprenantes », conférant beaucoup d'autonomie aux travailleurs et dans lesquelles les relations sont basées sur la confiance entre les acteurs (direction et syndicats au niveau de l'entreprise). D'autre part, ces pays facilitent la transition (externe) d'un emploi à l'autre grâce à des mesures d'anticipation (en cas de restructuration) ou de façon plus permanente (grâce à des possibilités de formation). Dans cette situation, les transitions internes, soutenues par un système d'apprentissage tout au long de la vie sur le lieu de travail, et les transitions externes, prises en charge par les pouvoirs publics, constituent des éléments centraux pour comprendre les bons résultats de ces pays sur le plan de la productivité, de l'emploi et de la spécialisation économique. De manière plus générale, ces pays ont construit des institutions de partage des risques qui, dans un esprit positif (et non punitif), permettent la prise de risques, tant du côté des salariés que des entreprises. Ici, la question fondamentale n'est pas de créer plus de flexibilité du marché du travail, mais plutôt d'investir dans la confiance, la coopération entre les acteurs, le travail en équipe, l'autonomie, les capacités et l'apprentissage tout au long de la vie, etc. De bons résultats sont obtenus lorsque les employeurs développent « l'entreprise apprenante » : lorsque chaque salarié a un emploi attrayant et peut construire une carrière intéressante (en développant des compétences et autres capacités, en combinant le travail et les responsabilités familiales sans craindre de prendre des risques en sortant temporairement du marché du travail, en investissant dans la formation ou en prenant une nouvelle orientation de carrière), lorsque, enfin, les pouvoirs publics soutiennent les salariés et les entreprises en offrant, aux employeurs comme aux salariés, un cadre institutionnel qui leur permet de le faire.

Envisager la flexicurité sous cet angle met l'accent sur le rôle des employeurs lorsqu'ils créent les conditions d'une entreprise apprenante, ce qui est un effort à long terme et qui implique une véritable participation individuelle et collective. L'objectif est donc de construire un système complexe de formation qui armerait les travailleurs contre les risques d'une économie ouverte, avec un régime de protection sociale qui permettrait une telle prise de risques.

Pour conclure sur le débat sur l'apprentissage et l'amélioration des politiques, la nécessité d'avoir une analyse complète des facteurs de succès est évidemment essentielle. Si on prend la version de la Commission, trois politiques publiques doivent être mobilisées : la politique de l'emploi en permettant des licenciements individuels plus faciles, la politique de protection sociale en assurant un revenu correct dans les périodes de chômage et la politique de formation pour assurer l'acquisition de nouvelles compétences.

Si on accepte mon analyse cela ne servira à rien ou à très peu si d'autres conditions ne sont pas en place : des entreprises apprenantes c'est-à-dire un rôle central du management pour développer ce type d'entreprises, de l'autonomie pour les travailleurs, un dialogue social interne riche, des possibilités de formation. En d'autres termes, cela touche d'autres acteurs et principalement les employeurs qui décident (avec les investisseurs) du modèle d'organisation interne de l'entreprise, des acteurs sociaux, des institutions d'information, de consultation, de négociation et de participation.

Conclusion

Grâce aux MOCs, les années 1997-2005 ont été une période certainement parmi les plus intéressantes en matière de politiques sociales européennes. Différents groupes d'acteurs se sont mobilisés autour de questions sociales. Ils ont essayé de définir un agenda européen et se sont confrontés à d'autres groupes souvent plus puissants (le groupe « économique ») si on se base sur des facteurs objectifs (ressources, institutions, base juridique dans le traité). Ceci s'est produit autour d'un nouvel instrument de gouvernance multiniveaux, la MOC, qui lui-même devait être défini dans son fonctionnement et dans ses objectifs. C'est donc une double bataille qui s'est produite sur le contenu (pour faire quoi ?) et sur la forme (c'est quoi la MOC ?). La MOC est donc un instrument soft mais qui cache des conflits fondamentaux sur la place du social en Europe.

S'il s'est produit un certain réel rééquilibrage des discours (contenu), la forme n'a pas suivi et le processus s'est d'un côté bureaucratisé et complexifié et, de l'autre, n'a pas vraiment répondu aux attentes en matière de réformes. C'est ici la question du timing qui a été sous-estimée. Le changement prend du temps, et le temps politique et des compromis ne suit pas celui des lignes directrices.

Ce sont aussi les États membres de tradition bismarckienne (Palier, 2010), qui eux-mêmes s'interrogeaient sur leurs performances, qui sont les plus visés, notamment par l'objectif d'augmenter le taux d'emploi. S'il y a eu une influence, c'est bien celle qui a fait passer l'objectif de réduction du chômage à celui d'augmentation du taux d'emploi. Pour les autres préconisations, cela dépendra des acteurs, du moment, des rapports de force, des personnes et des politiques nationales suivies. Comme nous l'approfondissons dans le chapitre suivant, cela a contribué à donner et soutenir une certaine direction aux nombreuses réformes entreprises dans les années 2000. La question qui reste ouverte est celle de l'apprentissage comme nous l'avons montré avec la flexicurité. Mais au-delà de ce cas, ce que l'on peut transférer (en les adaptant) d'expériences étrangères reste une question de recherche.

Comme nous le développons dans le chapitre 7, le paradoxe des MOCs est que lorsqu'elles semblent avoir disparu de l'agenda dans les années 2010, elles reviennent en force (en termes de contenu) dans les recommandations du Semestre européen et ce de manière plus contraignante qu'avant.

*

La période de 1997 à 2004 a été une période fascinante pour essayer de faire sens sur ce qui se passait et ce que signifiaient les MOCs, non seulement dans le monde académique mais aussi dans les sphères bureaucratiques européennes et nationales. Comment faire sens de quelque chose de nouveau et qui *a priori* n'est pas contrôlé ou instrumentalisé par un groupe d'acteurs particuliers.

Après avoir analysé dans deux livres collectifs et une quarantaine d'articles les différents aspects des MOCs sociales, j'en suis arrivé à quelques conclusions pragmatiques. Tout d'abord, l'impact possible dépend fortement de la manière dont on considère la vie politique et l'objet des politiques publiques. Si on les analyse principalement comme des rapports de force et la défense d'intérêts particuliers alors ces méthodes n'ont d'utilité que pour confirmer vos positions idéologiques et les intérêts que vous représentez. En revanche si l'on pense que la politique est aussi ou surtout la recherche des meilleures solutions voire de l'intérêt général dans un cadre contraignant, alors les MOCs peuvent être vues comme l'élargissement des palettes d'action. C'est aussi le débat jamais terminé entre le rôle des idées et intérêts dans les décisions politiques.

Ce qui a manqué est le débat pluraliste d'expertise. La sélection des experts par la Commission européenne renforce certaines analyses et en exclut d'autres. Cela ne signifie pas que certains progrès n'ont pas été faits mais qu'il n'y a pas une culture de débat ouvert (et certainement pas sous Barroso où le Secrétariat général était là pour défendre une ligne politique, celle du président). Le cas de la flexicurité est emblématique pour cela. C'est ce qui a finalement été la faiblesse des MOCs de ne pas avoir été capables d'ouvrir un débat ouvert sur les raisons de performances différentes entre États membres et les raisons de cela.

CHAPITRE 6

Européanisation

Définition, impact, rétroaction et acteurs

Dans ce chapitre, nous changeons la focale en analysant l'impact potentiel des politiques européennes sur le niveau national ainsi que leur rétroaction au niveau européen. Une question qui traverse l'ensemble des politiques européennes mais encore plus particulièrement la politique sociale est celle de leurs effets au niveau national. Cette discussion a souvent été liée à la question de l'effectivité des MOCs. Elle est abordée ici de manière bien plus générale en mettant en évidence les interactions entre les dynamiques économiques/monétaires et sociales mais surtout en prenant en compte les rétroactions au niveau européen par des acteurs nationaux suite à des décisions prises au niveau européen. En effet, les acteurs ne sont pas passifs et seulement récipiendaires de politiques européennes sur lesquelles ils n'auraient aucune influence. Il y a donc un processus de downloading mais aussi de uploading. Ce chapitre reprend un grand nombre d'informations présentées dans les chapitres précédents et en fait une synthèse différente en particulier en liant les effets de différentes politiques. Il est structuré en trois grandes parties.

La première partie traite brièvement de la question de l'européanisation et du sens que l'on peut donner à ce terme.

La deuxième partie examine les différents canaux par lesquels l'UE peut influencer les modèles sociaux nationaux. La plupart des recherches sur les réformes nationales en cours attribuent un rôle extrêmement limité, voire l'absence de tout rôle à l'Union européenne. En revanche, les auteurs soutenant l'idée d'un impact substantiel de l'UE (ou international) n'ont que rarement développé et détaillé les mécanismes par lesquels une telle influence pourrait se produire. Comme l'écrivait un éminent auteur Stefan Leibfried (2005, p. 272) : « Il est difficile d'évaluer les conséquences de ces pressions indirectes sur les États-providence nationaux. Un grand nombre des domaines problématiques potentiels se trouvent dans le futur, et certains autres, comme le dumping social, sont difficiles à mesurer. »

La troisième partie illustre de manière graphique en quatre grands schémas les évolutions des interactions entre le niveau européen et national mais aussi entre les politiques économiques et sociales entre 1999 et 2010. Cela permet de visualiser la complexité des évolutions, les regroupements, les interactions mais aussi les marginalisations et les échecs. Pour n'en donner qu'un exemple, le « processus de Cologne » créé en 1999, qui voulait faire dialoguer les acteurs des politiques de l'emploi et les acteurs des politiques monétaires, est resté complètement isolé des autres développements postérieurs. La période à partir de 2010 est présentée plus en détail au chapitre 7. Dans celui-ci, nous abordons la période de la crise qui comprend des tentatives de consolider l'union monétaire mais aussi les déstabilisations voire destructions d'institutions sociales nationales.

Mais avant cela, revenons au débat sur l'européanisation des politiques pour offrir un cadre théorique un peu différent.

Quel cadre théorique pour approcher l'« européanisation » ?

Ce chapitre est aussi une réaction à une littérature croissante qui se préoccupe de la question de l'européanisation des politiques nationales mais sans prendre en compte à leur juste valeur les dynamiques complexes entre politiques et acteurs, les rétroactions et stratégies à différents niveaux. Ces analyses portent trop souvent sur une politique/acte/idée de manière indépendante d'un contexte plus global.

Les approches centrées uniquement sur les dynamiques nationales pour expliquer les évolutions des politiques sociales nationales ne semblent pas satisfaisantes méthodologiquement. Elles ignorent les influences externes comme si les idées ne circulent pas ou si certaines élites ne lisent pas le *Financial Times* ou *The Economist*. Quand on parle de sécurité sociale on se réfère souvent aux deux grands modèles : bismarckien et beveridgien. Cela montre que dès l'origine et dans les développements ultérieurs, il y a eu des influences externes, des réinterprétations nationales et des changements de dynamiques. Comme le souligne Jean-Claude Barbier (2008, p. 95) : « Les MOC sont aussi des canaux par lesquels les influences circulent entre États, car, s'il est constant que les cultures politiques sont cloisonnées, comme les débats nationaux et les cycles électoraux, ainsi que leurs enjeux directs, les communautés politiques ne sont pas pour autant fermées aux influences. »

S'il semble méthodologiquement impossible d'étudier les évolutions des politiques sociales et de la protection sociale sans prendre en compte les dimensions transnationales, européennes et transversales (autres pays), la question sur laquelle beaucoup butent est de savoir comment la mesurer.

Les politiques de l'Union européenne constituent un vivier important de politiques publiques qui contribuent à comprendre les changements nationaux. Il ne faut pas considérer que l'influence d'une décision européenne se traduit nécessairement par l'adoption d'une politique similaire au niveau national. Il faut la considérer plutôt une possibilité que des changements se produisent au niveau national soient en partie influencés par cette pression extérieure. Cette influence donne lieu à une réinterprétation et une réacclimatation par les acteurs et institutions nationales (voir par exemple les usages de l'Europe dans Jacquot, Woll, 2004 ; Graziano *et al.*, 2011). Les recherches récentes sur l'européanisation de politiques sociales se sont principalement focalisées sur la *soft law* et sur son éventuelle influence, en comparaison généralement avec la législation classique (*hard law*). Cela a fait passer au second plan les analyses plus anciennes sur le rôle de la Cour de justice, l'impact des directives sociales ou la construction du marché intérieur et les contraintes du cadre macro-économique. Notre argument est qu'il faut tenir compte du possible impact sur les trajectoires des politiques/réformes/institutions nationales de l'ensemble du cadre réglementaire des politiques européennes et pas seulement ou principalement des MOCs.

La définition la plus citée de l'européanisation est celle proposée par Claudio Radaeli et Kevin Featherstone :

> Des processus de (a) construction, (b) diffusion, (c) institutionnalisation de règles formelles et informelles de procédures, de paradigmes politiques, de styles, de « manière de faire » et de croyances et normes partagées qui sont premièrement définis et consolidés dans l'adoption des politiques de l'UE et ensuite incorporés dans la logique du discours interne (national et infranational), dans les structures politiques et des politiques publiques.

La construction se passe d'abord par les diverses instances européennes. S'il y a eu des « règles formelles et informelles, des procédures et paradigme politique » il faut bien qu'il y ait des acteurs qui les ont débattues et adoptées au niveau européen. Ce n'est donc pas une analyse de type mécanique (quelle influence a une politique X au niveau européen sur une politique Y au niveau national) mais bien un mapping précis de différents acteurs dont de nombreux se déploient dans différents espaces européens, nationaux, sous-nationaux et entretiennent ou pas des relations entre eux.

C'est méthodologiquement la partie la plus difficile à tracer. Quel protocole de recherche adopter pour saisir par exemple la mise à l'agenda de la méthode ouverte de coordination ? Qui interroger ? Quel crédit donner à des histoires très partielles et partiales de négociations complexes généralement liant plusieurs sujets ? Cela n'est que partiellement résolu par une approche en termes de gouvernance à différents niveaux. En effet, il s'agit d'une description d'une réalité (différents niveaux) plus que d'un cadre analytique (comment ceux-ci s'articulent de manière dynamique).

La deuxième partie de la définition concernant la diffusion est un ensemble assez large comprenant des « règles formelles et informelles de procédures, de paradigmes politiques, de styles, de "manière de faire" et de croyances et normes partagées » ; en d'autres termes à peu près tout. Cela ne rend pas plus facile son opérationnalisation en termes de recherche.

Enfin, la troisième partie concerne l'impact de l'européanisation. La définition est ici imprécise quant à la mesure de l'impact. En utilisant la formule « est incorporé dans la logique », cela laisse une grande marge pour estimer la nature de cette incorporation : elle peut être structurelle ou incorporée à la marge.

Cette définition manque, selon nous, l'objectif d'analyser des dynamiques et des tensions entre les différents niveaux mais surtout ignore les stratégies d'acteurs à des niveaux différents avec des objectifs *politiques* différents. La focale utilisée est trop étroite ; elle donne lieu essentiellement à des analyses techniques de mise en œuvre ou non de certains actes communautaires en comparant un nombre limité de pays. L'européanisation, dans cette acception, permet de développer des analyses comparatives standardisées sans tenir compte d'un contexte plus global. Elle contribue à des formes d'analyses dépolitisées du processus d'européanisation.

En 2005, Maurizio Ferrera et Stefano Bartolini ont tous deux publié un livre important basé sur des perspectives rokkanniennes (formation de centre, construction de système, structuration politique) et hirschmaniennes (exit, voice, loyalty). Ils proposent une approche innovatrice qui renouvelle radicalement la perspective de l'intégration européenne. Les trois processus à l'œuvre identifiés par Ferrera (2005, p. 220) sont : « La déstructuration, la restructuration défensive le long d'anciennes frontières et la restructuration le long de nouvelles frontières, des lignes de démarcation plus larges, sont trois processus qui peuvent coexister et agir en parallèle pendant une longue période de temps, maintenant une sorte d'équilibre mutuel. »

Cette approche permet de développer une perspective dynamique et prend en compte des phénomènes multiniveaux et multidomaines en partie contradictoires. En premier lieu, l'UE exerce un impact sur les politiques sociales nationales par la suppression des frontières et par la réduction du nombre des options laissées aux décideurs nationaux (par exemple par le biais du règlement 1408/71 sur les régimes de sécurité sociale et la libre circulation des personnes, les directives sur l'égalité entre hommes et femmes, des arrêts de la Cour de justice à propos de la limite entre aide sociale et protection sociale, des critères UEM, etc.). En deuxième lieu, des acteurs dans les États membres, ou du moins certains d'entre eux, tentent de résister (subsidiarité, affaire Barber et changement du Traité, etc.). Finalement, nous observons une tentative de créer au niveau européen, un certain type de contrepoids au biais dérégulatoire (Jenson, Pochet, 2006) ou au contraire son renforcement des mesures adoptées (voir par exemple le renforcement de la gouvernance économique durant la crise).

Il y a donc selon Maurizio Ferrera un double mouvement de résistance aux changements venant du niveau européen. Le premier se situe au niveau national pour maintenir les dispositions antérieures et l'autre au niveau européen consiste en la participation à la définition même du changement et à la redéfinition de la contrainte.

Les dynamiques sont aussi multiples. Elles dépendent des États et de la manière de formuler un agenda mais aussi d'un ensemble de communautés thématiques qui portent ou non leurs revendications, les articulent ou pas avec d'autres acteurs, trouvent dans les traités des possibilités nouvelles ou les créent, etc. Le rôle des intellectuels n'est pas négligeable dans ces dynamiques. Comme nous l'avons vu au chapitre précédent, la flexicurité est un bon exemple d'une idée portée par certains académiques qui est « montée » au niveau européen comme paradigme alternatif à la simple dérégulation du marché du travail. Plus récemment se développe une tentative par une série d'académiques souvent proches de la social-démocratie européenne de définir les enjeux sociaux en termes d'investissement social. Ceux-ci proposent d'utiliser ce concept au niveau européen comme un élément fédérateur pour réformer les États-providence nationaux.

Comme l'indique Pierre Bauby (2011, p. 24), un auteur avisé et un acteur, à propos des développements en matière de services publics :

> L'européanisation des services publics est [...] un processus progressif, à la fois bottom-up et top-down, multi-acteurs et contradictoire. Si les initiateurs de l'européanisation sont les États qui considèrent qu'ils ont certains intérêts communs justifiant des transferts de souveraineté à l'échelon supranational [...] en mettant en place des institutions et politiques communes, les États génèrent de nouvelles logiques qui ont leurs propres dynamiques. L'européanisation n'est pas linéaire mais un processus tendu parfois heurté, fait d'avancées et de reculs, dans lequel les intérêts et les stratégies des acteurs jouent un rôle clé.

Influence de l'UE sur les politiques sociales nationales

Comment un processus d'intégration asymétrique (quasi exclusivement économique) et négatif (qui se réalise principalement par la suppression des règles) est-il capable de peser sur les politiques sociales nationales ? L'ouvrage de référence de Stefan Leibfried et Paul Pierson (1995), soulignant que les États-providence sont devenus semi-souverains, est l'un des plus importants dans le cadre d'une systématisation de cette question, notamment par leur analyse du rôle de la Cour de justice.

Canaux d'influence

Dans la littérature, quatre canaux d'influence peuvent être distingués qui affectent les États-providence nationaux : la législation européenne, la jurisprudence européenne, l'intégration économique et monétaire, et la *soft law*. Ces canaux sont complémentaires et doivent être analysés ensemble, et non isolément (Pochet, 2007). L'influence est cumulative : elle provient d'instruments variés et touche différents acteurs et politiques. Chacun de ces canaux a ses propres propriétés et caractéristiques susceptibles d'affecter l'arène nationale d'une manière différente. Par exemple, le fait de recourir à la *soft law* plutôt qu'à la législation a en soi une influence différente (Dehousse, 2004 ; Lascoumes, Le Galès, 2004).

Cette première distinction entre ces quatre possibles canaux étant faite, nous distinguons maintenant quatre types d'impact : les impacts « directs », « indirects », « volontaires » et « non voulus ». L'objectif est, dans un premier temps, d'essayer de lier les instruments avec la nature des impacts probables et les difficultés d'analyser avec rigueur ceux-ci.

L'influence directe d'une politique sociale de l'UE sur le niveau national est plutôt rare. Elle est le plus souvent le résultat d'une législation sociale européenne qui affecte directement les lois et les conventions collectives nationales. Par « direct », nous entendons donc essentiellement la transposition des directives européennes sur le plan national ou les effets directs des règlements communautaires. Il se peut qu'un temps assez long s'écoule avant qu'une directive soit réellement mise en œuvre, mais en fin de compte, l'immense majorité d'entre elles le sont. Il n'est pas trop compliqué d'en retracer l'effet, étant donné que nous sommes en mesure de comparer la législation avant et après l'adoption de la directive (pour l'analyse exhaustive de 6 directives dans 15 pays, voir Falkner *et al.*, 2005). La législation UE relative à l'égalité entre hommes et femmes a exercé un impact significatif dans un grand nombre de pays où les réglementations nationales étaient basées sur le modèle d'un seul pourvoyeur (masculin) de revenu (États-providence conservateurs continentaux) (voir chap. 3). La législation concernant la libre circulation des travailleurs et citoyens de l'UE a aussi eu des conséquences capitales en interconnectant les différents systèmes sociaux ainsi qu'en créant un droit spécifique pour les citoyens mobiles (Martinsen Sindbjerg, 2005, 2015).

En deuxième lieu, la Cour de justice de l'Union européenne joue un rôle essentiel en interprétant le traité et la législation relative aux lois de la concurrence et à la libre circulation des personnes, d'une part, et les directives de politique sociale, de l'autre (Leibfried, Pierson, 1995). Un tiers des jugements de la Cour porte sur la libre circulation des travailleurs, la sécurité sociale des travailleurs migrants de l'UE ou de pays tiers, la protection des travailleurs et l'égalité du traitement (Leibfried, 2005, p. 260-261). En analysant cette jurisprudence, Stefan Leibfried et Paul Pierson (1995) montrent comment ces arrêts affectent les États-providence nationaux, considérés par ces auteurs comme « semi-souverains ». Ils ont systématisé les différents impacts en faisant observer que les arrêts de la Cour limitent : 1) le contrôle national sur les bénéficiaires, 2) le contrôle spatial sur la consommation (on peut acheter ses lunettes dans un autre pays et être remboursé dans son pays de résidence par exemple), 3) l'exclusivité de couverture sur le territoire national, 4) le contrôle de l'accès au statut de producteur de prestations, et 5) le contrôle sur l'adjudication de cas administratifs.

Nous qualifions ce type d'impact de « non voulu ». Par cela, nous entendons que les arrêts de la Cour de justice ont interprété et largement étendu les directives et les réglementations au-delà des idées initiales et des compromis politiques qui les ont soutenues. Nous le qualifions également de non voulu parce que nous ne soutenons pas l'idée que la Cour serait uniquement ou principalement un agent du marché ou des intérêts des grands États membres (Vauchez, 2013). Même si c'est plus complexe que pour l'effet direct, il reste possible de retracer les effets des arrêts de la CJUE au niveau national.

En troisième lieu, les politiques sociales nationales peuvent être affectées par la politique de concurrence, par la politique économique de l'UE (Scharpf, 1999) et par l'union monétaire, susceptibles d'influencer la formation des salaires ou le financement de la sécurité sociale. Les impacts « indirects » sont principalement la conséquence d'une intégration asymétrique et d'un biais favorisant le volet économique. S'ils influent sur ce qu'ils conviendraient de faire (modération salariale, diversification des pensions, dérégulations du marché du travail, etc. (voir chapitre suivant), ces politiques marginalisent ou éliminent certaines options. Par exemple Andrew Martin et Martin Ross soulignent que l'UEM a un impact considérable sur le plan national étant donné que certaines politiques économiques ou sociales ne sont plus ou ne semblent plus possibles aujourd'hui (Martin, Ross, 2004). Comme l'indique Fritz Scharpf (2002, p. 4) :

> En bref, comparées au répertoire des choix politiques qui étaient disponibles voici deux ou trois décennies, les contraintes légales européennes ont grandement réduit la capacité des gouvernements nationaux à influencer la croissance et l'emploi dans les économies, des performances desquelles ils sont politiquement responsables. En principe, les seules options encore disponibles sont des stratégies d'offre, y compris les charges fiscales, la poursuite de la dérégulation, la différenciation des salaires et les coupes sociales pour réduire le salaire minimum.

Toutefois, on ne peut pas démontrer que des gouvernements auraient choisi une autre politique s'il n'y avait pas eu les contraintes de l'UEM.

Enfin, les méthodes ouvertes de coordination qui se sont développées principalement dans le champ social – mais pas exclusivement – peuvent également avoir de l'influence sur l'orientation des réformes nationales (voir chapitre précédent). Elles fournissent des orientations générales pour mener des réformes nationales, mais sans sanction formelle si ces orientations politiques ne sont pas suivies. D'une certaine façon, il s'agit de boîtes à outils utilisables ou non par les acteurs nationaux souhaitant mettre en œuvre des changements (d'amplificateur sélectif selon les termes de Jelle Visser, 2005). Ces nouvelles méthodes nécessitent un rôle actif de la part des décideurs nationaux, de ceux qui ont un impact sur les politiques suivies ou les idées dominantes. Cela peut se faire de manière volontaire par une implication active et une utilisation stratégique des opportunités offertes au niveau européen (pour légitimer les politiques nationales).

Elles peuvent interférer dans les débats nationaux d'une double manière : d'une part, d'un point de vue discursif et cognitif par un changement progressif des cadres de référence ; et d'autre part, en ouvrant des fenêtres d'opportunité pour certains groupes et en modifiant les rapports de force.

Mais elles exercent un impact incontrôlé étant donné qu'elles sont susceptibles d'affecter la manière dont les acteurs envisagent un problème, en d'autres termes les idées et les croyances. Nous utilisons le terme « incontrôlé », plutôt que « non attendu » parce qu'il est difficile de contrôler de quelle manière les idées et propositions sont réinterprétées dans une communauté particulière. Par exemple, les promoteurs de la flexicurité souhaitaient qu'elle ait un impact au niveau national (c'est ce qui était attendu) mais cet impact (quand il a eu lieu) a été dans différentes directions (incontrôlé) car réinterprété par des communautés politiques nationales (voir Barbier, 2008 ; Serrano Pascual, Magnusson, 2007, pour ce qui est de l'activation). Le défi de retracer précisément l'impact est extrêmement compliqué.

Si chaque instrument possède donc sa propre spécificité (Lascoumes, Le Galès, 2004), il serait toutefois erroné de les considérer de manière indépendante. En procédant ainsi, nous ne considérerions qu'une partie de l'histoire et n'aurions pas une vue plus holistique et intégrée (voir chap. 2). Il existe une interaction entre différents domaines, les politiques sociales ont souvent été développées au niveau européen en réaction aux impacts des politiques économiques de l'UE que ce soit le marché intérieur ou l'union monétaire. Cette approche élargie modifie également la vision que l'on peut avoir de la « soft law » et des processus de coordination souples, en permettant d'évaluer de quelle manière ces processus contribuent avec d'autres canaux d'influence à la

« modernisation » des systèmes nationaux. Comme nous l'avons développé au chapitre 5 pour comprendre le développement de la SEE, nous devons analyser les grandes orientations de politique économique GOPE et le débat dans les cercles économiques et monétaires. Différentes communautés d'acteurs se mobilisent, à partir de la deuxième moitié des années 1990, pour rééquilibrer les impacts de l'UEM au niveau européen et national.

Mais qu'entend-on par « influence » ?

Comme le montre Bruno Palier (2010), il existe beaucoup de coïncidences dans le timing et dans l'orientation générale de nombreuses réformes sociales récentes, tout particulièrement dans les pays d'Europe continentale. Il est donc peu probable que cet ensemble de changements ne soit dû qu'à des facteurs internes. En revanche, Jon Kvist et Juho Saari soulignent qu'après environ quinze ans de réformes de l'État-providence mises en œuvre dans une Europe de plus en plus intégrée, aucune convergence de ceux-ci ne peut être identifiée (2007). Autrement dit, s'il y avait la moindre influence de l'intégration ou des politiques européennes sur les réformes sociales nationales, nous devrions percevoir un certain degré de convergence des systèmes sociaux ; ce qui n'est pas le cas.

Mais la question est-elle bien posée ? Le fait que le niveau européen ait un impact conduit-il nécessairement à une convergence ? Autrement dit, la convergence est-elle un critère pertinent d'influence ? La littérature sur l'européanisation nous apporte deux arguments complémentaires : Premièrement, « il y a une différence entre un processus et ses conséquences » (Radaelli, 2003, p. 33), ce qui signifie que ce n'est pas parce que les systèmes sociaux ne sont toujours pas convergents que le processus des réformes sociales n'est pas influencé par des éléments similaires tels que les politiques européennes. Deuxièmement, un processus d'européanisation n'implique ni toujours ni obligatoirement une convergence des politiques nationales, étant donné que toute « pression en faveur de l'adaptation » du niveau européen est filtrée par les structures domestiques (Cowles *et al.*, 2001).

Par ailleurs, y a-t-il des modèles nationaux « purs » ou ceux-ci sont-ils, quand on les décompose, en partie contradictoires ? Dans la typologie de Peter Hall, l'UE a des implications principalement vers le niveau 3 (paradigme), laissant le soin aux États membres de trouver la façon d'adapter les niveaux 1 (instruments) et 2 (institutions). Le changement de référence (partiel et souvent contradictoire) n'implique pas que toutes les politiques nationales soient totalement congruentes avec le nouveau modèle

Dans les paradigmes anglo-saxon ou libéral, des politiques sociales nationales particulières étaient et demeurent également différentes. Le plus évident est le système de santé public (NHS) au Royaume-Uni qui contraste avec le reste des politiques sociales. Ceci reste vrai dans le champ économique avec le paradigme keynésien qui a été interprété de diverses manières. En d'autres termes, une certaine incohérence à l'intérieur d'un paradigme commun n'est pas une chose exceptionnelle (Streeck, Thelen, 2005 ; Crouch, 2005).

Comme l'écrit à juste titre Bruno Palier (2006) : « La mesure du changement ne devrait pas être quantitative (en termes de dépenses, de niveaux de prestation, de couverture, etc.) mais devrait fournir une évaluation du degré d'innovation introduit par les changements. Les questions typiques devraient porter sur le fait de savoir si les réformes ont introduit de nouvelles institutions, promu une nouvelle logique ou mené à l'implication de nouveaux acteurs. »

La lecture critique des recherches empiriques basées sur l'approche en termes de fit/misfit nous permet d'aller plus loin dans la réflexion. Le point de départ de l'approche fit/misfit est que la différence existante entre la politique adoptée à l'échelon européen et celle existant au niveau national est un facteur explicatif pertinent pour mesurer les pressions au niveau national. Conformément à cette approche, il devrait y avoir *a priori* moins de pression en faveur de l'ajustement dans le cas d'une similitude entre les politiques européennes et nationales que s'il existe une divergence entre les deux niveaux. Si cela est vrai, cela plaide pour une approche en termes de convergence comme critère d'impact (les pays les plus éloignés faisant le plus de réformes pour s'aligner).

Toutefois, les pouvoirs prédictifs de cette approche se révèlent relativement faibles. D'une part, les gouvernements sont susceptibles d'utiliser le niveau européen comme un prétexte dans le cas d'une décision qu'ils ont acceptée lors de son adoption au niveau européen. Ils peuvent même avoir placé délibérément un point controversé sur le plan national sur l'agenda européen afin de circonvenir une opposition et des vetos nationaux. D'autre part, une différence mineure entre politique européenne et nationale peut produire un changement majeur au niveau national (Falkner *et al.*, 2005), alors qu'une divergence substantielle peut, dans certains cas, ne pas poser de problème d'adaptation nationale (Bulmer, Radaelli, 2004, p. 8-9 ; Goetz, Hix, 2001).

La plus grande critique de cette approche appliquée à l'Europe sociale est formulée dans l'ouvrage de Gerda Falkner et de ses collègues (2005). Ces auteurs examinent en détail la mise en œuvre de six directives sociales européennes. Ils n'ont pas comparé dans une approche statique la mise en œuvre des dispositions de ces directives, mais ont comparé les nouvelles réglementations nationales avec la situation précédant l'adoption de la directive. Ce qui leur permet de définir trois groupes de pays : ceux de la conformité, ceux de l'ignorance et ceux des politiques internes. Dans ces derniers, les mises en œuvre ne dépendent pas de l'écart entre la norme européenne et nationale mais de dynamiques d'acteurs nationaux et des traditions nationales.

C'est évidemment plus facile à mesurer pour du droit communautaire que pour des préconisations souples et souvent ambiguës comme le sont celles de la *soft law* et des MOCs. Comme nous l'avons montré, cet impact n'est pas général mais touche des communautés particulières qui sont ou non influentes dans les décisions nationales et dans le monde des idées. Il s'agit d'une européanisation fractionnée, inégale et différente selon les communautés de politiques publiques et les lieux de circulation des idées.

Synthèse

À présent, résumons les arguments présentés jusqu'ici. Il y a lieu de tenir compte du phénomène de l'apport d'idées *top-down* ou *bottom-up* sans quoi la perspective est incomplète. Les acteurs ne sont pas passifs, « subissant » la politique de l'UE ; ils contribuent à créer/modifier/réduire ou augmenter les contraintes. Les changements peuvent également se produire au niveau de l'UE où des groupes d'acteurs sont en tension pour définir le référentiel global.

Les divers instruments européens utilisés ont des potentiels différents et leur impact peut être retracé d'une manière plus ou moins aisée. Mais ils font partie d'un processus d'européanisation global et doivent être analysés ensemble. Finalement, nous ne devons pas ignorer la possibilité d'une absence d'effet ainsi que les dynamiques de coévolution. L'UE et le niveau national interagissent d'une manière complexe qui rend difficile de considérer les politiques de niveau européen comme des variables indépendantes.

L'approche *fit/misfit* est une première approximation utile pour évaluer un impact potentiel de l'UE sur les développements nationaux mais qui peut aussi s'avérer trompeuse. En effet, si la configuration institutionnelle est importante, les acteurs sont également capables de l'utiliser pour renforcer l'impact ou le limiter. Les décideurs peuvent également dans leur propre intérêt ou pour des motifs idéologiques influencer l'agenda de l'UE afin de renforcer ou de limiter/compenser/supprimer les contraintes nationales. Dans ce cas, nous devons prendre en considération la construction d'un discours global qui émerge au niveau de l'UE (référentiel global). Ce discours souligne la nécessité d'une modernisation dans le cadre des processus de l'UEM et de la mondialisation.

Notre argument général consiste à dire que les réformes nationales ont été principalement déclenchées par des facteurs nationaux parce que les acteurs, les institutions, les problèmes sont essentiellement nationaux. Néanmoins, l'UE a également exercé un impact. Les pressions ne sont pas traduites directement au niveau national, mais sont utilisées et réinterprétées par les acteurs nationaux en fonction d'agendas propres.

Ces pressions ne sont pas seulement employées en empruntant des arguments, des discours, des idées des niveaux supérieurs, mais également en agissant au niveau européen pour déterminer de nouvelles directions utilisées ensuite au niveau national. Il ne s'agit pas uniquement d'idées mais aussi d'institutions comme nous l'avons vu au chapitre 4 sur le dialogue social européen qui est une projection du modèle belgo-français au niveau de l'UE.

Les canaux par lesquels l'UE influence les politiques nationales sont nombreux et variés, et plusieurs mécanismes distincts sont à l'œuvre. Pour comprendre l'influence de l'UE, il est nécessaire de prendre en considération les différents impacts et ne pas se limiter à la « soft law ». L'impact de l'UE s'est avéré cumulatif sur divers aspects communs de la politique nationale. Cet effet n'est qu'une partie de l'impact transnational et transversal. Selon notre cadre d'analyse, cela n'a guère de sens d'opérer une distinction stricte entre les différentes sources : l'OCDE et l'UE ont toutes deux contribué au changement des priorités dans les États-providence européens et en particulier dans les pays de tradition bismarckienne qui étaient considérés par ces institutions comme ceux qui fonctionnaient le moins bien (Palier, 2010).

Après ce détour plus théorique, nous l'appliquons aux évolutions des années 1990-2010 en nous basant sur les trois dimensions mises en évidence par Ferrera (déstructuration, restructuration défensive le long d'anciennes frontières, et restructuration le long de nouvelles lignes frontalières, plus larges).

Une visualisation dynamique entre différentes politiques et entre niveaux européen et national

Ayant adopté un cadre théorique plus large de l'européanisation qui voit des acteurs interagir entre différents champs politiques – et ne pas rester passifs à des injonctions européennes auxquels ils sont par ailleurs participants –, cette section fait une relecture dynamique des années 1990-2010 en termes d'interactions entre niveaux européen et national. L'essentiel des contenus des politiques a déjà été présenté dans les chapitres précédents et nous n'y reviendrons pas en détail. La première partie de ce chapitre ainsi que les chapitres précédents mettent en évidence la direction générale des réformes. Dans les graphiques, nous synthétiserons la signification des pressions par un mot-clé qui reflète les priorités de l'action.

L'élaboration de ces quatre schémas permet d'offrir une lecture différente des dynamiques à l'œuvre au niveau européen et national. Les résultats sont en partie inattendus, voire surprenants. L'intérêt des schémas est de pouvoir visualiser des interactions nouvelles, mais également l'absence d'interactions ou encore des déplacements et/ou des rapprochements au cours du temps. Il s'agit dans ces quatre graphiques de fournir de manière visuelle et synthétique trois types d'information : A) temporelle (quand ?), B) topographique (interactions entre niveaux et politiques), C) de contenu (quoi ?).

Quand on trace les évolutions sur un temps relativement long au niveau européen on assiste à la création (et parfois à la disparition) de nouvelles institutions. Au niveau européen, la question de création d'institutions est parmi les plus intéressante car elle fournit des indications quant aux conditions d'émergence, de reproduction et de stabilisation de celles-ci. Les institutions naissantes sont la résultante de lutte d'acteurs et de l'inscription de ces luttes en droit communautaire. Il faut pour cela qu'il y ait des fenêtres d'opportunité, que cela soit lors de modifications des traités ou des changements de rapports de force politiques.

Au niveau national, l'UEM a des impacts sur des institutions historiquement développées et stabilisées. La principale question est de savoir si cela mène à des changements, des innovations, des nouvelles directions dans les chemins de dépendance.

La période couverte (1990-2010) est particulièrement riche en événements. Trois niveaux peuvent être distingués : celui des conférences intergouvernementales qui inscrivent, pérennisent ou modifient les règles ; celui de la création de nouvelles institutions ; et enfin celui des évolutions à l'intérieur des institutions (c'est-à-dire du sens donné à l'action). Rappelons rapidement les éléments marquants dans ces trois catégories.

Lors des conférences intergouvernementales (CIG) et des conventions, il s'agit de prendre des décisions stratégiques et de définir ou de redéfinir les règles du jeu. Les principaux acteurs se mobilisent et comme le nom l'indique en premier lieu les gouvernements. Quatre conférences intergouvernementales ont été tenues qui conduisent à autant de traités : en 1991 le traité de Maastricht, 1997 le traité d'Amsterdam, 2000 le traité de Nice, une nouvelle conférence intergouvernementale adopte un traité constitutionnel en juin 2004 qui a été refusé par referendum en 2005 et s'est finalement transformé en traité de Lisbonne en 2009.

En outre, deux Conventions composées de représentants des gouvernements, du Parlement européen, de la Commission et des Parlements nationaux et la participation de quelques représentants de la société civile se sont tenues, l'une portant sur la Charte des droits fondamentaux (1999-2000) et l'autre sur le futur de l'Europe (2001-2003).

Comme nous l'avons vu dans le chapitre précédent, le fait que la Stratégie européenne de l'emploi soit fondée sur des bases juridiques précises dans le traité lui permet de résister à des changements trop radicaux et de reprendre une certaine place au travers de luttes bureaucratiques arbitrées par la lecture juridique des traités (Zeitlin, Vanhercke, 2018). Ce qui n'est pas le cas de la MOC pauvreté/exclusion sociale qui ne dispose que d'une base juridique faible et d'acteurs faibles et peut disparaître ou être marginalisée avec beaucoup moins de difficulté. Les réformes des traités ancrent des rapports de force qui permettent (ou non) aux acteurs de voir par la suite leur position renforcée ou déforcée par les nouvelles dispositions et la capacité particulièrement des juristes de les interpréter de manière créative.

Le dernier niveau est celui de la création de nouvelles politiques/institutions ou la redéfinition d'anciennes. Concernant les institutions, outre la Banque centrale européenne (BCE) et l'Eurogroupe composé des ministres de l'Économie et des Finances des pays de la zone euro, ont été créés le dialogue social européen, la Stratégie européenne pour l'emploi, le processus de Cologne, les Méthodes ouvertes de coordination en matière d'exclusion sociale, de pensions et puis de soins de santé.

Enfin les évolutions à l'intérieur de ces politiques/institutions. Des évolutions significatives peuvent être constatées, par exemple le passage vers un dialogue social entre les partenaires sociaux européens plus autonome par rapport à la Commission avec l'adoption de programmes de travail pluriannuels propres aux partenaires sociaux européens (à partir de 2003) ou une refonte en 2003 de la SEE suite à une évaluation après cinq années d'exercice la plaçant dans une perspective triennale et la liant aux Grandes orientations de politique économique (GOPE). De plus, quatre élargissements de l'UE ponctuent la période. Ceci a une implication tant sur le nombre des acteurs que sur la nature du projet d'intégration européenne.

Le timing et le séquençage

Concernant la période couverte 1990-2010 nous distinguons quatre périodes.

La première est celle de la sélection des pays en fonction des critères de Maastricht pour faire partie de l'union économique et monétaire (1991-1996), période durant laquelle les pressions sont maximales pour adapter les institutions sociales nationales au nouveau cadre monétaire émergeant.

La deuxième est la période de transition vers l'union monétaire définitive (1997-1999). Il est apparu important de singulariser cette période. Les pays ont été sélectionnés pour faire partie de l'Eurozone et subissent moins les pressions (critères de Maastricht) étant qualifiés pour y participer. Une conférence intergouvernementale ouvre la possibilité de modifier les règles, ce qui mène à l'adoption du traité d'Amsterdam (1997).

La troisième période 1999-2004 est caractérisée par le lancement de l'UEM qui s'accompagne d'une forte inventivité institutionnelle au niveau européen (processus de Cologne, Stratégie européenne pour l'emploi, méthodes ouvertes de coordination, Stratégie de Lisbonne). Le Pacte de stabilité et de croissance fournit des contraintes budgétaires interprétées souplement par les grands États.

La quatrième, 2004-2010, est marquée par la rationalisation par une mise en cohérence des GOPE et de la SEE (2004) et un processus *streamlining* en matière de protection sociale pour 2006 et la hiérarchisation de ces différents processus car la SEE, basée sur le traité, est distinguée des autres processus MOC sociaux et rejoint les Grandes orientations de politique économique.

La dernière période est celle de la simplification radicale des processus mais aussi de la complexification/recouvrements des procédures économiques.

Topographie intégration horizontale et verticale

Pour chaque schéma et pour nos commentaires, nous avons tenu compte de deux niveaux : le niveau européen et le niveau national. Sur le plan national, nous avons distingué trois domaines : la négociation salariale, la protection sociale et la politique du marché du travail. Bien entendu, il existe des interrelations entre ces trois domaines et leurs frontières ne sont pas strictement définies. Néanmoins, dans le cadre du débat sur l'union monétaire, ces différents champs font l'objet de discours spécifiques. Cela correspond également à des développements distincts sur le plan européen. Pour ce dernier nous distinguons l'emploi, la protection sociale et le dialogue social. Il s'agit de présenter de manière synthétique et visuelle les directions des diverses évolutions récentes. Si l'objet est bien de montrer de manière dynamique sous forme de flèches les interactions, les schémas mettent aussi en évidence un autre aspect : l'absence d'interactions et de liens entre différentes institutions.

Discours dominants

Nous avons également indiqué pour une série d'interactions un mot-clé qui essaie de synthétiser l'aspect dominant du discours produit. Cette démarche est réductrice car il existe souvent de multiples objectifs qui peuvent être éventuellement contradictoires et/ou ambigus. Il s'agit ici de marquer d'une part l'enjeu essentiel et d'autre part la direction (interaction avec qui). Par exemple, le discours sur les pensions a été dans un premier temps axé sur la soutenabilité à moyen et long terme des finances publiques dans le cadre de l'UEM et formulé par les acteurs économiques. Ensuite avec la création de la MOC pensions, l'aspect social (qualitatif) des pensions a émergé et a été mis en tension avec celui de la soutenabilité. Dans un deuxième temps, le discours européen s'est construit en tension autour de ces deux termes. Mais depuis 2010 c'est le retour à la case départ, et le principal mot-clé est celui de la soutenabilité.

Figure 8. Première phase : la qualification 1991-1996

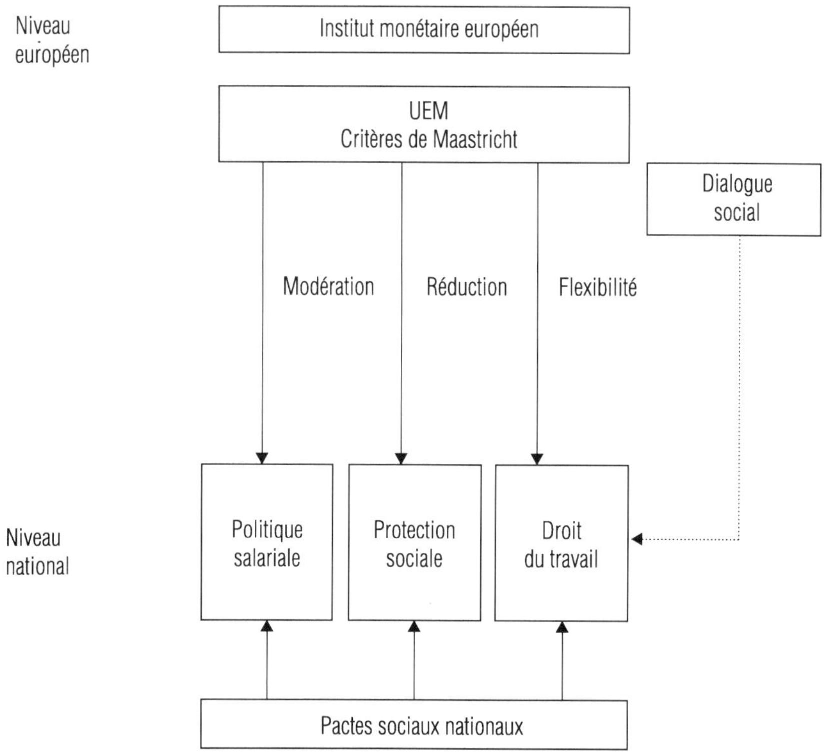

Source : Élaboration de l'auteur.

Cette période de qualification pour l'euro est traversée par deux grandes dynamiques. C'est la période initiale avec des pressions fortes au niveau national et une double réponse inattendue, sur le plan national par la signature de pactes sociaux et au niveau européen par l'organisation des acteurs qui vont agir au niveau européen pour tenter de rééquilibrer l'UEM, avec comme innovation le dialogue social.

La première, au niveau national, consiste à repenser les institutions et particulièrement celles liées à la formation des salaires afin de stabiliser un nouveau consensus permettant de remédier à la suppression du taux de change comme instrument d'ajustement. On assiste à la tentative, et échec dans certains cas, de conclure des pactes sociaux dans de nombreux pays : Italie, Portugal, Espagne, Belgique, Allemagne, Irlande, Finlande. Ces derniers lient les différentes thématiques à partir de la question de la modération salariale et de la nécessité d'avoir une faible inflation.

Le cas le plus emblématique est celui de la Belgique où une loi est adoptée en 1996 qui prévoit que le Conseil central de l'économie analyse régulièrement la position concurrentielle de la Belgique par rapport aux pays voisins et émet, en fonction de cette analyse, une norme salariale à respecter. En matière de politique salariale, la modération salariale devient la norme explicite ou implicite dans la plupart des États membres. Les priorités politiques sont la réduction du déficit budgétaire pour passer en dessous de la barre des 3 % de déficit public par rapport au PIB, et la lutte contre l'inflation. La récession de 1992/93 augmente fortement le taux de chômage dans tous les pays.

La création de l'Institut monétaire européen (IME) qui prépare la voie à la Banque centrale européenne est la deuxième innovation de cette période. Basée sur les traités, elle bénéficie d'une infrastructure de support à Francfort ainsi que d'un mandat très clair. Dans le même temps, les banques centrales nationales deviennent indépendantes du pouvoir politique et vont s'articuler à la BCE naissante en un « Système européen de banques centrales ».

En réaction aux critères purement comptables de qualification à l'union monétaire une série d'acteurs s'active dans une période de fort chômage afin d'inscrire une dimension emploi et protection sociale à l'agenda communautaire. Différents documents sont alors adoptés (Livre blanc sur la croissance, compétitivité et emploi de J. Delors 1993, Livre vert, et Livre blanc sur la politique sociale européenne du commissaire aux Affaires sociales Pádraig Flynn. À partir du Conseil européen d'Essen (1994), les Conseils européens successifs rappellent l'importance de cette question et consolident ainsi son inscription à l'agenda communautaire, ce qui aboutit *in fine* à l'inscription d'un titre « Emploi » dans le traité d'Amsterdam (figure 9).

En termes institutionnels, la consécration dans le traité de Maastricht du dialogue social est l'élément marquant. Il s'agit d'une translation à l'Europe d'institutions nationales (essentiellement belges et françaises). Celle-ci se réalise toutefois sans l'infrastructure classique, il n'y a pas de secrétariat permanent par exemple, ni de chambre spécialisée à la Cour de justice pour interpréter les accords.

Figure 9. Période de transition 1997-1999

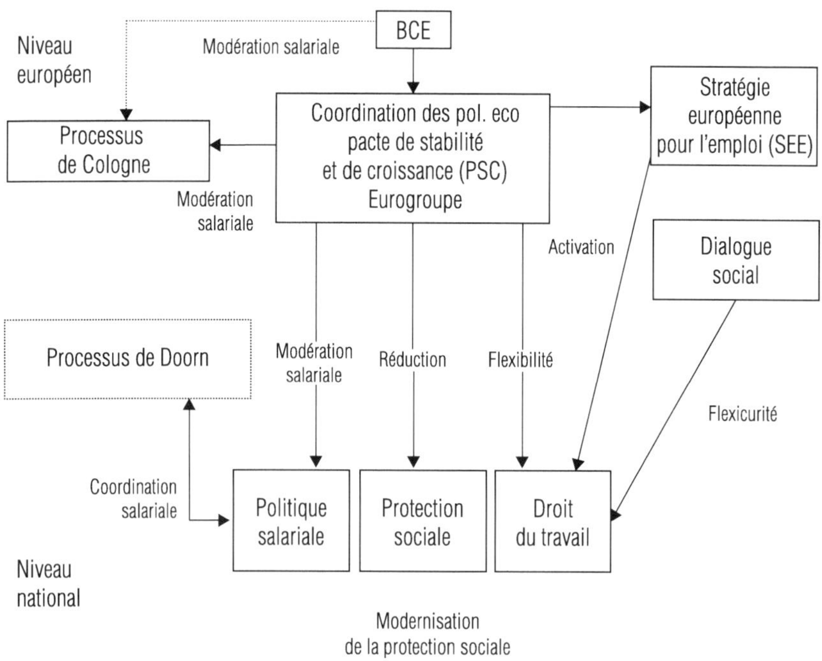

Source : Élaboration de l'auteur.

La période de transition vers l'union économique et monétaire entraîne plusieurs effets structurants. La question des salaires émerge tant au niveau national qu'européen. La SEE est établie par le traité d'Amsterdam et le dialogue social semble se cimenter et offrir la possibilité d'un système européen de relations industrielles.

La perspective de l'UEM devenant concrète, les règles à suivre une fois dans l'union monétaire sont précisées *via* l'adoption du Pacte de stabilité et de croissance lors du Conseil européen d'Amsterdam (1997). Celui-ci vise à des finances publiques équilibrées ou en léger surplus sur le cycle. Il met aussi l'accent sur la soutenabilité à long terme des finances publiques et donc les risques liés aux pensions.

En réaction c'est aussi le moment où différents groupes d'acteurs vont faire monter leur priorité à l'agenda européen. Le lien se fait entre politique monétaire et politique salariale (dialogue macroéconomique).

Le processus de Cologne (1998) est adopté sous la pression d'Oskar Lafontaine alors ministre des Finances allemand. Il organise un dialogue structuré deux fois par an entre les pôles monétaire (BCE), économique (Ecofin, DG Ecfin), social (Conseil Emploi, DG emploi) et salarial (partenaires sociaux) à deux niveaux : l'un politique, l'autre technique.

En matière de coordination salariale, les acteurs syndicaux s'organisent aussi. Les premiers sont les métallurgistes de la FEM qui entreprennent de définir une norme salariale commune (inflation + productivité). De même, à l'initiative des syndicats belges est lancée une coordination régionale dite « de Doorn » entre l'Allemagne, la Belgique, le Luxembourg et les Pays-Bas (Doorn Initiative, 1998). Une coordination interprofessionnelle est également prévue au niveau européen suite à la résolution du Congrès d'Helsinki de la CES. On assiste à une convergence de l'inflation autour de 2 %.

Le groupe d'acteurs « sociaux » parvient à faire adopter un chapitre Emploi dans le traité d'Amsterdam. Sa mise en œuvre anticipée par le Conseil européen de Luxembourg (novembre 1997) se fait autour de quatre piliers : employabilité, adaptabilité, esprit d'entreprise et égalité hommes-femmes. Les Marches européennes pour l'emploi organisées par la société civile et des syndicats mettent les questions de la pauvreté et l'exclusion en avant.

Dès 1998 le thème de la protection sociale émerge avec la discussion sur la protection sociale comme facteur productif et avec un rôle très actif de la présidence finlandaise (1999). Quatre domaines : les pensions, pauvreté/exclusion sociale, *make work pay*, et soins de santé sont mis en avant par la Commission.

Le dialogue social se développe de manière plutôt prometteuse (renforcement relatif des acteurs sociaux, adoption d'accords collectifs qui visent à assurer flexibilité et sécurité pour les contrats atypiques : travail à temps partiel en 1997, travail à durée déterminée en 1999). La Commission modifie en 1998 des règles du dialogue social sectoriel ce qui conduit à la création de nouveaux « Comités de dialogue social sectoriel » standardisés. La directive sur les comités d'entreprise est adoptée et cette nouvelle institution à l'interstice entre national et européen connait un démarrage foudroyant. Il y a donc la mise en place d'institutions qui peuvent éventuellement constituer l'embryon d'un système de relations professionnelles multiniveaux articulées.

Toutefois, il n'y a aucun lien entre le dialogue social et la nouvelle Stratégie européenne de l'emploi. Les partenaires sociaux ne siègent même pas comme observateurs aux réunions du Comité de l'emploi, ni entre le dialogue social et le dialogue macro-économique.

Au plan national, la réforme des retraites continue à être à l'agenda de nombreux pays (Suède, Allemagne, Belgique...).

Quelques mots nouveaux apparaissent comme « activation » ou « coordination des salaires ». La modernisation de la protection sociale est le mot-clé pour ses réformes.

Cette période est particulièrement intense en termes institutionnels et de tensions sur la définition des contenus. C'est la période

Figure 10. Innovation et stabilisation 2000-2004

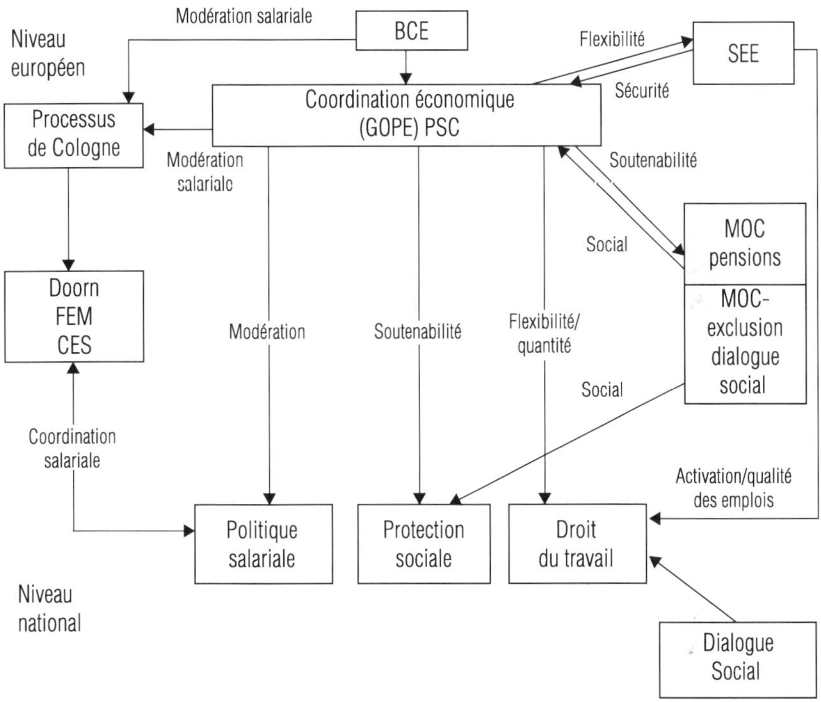

Source : Élaboration de l'auteur.

d'or du développement des MOCs et celle des tentatives de rééquilibrer l'UEM.

La Stratégie européenne pour l'emploi se développe autour des quatre piliers définis lors du Conseil de Luxembourg. Les thèmes de l'employabilité et de l'activation deviennent centraux. Adoptée au sommet de Lisbonne mars 2000, la Méthode ouverte de coordination (MOC) constitue un nouvel instrument d'action qui s'applique à la lutte contre la pauvreté et l'exclusion sociale (2000) puis en 2001 aux pensions. Les soins de santé font l'objet d'une coordination plus souple. Les Grandes orientations de politique économique

(GOPE) comprennent également une section relative aux pensions. D'un côté, les ministres des Finances insistent sur la soutenabilité à moyen et long terme, de l'autre, les ministres des Affaires sociales soulignent les aspects sociaux. En 2002, onze objectifs communs sont adoptés.

À partir du sommet de Lisbonne de 2000, des objectifs dits transversaux sont adoptés (*more and better jobs*, formation tout au long de la vie, développement des indicateurs, équilibre entre piliers, participation des partenaires sociaux). Durant sa présidence du Conseil de l'UE, 2001, la Belgique joue un rôle très actif (avec le soutien de la France) pour que la question de la qualité de l'emploi soit mise à l'agenda européen. Une série d'indicateurs y afférent est adoptée. La Commission européenne adresse des recommandations chaque année aux États membres. On assiste à une mise en tension entre les acteurs participant à la SEE et aux GOPE pour savoir qui aura le dernier mot en matière d'emploi. Mais aussi des messages différents émergent tels que celui sur la qualité de l'emploi ou la soutenabilité sociale des régimes de pensions, ou encore l'accent mis sur la lutte contre la pauvreté et l'exclusion sociale.

Suite à la démission d'Oskar Lafontaine (1999), le processus de Cologne ne se consolide pas, ni ne s'articule avec d'autres institutions.

À partir de 2000, les partenaires sociaux européens explorent la possibilité d'adopter des accords autonomes (variation dans les instruments) plutôt que des accords-cadres transformés en directives. Dans le même temps, le dialogue social sectoriel se renforce et s'institutionnalise. Les liens entre les deux sont quasi inexistants.

Au plan national, se poursuit le débat sur la soutenabilité des pensions en Suède, Italie, Espagne, France, etc. C'est la fin de la période des pactes sociaux avec l'échec d'un nouveau pacte en Allemagne, et des tensions syndicales et entre les syndicats et le gouvernement en Italie, Portugal et en Espagne.

Qualité de l'emploi, soutenabilité sociale des pensions, coordination salariale, sécurité deviennent le vocabulaire social qui tente d'équilibrer celui économique dominant.

Figure 11. Consolidation 2005-2010

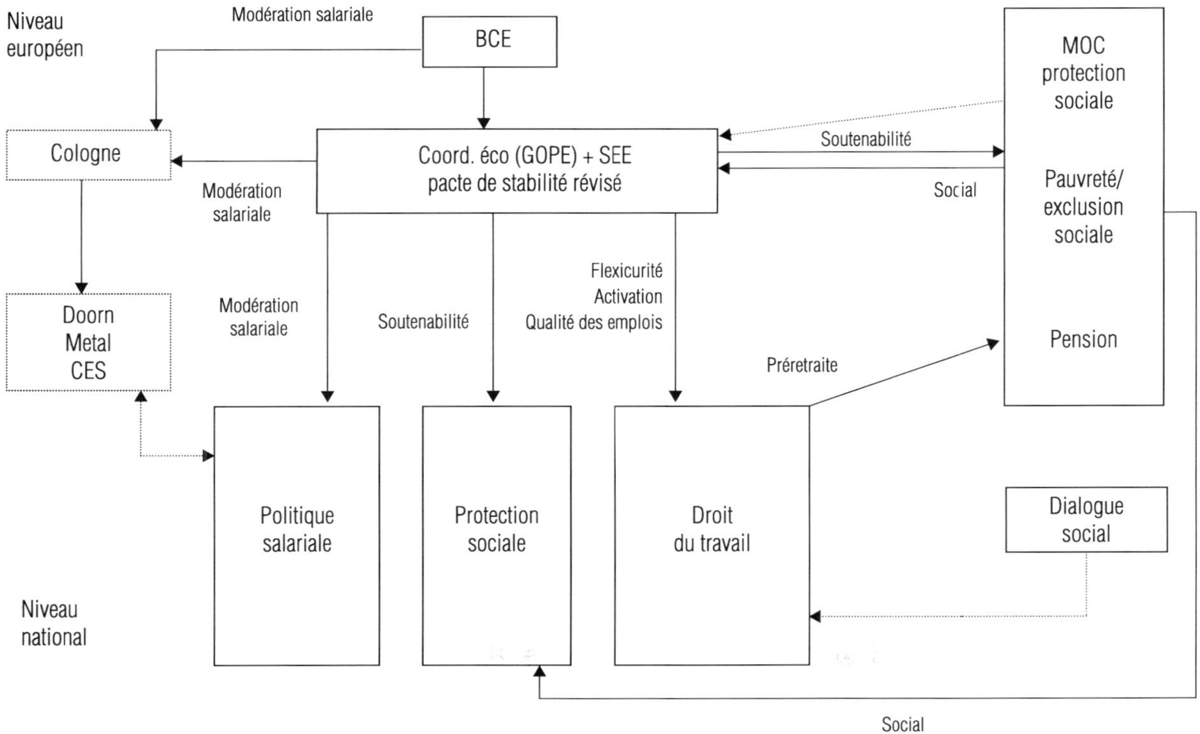

Source : Élaboration de l'auteur.

Cette période est marquée par la volonté de simplification et de regroupement des processus des MOC. Il s'agit d'une réaction des acteurs économique et d'une reprise en main des processus de coordination souple.

Le Conseil européen demande un nouveau rapport à Wim Kok pour relancer la Stratégie de Lisbonne. Il en résulte que l'emploi et l'économique deviennent pleinement interreliés en 2004 sur un cycle de trois ans. Pour les différentes MOC sociales, la Commission propose de mettre en œuvre un processus de *streamlining* autour d'un rapport commun avec des objectifs transversaux. Ce processus de regroupement est opérationnel en 2006 et s'intègre avec le second round triennal des GOPE/SEE.

La MOC pauvreté/exclusion sociale est en revanche relativement marginalisée. Elle constitue un des 10 objectifs de la nouvelle SEE et une des 23 priorités des GOPE. Les soins de santé gardent leur propre MOC.

Le Pacte de stabilité et de croissance est mis en cause par le non-respect de la France et de l'Allemagne des critères de déficit, ce qui conduit à de nouvelles propositions de réforme du Pacte par la Commission.

Le processus de Cologne devient de plus en plus marginal. Il n'y a pas de liens entre celui-ci et les GOPE, ni avec les processus de coordination salariale organisés par les syndicats. La coordination syndicale régionale de Doorn décline et ne se réunit plus que tous les deux ans sans donner des résultats tangibles.

Les partenaires sociaux européens décident d'un programme de travail autonome 2002-2005. Ils adoptent en 2002 un accord autonome sur le télétravail à mettre en œuvre sur le plan national par les partenaires sociaux signataires. En 2004, ils adoptent un autre accord sur le stress au travail. Sur le plan sectoriel, les documents conjoints négociés entre partenaires sociaux se multiplient de même que les secteurs couverts mais les accords contraignants restent l'exception.

La réforme des pensions devient un point central dans l'agenda de différents États membres (France, Allemagne, Finlande, Italie,

Espagne...). La question salariale revient progressivement à l'agenda surtout à partir de la crise de 2008.

Les mots-clés n'évoluent plus mais la balance recommence à davantage pencher vers l'interprétation économique que sociale.

Conclusion

Ce chapitre a essayé de clarifier la notion d'européanisation. Il montre des acteurs actifs à essayer de redéfinir les contraintes et offre une vision beaucoup plus dynamique des interactions entre acteurs et niveaux.

Cette rétrospective met en évidence une forte inventivité institutionnelle : création du dialogue social européen (1991) et ses développements sectoriels (1999), de la Stratégie européenne pour l'emploi (1997), du processus de Cologne (1998), de la Méthode ouverte de coordination pour la pauvreté et l'exclusion (2001) et ensuite pour les pensions (2002), des formes de coopération en matière de soins de santé (2003).

La lecture des tableaux et figures montre aussi un processus de complexification des interactions tant sur le plan européen qu'entre les niveaux européen et national. À partir du traité de Maastricht et de l'adoption de l'union économique et monétaire, il s'est produit plusieurs vagues tant verticales – impact au niveau national et rétroaction de celui-ci au niveau européen – qu'horizontales tant entre différentes politiques européennes qu'entre différentes politiques nationales (au travers des pactes sociaux). Sur le plan européen, après une période de complexification institutionnelle, on assiste à partir de 2003 à des regroupements entre les processus de coordination en matière d'emploi et d'économie (2004), et entre les différentes MOC sociales (2006). D'autres types de regroupements auraient été envisageables, par exemple entre l'emploi et les MOC sociales ou entre la MOC pension et les GOPE.

On assiste aussi à un relatif déclin de certaines institutions : le processus de Cologne apparaît de plus en plus comme une institution isolée, déconnectée des autres dynamiques. Il aurait pourtant pu être un candidat à la coordination de l'ensemble des enjeux macro-économiques et sociaux. De même, le dialogue social interprofessionnel abandonne progressivement la voie de la législation négociée pour emprunter celle d'accords autonomes entre partenaires sociaux européens. Ces évolutions s'écartent de l'idée initiale des syndicats de bâtir un niveau européen de relations industrielles.

Au point de vue de la production discursive, on assiste à un équilibrage de deux termes contraires dans la plupart des domaines : flexibilité va avec sécurité, soutenabilité financière des pensions avec leurs aspects sociaux, etc. Le seul domaine pour lequel il n'y a pas eu de discours rééquilibrant est celui des salaires. Malgré les tentatives syndicales de coordination et d'adoption d'une norme salariale égale à l'inflation plus la productivité, le discours européen dominant reste celui de la modération salariale.

Ces diverses évolutions sur le plan européen ont des implications nationales également diverses en termes d'obligation et de mise en œuvre. Les textes du dialogue social européen transformés en directives par le Conseil deviennent ainsi juridiquement contraignants pour les États membres. Le Pacte de stabilité et de croissance prévoit des amendes en cas de dépassement perdurant de la limite des 3 % de déficit. En revanche, les autres politiques consistent des formes souples de coordination sans autres sanctions qu'éventuellement politiques et/ou morales.

Un aspect important de cette complexification et de l'élargissement radical de l'agenda social européen est celui de l'appel à une large participation de tous les intéressés contenus dans ces différents processus, participation au niveau national mais aussi européen. Dans ce dernier cas, l'exemple le plus frappant est celui du domaine de la pauvreté/exclusion sociale pour lequel la Commission européenne finance la création de réseaux européens. Au plan européen, il s'agit d'acteurs en formation alors qu'au plan national les acteurs sont pleinement parties prenantes du système national.

Toutefois, il s'agit d'un processus lent et les acteurs, vingt ans après, sont toujours faiblement structurés sur le plan européen et les interconnexions entre le niveau européen et national souvent déficientes.

L'évolution montrée par les quatre graphes contredit l'approche dominante qui ne voit que les dérégulations sur le plan national et non pas la création de nouvelles institutions sur le plan européen, en tout cas jusqu'en 2005. Cependant, on ne constate pas dans la construction institutionnelle un schéma d'ensemble cohérent. Ce point mérite d'être souligné. On ne peut, sur la base de ces schémas, déterminer une construction rationnelle (vers un ensemble fédéral par exemple). Divers mouvements se produisent simultanément. Alors que l'UEM a un effet sur la formation des salaires (pactes sociaux nationaux), c'est l'emploi qui trouve son institutionnalisation dans le traité d'Amsterdam tandis que la question salariale reste en dehors des compétences de l'Union.

Il s'agit d'évolutions non attendues, allant dans des directions opposées, dont certaines semblent se stabiliser et se (auto)renforcer tandis que d'autres s'effacent. Il s'agit aussi d'une multiplication de thématiques qui s'inscrivent à l'agenda politique européen.

Le chapitre suivant montre comment la crise et son interprétation par les acteurs dominants remettent en cause au moins en partie les évolutions indiquées dans ce chapitre en s'attaquant aux institutions sociales nationales. La période est celle de la simplification radicale des processus mais aussi de la complexification/recouvrements des procédures économiques.

*

L'approche en termes d'européanisation a apporté beaucoup dans la meilleure connaissance des impacts européens possibles au niveau national. Mais en même temps on a perdu l'analyse détaillée des processus de décisions communautaires et l'analyse du jeu politique européen. Cette partie de montée au niveau européen des priorités nationales, du jeu complexe entre les diverses institutions y compris la Cour de justice a été trop souvent ignorée. En tant que co-éditeur pendant plus de dix ans du bilan social de l'observatoire social européen et de l'institut syndical européen, j'ai toujours voulu avoir un chapitre sur les principaux arrêts de la Cours de justice car c'est selon moi une source d'influence essentielle et qui a eu finalement beaucoup plus d'influence (positive comme pour l'égalité hommes-femmes ou négative comme dans les arrêts Laval *et al.*) que les MOCs.

Chapitre 7

Union monétaire, crise de l'euro et politiques sociales

Le tournant de 2010

Ce chapitre analyse les changements qui se sont produits sur une courte période allant essentiellement de 2010 à 2015. Il essaye de comprendre comment on passe d'une remise en cause de l'efficience des marchés (financiers) dérégulés, et du nécessaire soutien à la relance économique coordonnée en 2008 et 2009, à un narratif européen où le problème principal devient celui des dettes publiques. L'objectif devient la réduction accélérée du déficit des finances publiques en appliquant une austérité généralisée et des réformes radicales des systèmes de pension. Comment passe-t-on de la reconnaissance du rôle important des institutions du marché du travail et de protection sociale pour aider à surmonter la crise à une flexibilisation accrue du marché du travail ? Cette période est particulièrement complexe car le basculement du narratif sur les causes et conséquences de la crise s'accompagne de la remise en cause des institutions sociales nationales dans un grand nombre de pays européens en même temps que de la mise en place d'institutions de gouvernance économique renforcées au niveau européen.

Lorsqu'éclate la crise financière en 2008, c'est le concept de marchés financiers autorégulateurs qui est remis en question et de manière plus générale les bases du discours néolibéral qui sont interrogées. Ceux qui les critiquent depuis longtemps pensent avoir enfin les éléments pour une remise en question radicale des politiques de dérégulations suivies au cours des 20 années précédentes. Dans un premier temps, les gouvernements européens prennent des mesures d'urgence pour sauver le système financier et relancer l'économie. On semble se diriger vers un keynésianisme écologique visant à relancer l'économie par des investissements publics en soutenant une transition verte. Les débats portent sur le potentiel des emplois « verts » et la capacité des pays ayant des institutions du travail développées comme l'Allemagne et la Belgique de réduire les impacts de la crise en termes de chômage, notamment au travers d'une réduction du temps de travail partiellement compensée.

Toutefois, la transformation de la crise de la dette bancaire en une crise de la dette publique à partir de 2009 et surtout 2010 fournit un nouveau narratif ou plus exactement une radicalisation de l'ancien narratif. Le cas grec sert comme un prétexte pour promouvoir des réformes radicales. Les solutions solidaires comme une certaine mutualisation des dettes ne sont pas acceptées (notamment par les pays dits vertueux Allemagne, Pays-Bas, Finlande) qui mettent en avant les réformes à réaliser notamment du marché du travail. La crise qui s'étend rapidement à d'autres pays fait entrer les marchés financiers comme acteurs à part entière. C'est le moment d'un basculement inattendu vers un autre scénario (Blyth, 2013).

Cette nouvelle phase est mise à profit par des acteurs stratégiques bien préparés (la BCE, les ministres de l'Économie et des Finances, la DG Ecfin) pour mettre en application leurs thèses. Il s'agit de transformer la fonction des politiques sociales afin d'en faire la variable d'ajustement au sein de l'union monétaire. Les ajustements dans la zone euro (notamment en termes de compétitivité et de productivité) doivent désormais s'effectuer principalement *via* les salaires, le démantèlement du droit social, et des changements radicaux en matière de sécurité sociale (pensions, soins de santé). C'est le principe des dévaluations internes, dont l'application à la Grèce devient l'archétype et qui se retrouvent à des degrés divers dans d'autres pays.

Ce chapitre est divisé en trois sections.

La première présente le contexte et analyse les principales raisons de ce changement de narratif, les discours qui sont développés et la logique des acteurs. Elle souligne également le moment politique exceptionnel que constituent les premières années de la décennie 2010.

La deuxième approfondit la question du changement de narratif en le liant à d'un changement de vision de l'union monétaire. Le tournant de 2010 consacre la transformation d'un certain modèle d'union économique et monétaire en un autre. Les tenants de cette convergence par les marchés considèrent que la monnaie unique ne mènera pas à un surcroît de solidarité entre États membres (du fait de l'opposition de certains États en particulier l'Allemagne mais pas uniquement) et encore moins à une quelconque union politique fédéraliste (du moins dans un futur prévisible). Dans ce cas d'une union monétaire incomplète, ces acteurs considèrent que seuls les marchés peuvent assurer la convergence vers l'équilibre de la zone monétaire.

En analysant cette transition il apparaît qu'elle est bien la suite logique de choix antérieurs. Toutefois ce n'est pas le début de la crise 2008-2010 mais les années 2004-2005 qui constituent un moment charnière. C'est le moment où les gouvernements de centre gauche deviennent très minoritaires en Europe (environ un tiers) à la suite de l'élargissement et à la faiblesse de partis sociaux-démocrates dans ces pays. C'est aussi le moment d'une intense mobilisation par le groupe d'acteurs économiques de ressources intellectuelles et de création d'instruments de connaissances notamment au travers de bases de données (sur la formation des salaires, les négociations collectives, les réformes sociales entreprises, l'état de la littérature économique...). Les principaux traits de la nouvelle architecture de l'union monétaire sont décrits à la fin de cette section.

Dans la troisième section, nous examinons les conséquences de cette transformation sur les modèles sociaux au niveau national et européen liées à ce modèle d'union économique et monétaire. Nous analysons la remise en question des institutions sociales nationales et ce que cela signifie pour le mouvement syndical dont le nombre d'affiliés diminue depuis trente ans. La fin de cette section s'interroge sur les changements entamés par la Commission dirigée par

Jean-Claude Juncker et qui aboutissent à la fin de l'année 2017 à présenter un paquet sur l'Union monétaire dont la CES souligne les aspects positifs (ce qui est rare).

L'analyse de cette période y compris les développements depuis 2015 met en évidence les cohérences mais aussi les contradictions, les incohérences, les luttes de pouvoir, la difficile création d'institutions (qui ne répondent que partiellement aux enjeux liés à la stabilité d'une union monétaire), les changements possibles de paradigme. Ces dynamiques partiellement contradictoires empêchent de formuler une conclusion se voudrait définitive.

Contexte et acteurs

Entre 2010 et 2015, il ne se passe pas un mois sans qu'un gouvernement d'un État membre de l'UE n'annonce la mise en chantier de réformes importantes de la législation sociale, de son système de protection sociale, du droit du travail ou de la négociation collective. Les raisons avancées pour justifier ces réformes sont systématiquement liées à la crise, en particulier à la crise des finances publiques. L'argument est que l'augmentation des dettes publiques causerait un ralentissement de la croissance économique future.

Les différentes institutions de l'UE jouent un rôle non négligeable dans la construction de ce narratif. Tout d'abord par la répétition depuis près de 15 ans du discours devenu standard selon lequel il faudrait « moderniser » le modèle social européen (c'est-à-dire en réalité les modèles sociaux nationaux) pour le « sauver ». Ceci est devenu une « évidence » non discutable qui s'accompagne de la mise en place de différents mécanismes institutionnels européens au travers desquels les gouvernements nationaux s'engagent à procéder à des réformes (structurelles). Ensuite, une nouvelle gouvernance européenne se met progressivement en place qui vise à éviter une répétition de la crise actuelle dans le futur. Celle-ci est dominée par les acteurs liés au Conseil Ecofin et à la Banque centrale européenne et par le gouvernement allemand. Un ensemble d'institutions, de procédures et de politiques se mettent en place (le Pacte Euro+, le Pacte budgétaire, les recommandations spécifiques par pays, etc) au travers du Semestre européen et son arsenal d'instruments de surveillance multilatérale (Degryse, 2012 ; De la Porte, Heins, 2016, voir aussi *infra*).

Selon moi (et mes collègues de l'ETUI, Christophe Degryse et Maria Jepsen), la crise de l'euro et la mise en cause du modèle social européen ne sont pas principalement liées à des erreurs de diagnostic ou à des inadaptations institutionnelles, ou encore à des divergences d'intérêt entre pays. Cette mise en cause correspond à une séquence de changements cohérente avec une certaine vision théorique du modèle d'union monétaire, sinon souhaité, du moins jugé réaliste. Cette vision – qui inclut la dérégulation sociale comme instrument d'adaptation – est celle d'un groupe d'acteurs stratégiques spécifiques (banquiers centraux, certaines directions générales de la Commission, ministres de l'Économie et des Finances). Ces acteurs s'accommodent bien avec l'ordolibéralisme allemand dont la chancelière Angela Merkel et particulièrement pendant la période considérée son ministre des Finances Wolfgang Schauble en sont l'incarnation. Au nom du respect des règles et de la future soutenabilité de l'euro, le gouvernement allemand soutient la nécessité de réformes radicales dans les pays en dehors des critères de Maastricht et particulièrement le sud de l'Europe et plus particulièrement la Grèce (Varoufakis, 2016). Comme le soulignent Denise Currie et Paul Teague (2017, p. 160) qui considèrent l'Allemagne comme un hégémon coercitif, sous certaines conditions l'Allemagne peut soutenir des changements institutionnels qui mènent à une centralisation des pouvoirs à l'intérieur de l'Eurozone mais seulement si ces changements n'impactent pas le régime économique national. Le succès allemand est lié discursivement aux réformes du marché du travail entreprises au début des années 2000 par le Chancelier précédent Gerhard Schröder. En ce sens il y a eu une conjonction d'intérêts basés sur des analyses partiellement différentes entre le groupe d'acteurs stratégiques autour de la BCE et les préférences allemandes (qui dépassent le clivage gauche-droite).

Le caractère d'urgence de la crise permet de dépasser des visions en partie divergentes pour forger progressivement une alliance objective mais non sans tension entre l'Allemagne, Ecfin, la BCE (le FMI n'avait pas la même approche comme le montre la confrontation sur la soutenabilité de la dette grecque). Elle s'est accompagnée d'une place centrale prise par la BCE à défaut d'autres acteurs notamment politiques et parfois en dépit de résistances allemandes. Celle-ci a pu appliquer (ou faire appliquer) sa vision de l'Union monétaire et ses implications pour la dimension sociale. Ces changements sont le résultat d'une série de choix politiques, de circonstances et de fenêtres d'opportunité qui permettent à cette vision particulière du modèle d'union monétaire de s'imposer. Une vision qui est aux yeux de ceux qui la défendent tout simplement logique.

Mais une bonne part de l'explication résulte également d'un jeu politique classique, très peu mis en évidence dans les analyses de la crise. Il s'agit d'une domination massive de la droite et du centre droit à tous les niveaux, national et donc européen au travers des Conseils des ministres et du Conseil européen, du Parlement européen et de la Commission. La fenêtre d'opportunité qui s'est ouverte entre 2010 et 2015 se produit alors que les gouvernements sociaux-démocrates/socialistes sont en complète déroute, seulement 6 pays sur 27 en 2011 dont trois sont des pays en crise – la Grèce, l'Espagne et le Portugal – et deux le seront bientôt Chypre et la Slovénie. Finalement en 2012, au cœur de la crise, seuls 4 pays sont encore gouvernés par des socialistes ou sociaux-démocrates et encore en comptant la Belgique et son Premier ministre socialiste Elio Di Rupo dans un gouvernement de coalition au centre. Il s'agit de l'Autriche, du Danemark et de Chypre, pays qui n'ont qu'un poids politique marginal au niveau européen (21 voix sur 352 au Conseil de l'UE). Situation inversée par rapport à 2011, trois des quatre pays (Belgique, Autriche et Danemark) ont été parmi les moins affectés par la crise (tableau 10 *infra*).

Cette domination de la droite s'accompagne d'une inversion du discours sur les liens entre les mesures néolibérales et la crise. Cela passe par un double basculement. Le premier est que ce n'est pas parce qu'il a fallu sauver les banques et relancer l'économie que la dette publique a augmenté, mais parce que les gouvernements européens sont trop dépensiers. Le second est que ce n'est plus parce que des mesures de dérégulations ont été mises en œuvre qu'il y a eu une crise mais inversement parce qu'elles n'ont pas été suffisamment ou radicalement appliquées (Schmidt, Thatcher, 2014). L'exemple donné est celui de l'Allemagne qui a adopté sous le gouvernement social-démocrate-vert de Gerhard Schröder des réformes pénibles mais nécessaires (réformes Hartz 2003-2005). Même si cela n'a que peu à voir avec les succès économiques de l'Allemagne aujourd'hui.

Certes, les grandes lignes de ces réformes structurelles du marché de l'emploi et des systèmes de sécurité sociale sont prônées bien avant le déclenchement de la crise, dans une période où dettes et déficits publics étaient sous contrôle (voir entre autres De Grauwe, 2011). L'UE appelait déjà à réformer et renforcer les régimes de retraite, de sécurité sociale et de soins de santé dans une période où la dette publique était maîtrisée au niveau européen (59 % du PIB en 2007) et où le niveau moyen de déficit budgétaire des 27 États membres était de 0,9 % du PIB. Depuis le milieu des années 1990, la Commission demande que l'évolution des salaires dans les États membres soit conciliable avec un taux de rentabilité qui permette de réaliser des investissements favorables à la productivité et que les augmentations de salaire soient liées à la productivité de l'entreprise ou régionale.

La crise ne remet pas en question la nature et la direction générale de ces réformes. Au contraire c'est la rapidité et la profondeur de ces réformes qui ont pour objectif de faire des politiques sociales et du marché du travail un facteur d'ajustement qui est questionné. L'argument devient que les réformes n'ont pas été suffisantes ou assez radicales. Il faut utiliser la fenêtre d'opportunité offerte par la crise pour « forcer » les gouvernements à prendre les mesures qui porteront effets au mieux dans un moyen terme, gouvernements qui sont pour la plupart conservateurs. Le cas français est illustratif : ce qui est maintenant reproché à l'ancien président Nicolas Sarkozy c'est de ne pas avoir fait des réformes radicales malgré ses discours.

Le discours européen se centre sur la nécessité de recréer de la confiance des marchés financiers à moyen terme. Les mesures à court terme sont peut-être difficiles et injustes mais permettent de remettre les pays sur les rails et la confiance des agents (surtout financiers) au temps T+1 devrait s'améliorer. C'est l'approche par les anticipations rationnelles. Les acteurs clés s'intéressent moins au présent qu'à la stabilité future. Dès lors, l'austérité doit créer de la croissance car les acteurs de marché l'anticipent et donc cela atténue la récession à court terme et favorise le retour de la croissance à moyen et long terme. En quelque sorte le narratif intègre les critiques de celui-ci en changeant la temporalité. Par exemple, l'argumentaire sur la réforme des systèmes de retraites intègre le fait qu'aucune de ces réformes n'est susceptible d'entraîner un impact positif à court terme sur les finances publiques ni sur la croissance économique. Le temps que les réformes soient adoptées, qu'elles prennent effet – il s'agit souvent de réformes planifiées sur des périodes plus ou moins longues – et qu'elles aient un impact sur le déficit public et sur la croissance économique est trop long. Elles ne sont donc pas susceptibles d'apporter une réponse rapide à la crise de la dette publique. Par contre, et c'est le centre de l'argument, ces réformes doivent créer de la confiance (des marchés) et donc avoir des effets anticipés au travers de taux d'intérêt plus faibles sur les emprunts des États en difficulté. La force de ce narratif est qu'il est inattaquable car les effets positifs sont à venir et donc par nature irréfutables dans le moment présent. D'autant plus qu'à un moment donné il y aura bien une reprise économique et donc cela renforce le narratif. Un exemple est celui de la Lettonie qui après avoir perdu plus de 15 % de son PIB a recommencé à croître. Ce pays tout comme les autres pays baltes est en 2014 encore largement en dessous de la situation en 2007 (pour la Lituanie voir Juska, Woolfson 2015) et plus de dizaines de milliers de citoyens ont quitté le pays pour essayer de trouver un emploi ailleurs. Néanmoins ce pays devient le modèle de réussite des réformes radicales qui mène à un retour de la croissance. Après la Lettonie, l'Espagne est devenue le nouvel exemple à la mode.

Rôle des acteurs, expertise et idées dans l'émergence de la nouvelle gouvernance européenne

Les deux approches de l'union monétaire – d'une part comme étape vers l'union politique et d'autre part l'union monétaire sans union politique – sont en tension depuis la préparation de l'Union monétaire dans la seconde moitié des années 1980.

Des acteurs stratégiques acceptant l'idée d'une Union monétaire sans union politique du moins dans un horizon proche ont utilisé la crise de l'euro pour imposer leurs vues. En cela, les déclarations du président de la Banque centrale européenne Mario Draghi (2012), annonçant la mort du modèle social européen, ne sont que la révélation du projet porté par les acteurs du groupe économique. Il s'agit d'un choix politique, fondé sur un ensemble de prescriptions économiques qui prend pour acquis (malgré des discours souhaitant un renforcement de l'intégration politique) l'impossibilité d'avoir une véritable union politique. Sans union politique on ne peut avoir des mécanismes de solidarité automatiques (comme le sont les systèmes de péréquation au sein des États membres). Sans solidarité, c'est à chaque pays de s'adapter et à la migration entre États de jouer le rôle de soupape de dernier recourt. Le ciment intellectuel de cette approche est la théorie des zones monétaires optimales.

Dans cette section nous revenons sur les conditions politiques exceptionnelles qui ont permis d'adopter cette construction déséquilibrée. Celle-ci remet en question les fondements de la construction européenne qui avait trouvé un équilibre entre un niveau européen favorisant le marché et la mise en concurrence des espaces nationaux et un niveau national gardant une relative autonomie en matière sociale (Natali, 2017).

Nous présentons ensuite le rôle des idées et leur utilisation par les acteurs. Ces acteurs stratégiques ont développé surtout depuis 2005 une expertise cumulée sur les relations entre politique monétaire et marché du travail. Ceci leur a permis d'ancrer leurs préférences dans une nouvelle gouvernance économique en construction et particulièrement de les rendre difficilement réversibles par l'adoption d'une série de règlement et directives (connus sous le nom de 6 packs et 2 packs) mais surtout par le traité sur la stabilité, la coordination et la gouvernance (TSCG) adopté par tous les États membres à l'exception du Royaume-Uni et de la République tchèque. Nous en synthétisons les grandes lignes dans la troisième section.

2000-2014 : la politique compte...

Cette période est celle du reflux de la gauche au pouvoir et particulièrement depuis 2005. De manière assez étonnante, peu d'études sur la construction européenne mettent en évidence les rapports de force gauche-droite. Ces rapports de force gauche-droite doivent être pondérés par des choix nationaux qui les dépassent. Ainsi la France même gouvernée à droite est souvent plus sensible aux questions sociales que nombre d'autres pays. C'est la même chose pour la Belgique ou le Luxembourg (même avec un leadership gouvernemental social-chrétien). Ce rapport de force gauche-droite s'accompagne depuis les années 1980 d'évolutions doctrinales à l'intérieur de chaque famille, davantage néolibérale pour la droite, plus troisième voie pour la gauche à partir du milieu des années 1990 (Manow *et al.*, 2004 ; voir chap. 2).

Les tableaux suivants montrent l'évolution de la gauche au pouvoir depuis 1995 et ce au mois de mars de chaque année (pour la simple raison que le Conseil européen de printemps est celui qui donne les grandes orientations socio-économiques). L'objectif ici n'est pas de présenter une analyse approfondie, mais bien de donner les éléments contextuels permettant de comprendre comment la période de 2005-2014 a été un tournant majeur dans l'équilibre gauche-droite depuis vingt ans.

Tableau 10. Nombre de gouvernements de centre gauche (en mars de chaque année) entre 1994 et 2014 et nombre de pays membres de l'UE

1995	**1996**	**1997**	**1998**	**1999**	**2000**	**2001**	**2002**	**2003**	**2004**
7	7	6*	8	11	9	9	7	4**	9
15	15	15	15	15	15	15	15	15	15
2005	**2006**	**2007**	**2008**	**2009**	**2010**	**2011**	**2012**	**2013**	**2014**
9	9	10	10	9	9	6***	4****	8	11
25	25	25	27	27	27	27	27	27	28

* Le Royaume-Uni et la France passent à gauche en avril et mai.
** Allemagne, Grèce, Suède.
*** Autriche, Chypre, Espagne, Grèce, Portugal, Slovénie.
**** Autriche, Belgique, Danemark, Chypre.

La période 1995-2004 est marquée par la montée des gouvernements de gauche et de centre gauche avec une exception en 2003. Le Parti socialiste européen (PSE) fondé en 1992 est la plate-forme d'échange permettant à la gauche d'influencer le contenu du traité d'Amsterdam et en particulier son chapitre emploi (Ladrech, 2003). Toutefois, la domination de la gauche dans les années 1990 est moins flamboyante qu'elle en a l'air. Comme le montre Gerossimas Moschonas (2011), elle continue à décliner lentement en termes de pourcentage de vote si l'on prend en compte l'ensemble des partis sociaux-démocrates/socialistes de l'Union européenne. Par ailleurs, le tournant de la 3e voie entrepris par le New Labour britannique et suivi par le SPD allemand modifie les termes du discours social-démocrate. Celui-ci fait de plus en plus de place au marché et au social comme tremplin vers le marché plutôt que de le considérer comme une défense contre ce dernier (ce qui donne les discours autour de l'activation). Cette période ne permet pas non plus d'unifier un nouveau discours de gauche qui s'effrite rapidement après le succès limité de la Stratégie de Lisbonne (Ross, 2009).

Le basculement entre 2004 et 2005 est particulièrement visible. Le nombre de pays avec des gouvernements de centre gauche reste identique malgré l'élargissement à dix nouveaux membres. La plupart de ces derniers sont peu ou pas intéressés au développement d'une quelconque dimension sociale européenne. Certes dans un premier temps leur poids est marginal et ils doivent encore maîtriser les complexités du jeu institutionnel communautaire. Ils le sont d'autant plus qu'ils ne font pas encore partie de la zone euro. Ceux qui y entrent progressivement sont parmi les plus petits pays d'Europe (Chypre, Malte, Slovénie, Slovaquie, Estonie, Lettonie, Lituanie).

Mais le plus frappant est l'effondrement de la gauche au pouvoir lors des années 2011 et 2012, c'est-à-dire au cœur de la crise financière. Les gouvernements socialistes encore au pouvoir (Grèce, Espagne, Portugal, Chypre) font les premiers pas vers une austérité généralisée, perdant durablement le crédit de mener une politique différente de celle des partis de droite. Cette dernière se contente de laisser faire sans appuyer les mesures d'austérité, voire les combats par exemple au Portugal. Cela ne l'empêche pas une fois revenue au pouvoir d'imposer des mesures encore plus radicales face à une opposition de gauche décrédibilisée ou marginalisée. En 2012, la social-démocratie touche le fond avec seulement quatre gouvernements à gauche. Il n'y a pas de gouvernement d'union ou d'urgence nationale (sauf finalement en Grèce), ni de grand pacte social tripartite avec les syndicats et les employeurs ou bipartite entre les partenaires sociaux.

C'est donc sans surprise que les années 2011-2012 sont les années clés de l'imposition de l'austérité généralisée.

L'évolution du rapport gauche-droite au PE

Le tableau 11 montre les évolutions entre d'un côté les socialistes et sociaux-démocrates et de l'autre les sociaux-chrétiens ainsi que le rapport global entre la gauche et la droite en ajoutant à la gauche les Verts et la gauche radicale (GUE) et à la droite les libéraux (Alde). Les partis extrémistes ou regroupements techniques ne sont pas pris en considération ici. Bien entendu les votes au PE sont plus complexes qu'un simple rapport de force gauche-droite (Hix *et al.*, 2007). Ce qui est important ici est les rapports de force relatifs entre les deux grands blocs politiques. Les données prennent en compte le début et la fin de la législature étant donné que le nombre total d'Eurodéputés évolue durant la période marquée par trois élargissements.

Tableau 11. Élections au PE de 1994 à 2014 : équilibre gauche-droite

	PES (socialiste)	PPE (centre droit)	Gauche (PES plus les Verts et la GUE	Droite (PPE plus Alde)	Total membres
1994-1999 (début)	198	156	249	200 (plus 27 Forza Italia)	567
1994-1999 (fin)	214	201	275	243 (plus 27 Forza Italia)	626
1999-2004 (début)	180	223	270	283	626
1999-2004 (fin)	232	295	334	362	788
2004-2009	200	268	283	356	732
2004-2009 (fin)	217	288	301	388	785

	PES (socialiste)	PPE (centre droit)	Gauche (PES plus les Verts et la GUE	Droite (PPE plus Alde)	Total membres
2009-2014	184	265	275	349 (plus 54 conservateurs britanniques)	736
2014-2019	190	215	293	287 (plus 21 conservateurs britanniques)	750

Source : Parlement européen, diverses années.

La gauche est dominante de 1994 à 1999 puis décline avec ses plus mauvais résultats en 2009. Le S&D a moins d'élus en 2009 qu'en 1994, mais dans un Parlement qui compte 170 membres de plus. En comptant les conservateurs britanniques, la droite à la majorité absolue depuis la législature de 2004 (après l'élargissement) et surtout pour toute la période 2009-2014.

Cela est d'autant plus important qu'une grande partie des textes de la nouvelle gouvernance doivent avoir un vote favorable au PE bien que le Conseil européen l'ait mis à l'écart pour certains textes tels que le Pacte Euro+ ou le TSCG. Cette faiblesse de la gauche au PE à un moment crucial de l'élaboration de la nouvelle gouvernance économique ne leur permet que de modifier à la marge celle-ci (voir leur influence marginale sur le 6 packs). Le PES adopte un Manifesto européen ambitieux (2012), mais il peine à convaincre. Il se heurte à la contradiction entre le discours européen pour une alternative au néolibéralisme et les pratiques nationales de mise en œuvre de réformes dérégulatoires. De plus il existe un écart entre son programme européen et le vote des textes principaux de la nouvelle gouvernance économique (notamment le 6 pack) du fait de son alliance avec le PPE. L'impuissance de la gauche devient un argument de campagne pour les élections européennes de 2014 où le leader choisi Martin Schulz essaie de politiser les élections en soulignant ce qui se passe quand la droite domine le Parlement. Pour autant dans le nouveau PE le bloc de gauche reste loin d'atteindre une majorité (292 sur 750 députés). Malgré la forte chute du PPE le rapport de force n'est pas fondamentalement différent après les élections de mai 2014 car la plupart des autres partis sont à droite du PPE sur les questions économiques.

La situation n'est guère différente quand on analyse les rapports de force à l'intérieur de la Commission José Manuel Barroso II (2009-2014) qui est dominée par les commissaires de droite. Il y a bien le socialiste espagnol Joaquim Almunia chargé de la concurrence, mais il est difficile de faire entendre une voix de gauche dans ce domaine. Catherine Ashton (UK), chargée de la diplomatie, n'a pas de compétences sur les questions socio-économiques. La Grecque Maria Damanaki qui a été la dernière voix de la résistance au coup d'État des colonels à l'école polytechnique d'Athènes est en charge de la pêche et le Tchèque Stefan Füle de l'élargissement. Il y a bien sûr le commissaire hongrois Laszlo Andor qui est en charge du social. Mais celui-ci est rapidement marginalisé par le président Barroso (d'autant plus que le gouvernement hongrois devient un gouvernement de coalition droite/droite nationaliste peu de temps après sa nomination). Il y a donc un boulevard pour José Manuel Barroso, Olli Rehn (Ecfin), Karel De Gucht (Commerce) et autres commissaires conservateurs ou libéraux dans une Commission européenne centralisée autour de son président. Ce dernier compte sur l'appui vigilant du secrétariat général dirigé par Catherine Day pour unifier les discours autour de la parole du président. Un des seuls qui marque une sensibilité un peu différente est Michel Barnier (conservateur français).

C'est dans ce contexte politique très particulier que sont progressivement remis en cause les développements sociaux des années 1990 et du début des années 2000. À partir de ce virage assez radical entamé en 2005, les MOCs sociales sont affaiblies au profit d'une vision qui, progressivement, remet l'approche économique au centre des politiques publiques et des discours européens (voir chapitre 5). De 2004 à 2010, les pactes sociaux nationaux sont progressivement abandonnés ne permettant plus d'avoir une approche plus équilibrée sur la façon d'adresser les contraintes de l'UEM (Pochet *et al.*, 2010 ; Avdagic *et al.*, 2011).

Rôle des idées et de l'expertise

L'idée que l'UEM sans dimension politique et sociale implique un renforcement des réformes nécessaires est présente dès l'origine du projet d'UEM. Les quelques citations ci-dessous résument bien cette perspective et montrent l'argumentaire en faveur d'une union monétaire socialement dérégulatrice Amy Verdun a interrogé, dans le milieu des années 1990, les banquiers centraux, les ministres des Finances et les responsables patronaux dans trois pays (France, Royaume-Uni, Allemagne) et écrit : « Des experts ont souligné qu'ils étaient favorables à l'UEM précisément parce qu'elle mènerait à un processus d'harmonisation à travers les forces du marché. L'UEM légitimerait la restructuration des États-providence onéreux » (Verdun, 1996).

Jean-Claude Trichet (2001), qui devient le président de la BCE en 2003, indique :

> L'UEM stimule certes la réforme structurelle du marché du travail. Avec l'accroissement de la mobilité des capitaux et un meilleur fonctionnement du marché unique, les entreprises deviendront de plus en plus sensibles aux écarts de coûts salariaux globaux et à la réglementation des entreprises lors du choix d'un lieu particulier dans la zone euro. Elles vont donc exercer une pression considérable pour obtenir des réformes appropriées.

En ce qui concerne les réformes des États-providence, cette autre citation de Jean-Claude Trichet (2004) est aussi indicative de la manière de formuler les problèmes :

> Une croissance insuffisante de la productivité – couplée à des tendances démographiques défavorables – mine la soutenabilité des systèmes de sécurité sociale. Dans un grand nombre de pays, ces systèmes incorporent des dispositions relativement généreuses pour

> les « insiders » au désavantage des citoyens plus jeunes et plus défavorisés. C'est pour cela qu'il est largement admis qu'une amélioration du fonctionnement des marchés de l'emploi, couplé avec des réformes de la sécurité sociale et de la protection sociale et l'achèvement du marché unique des biens et des services, y compris les services financiers, seraient nécessaires pour améliorer les perspectives de la zone euro.

Daniel Gros et Niels Thygesen (1998, p. 288), deux économistes éminents, spécialistes des questions monétaires, résument la pensée de nombreux économistes à l'époque et aujourd'hui : « En somme, la flexibilité du marché du travail est toujours utile et si l'UEM impose des réformes du marché du travail qui sont de toute façon nécessaires, l'économie de l'UE ne peut que gagner. » Mais c'est sur la négociation salariale que les pressions seront les plus importantes. Comme l'indique déjà le rapport Padoa-Schioppa (1987, p. 52) : « Le principe de subsidiarité veut que de la Communauté n'assume qu'un minimum de responsabilité pour beaucoup d'aspects de la politique sociale, mais la question de la convergence des coûts salariaux est primordiale dans la perspective d'une l'intégration monétaire plus poussée. »

Ces quelques références montrent que les réformes structurelles actuellement menées ne sont nullement directement liées à la crise de l'euro, mais sont inscrites dans la vision spécifique d'un groupe d'acteurs depuis le début des années 1990. Toutefois à leur surprise, leur vision ne s'impose pas automatiquement entre 1995 et 2005 ce qui les conduit à repenser leur action. À partir de 2005 une série d'initiatives sont entreprises par la BCE, la DG Ecfin et le comité de politique économique (EPC) afin de consolider le cadre théorique liant les marchés du travail, les salaires et l'euro (sur l'évolution des salaires ces trente dernières années voir Visser, 2013).

J.-C. Trichet (2011) indique avoir créé dès 2005 un groupe de travail au sein de la BCE pour évaluer les risques de divergences notamment salariales. La BCE a également créé un *Wage Dynamic Network*. On peut lire comme définition de son mandat :

> Ce réseau a pour objectifs spécifiques de : i) identifier les causes et les caractéristiques de la dynamique des salaires et du coût de la main-d'œuvre les plus pertinentes pour la politique monétaire et ii) clarifier la relation entre les salaires, le coût de la main-d'œuvre et les prix, au niveau tant macro-économique que de l'entreprise.

Il s'est structuré en trois groupes de travail (macro, micro, enquête). Entre 2009 et 2011, pas moins de 51 Working Papers sont publiés par la BCE couvrant un ensemble impressionnant de questions liant les marchés du travail, les salaires et l'euro. Ces travaux portent sur le rôle des marchés du travail pour la politique monétaire comme l'indique le titre de quelques-uns d'entre eux (tous en anglais) : *The Role of Labor Market for Euro Area Monetary Policy* (n° 1035), les systèmes de négociation salariale (*Institutional Feature of Wage Bargaining in 23 European Countries, the US and Japan* (n° 974), l'indexation automatique des salaires *Downward Wage Rigidity and Automatic Wage Indexation: Evidence from Monthly Micro Wage Data* (n° 1269), la flexibilité des systèmes de fixation des salaires *Wages Are Flexible Aren't They ? Evidence from Micro Wage Data* (n° 1074), *Wage Setting and Wage Flexibility in Ireland-Results From a Firm-Level Survey* (n° 1181), etc.

De son côté, la DG Ecfin de la Commission édite depuis 2005 chaque année en janvier ou février une publication intitulée *Labour Market and Wage Development*. Une base de données appelée Ladrev sur les évolutions salariales est également créée en 2005, mais arrêtée fin 2009 et remplacée par la base de données AMECO.

Quant au Comité de politique économique (EPC), il crée en son sein un groupe de travail sur les marchés du travail avec un mandat extrêmement large qui couvre presque les mêmes domaines que le Comité pour l'emploi (EMCO) en charge des questions de l'emploi. Un autre sous-groupe d'EPC s'occupe des réformes structurelles liées à la Stratégie de Lisbonne (groupe LIME). Ce dernier s'appuie sur une importante base de données appelée MACMIC qui regroupe les études essentiellement économétriques évaluant les impacts des réformes structurelles. On le voit entre 2005 et 2010, ce groupe d'acteurs mobilise et développe un arsenal extrêmement sophistiqué pour analyser les enjeux des réformes du marché du travail, les systèmes de négociations salariales en lien avec l'union monétaire.

En contrepartie, la DG Emploi et Affaires sociales publie chaque année un rapport sur l'emploi et tous les deux ans un rapport sur les relations industrielles en Europe. Ce n'est qu'au début des années 2010 qu'elle passe à la vitesse supérieure et tente de résister à la suprématie de la DG Ecfin et de ses alliés qui dominent le Semestre européen. Le Comité pour l'emploi et le Comité pour la protection sociale développent des batteries d'indicateurs tels que le « Europe 2020 Joint Assesment Framework » pour suivre les lignes directrices emploi, le « Social Protection Performance Monitor », l'« Employment Performance Monitor » et le « Social Scoreboard » (Zeitlin, Vanhercke, 2015, p. 37-38). Selon Adina Maricut et Uwe Puetter (2018), environ un tiers de la DG emploi travaillent directement ou indirectement aux différents aspects du Semestre européen au milieu des années 2010. De même, celui-ci prend de plus en plus de place au sein du Conseil ESPO. Pour autant, selon ces derniers auteurs, le groupe « social » ne parvient pas à rivaliser avec le groupe des acteurs économiques qui se réunit beaucoup plus souvent même si le Semestre est moins souvent à l'agenda de leur rencontre. Cela a pour conséquence que comme il y a plus de rencontres, le temps consacré au Semestre européen par le groupe des acteurs économiques demeure supérieur à celui consacré à ces mêmes questions par le groupe social.

Par ailleurs, les auteurs académiques qui avaient écrit sur ces sujets entre 1995 et 2004 d'un point de vue plus « social » passent à d'autres intérêts académiques (Peter Hall, Bob Hancké, Andrew Martin, Philippe Pochet, Martin Rhodes, Georges Ross, David Soskice, etc.).

La lecture des deux citations ci-dessous éclaire le changement radical de perspective et de rapport de force en dix ans, entre le début des années 2000 et les années 2010. La première de Kenneth Dyson (2002, p. 101) souligne l'importance des acteurs du groupe « social » et la retraite de la BCE et de ses alliés :

> La communauté politique de la zone euro chapeautée par la BCE a dû absorber et adapter le « processus » dit de Luxembourg – avec ses lignes directrices annuelles pour l'emploi et les plans d'action nationaux, ainsi que le « processus » de Cologne, le Pacte européen pour l'emploi et le dialogue macroéconomique. Ces développements ont ouvert le dialogue sur l'UEM en transformant la définition de qui sont les acteurs en mesure de définir la politique.

Mais, comme l'indique Francisco Torres (2013, p. 293-294) en 2010, c'est le contraire qui se produit et la BCE reprend l'initiative en dictant ses conditions :

> Pour la BCE, cette « invasion des autres domaines politiques » – en appelant à une bonne gestion de la politique économique, en particulier dans le domaine budgétaire, à des réformes structurelles et au renforcement de la gouvernance économique en général – est motivée par le fait que la zone euro est à l'épicentre de la crise de la dette souveraine.

Ayant présenté le rôle et la place des acteurs, tournons-nous maintenant vers les résultats en termes de création de nouvelle gouvernance économique.

Les instruments de la nouvelle gouvernance

Dans cette section, nous présentons les instruments qui ont permis le renforcement ou l'imposition de telles réformes dans le cadre de la gouvernance économique européenne renforcée. Cette nouvelle gouvernance européenne est très difficile à comprendre et encore plus à décrire même pour les spécialistes. Elle s'est faite en empilant des textes, mais sans nécessairement suivre un ordre logique. Il y a par ailleurs un nombre flexible d'États qui participent aux différents accords contraignants ou incitatifs. Il y a des procédures différentes selon que les pays sont dans l'euro ou pas, qu'ils sont sous MoU ou pas, qu'ils sont en déséquilibre macroéconomique ou pas, qu'ils ont signé le TSCG ou pas, le Pacte euro+ ou pas... Certaines dispositions se trouvent dans des textes intergouvernementaux et à l'identique dans des textes communautaires (pas nécessairement nouveaux). Certaines dispositions sont sans contenu juridique contraignant, mais ont un soutien politique fort, alors que d'autres normalement contraignantes semblent quasi oubliées.

Plus complexe encore, certains documents ou accords (par exemple le Pacte Euro+) qui semblaient être centraux sortent de l'agenda communautaire, mais existent toujours formellement. D'autres tel que le Pacte pour la croissance et l'emploi adopté fin juin 2012 (après l'élection de François Hollande en France) semblent n'avoir jamais existé.

La tension à l'intérieur de la Commission entre le groupe autour du commissaire Oli Rehn en charge de l'économie et des finances et la coalition d'acteurs plus sociaux qui veulent affirmer un équilibre entre les enjeux sociaux et économiques se manifeste surtout par des luttes administratives et de territoires (Zeitlin, Vanhercke, 2015).

Elle se double d'une lutte feutrée entre le Conseil européen et la Commission pour savoir qui pilote le(s) processus, entre le président du Conseil européen de l'époque Herman Van Rompuy et celui de la Commission José Manuel Barroso. Chacun sort un texte sur le même sujet en parallèle par exemple sur le futur de l'UE. Enfin, l'Allemagne devient de plus en plus centrale dans le processus de décision.

Au lieu de suivre une lecture chronologique réalisée en détail dans le l'ouvrage de Christophe Degryse (2012), nous mettons en avant les faits les plus saillants à commencer par le traité sur la stabilité, la coordination et la gouvernance (TSCG). Ce texte est le plus important car pour le modifier il faut adopter un autre traité. Par ailleurs, il était demandé que les États membres le transcrivent à un niveau constitutionnel. Il présente donc les règles du jeu essentielles. Si certaines préexistaient, leur nature a été modifiée. C'est le cas de la règle de l'équilibre budgétaire élevé maintenant à un statut constitutionnel. S'il y avait eu de larges débats nationaux et non une imposition sous le coup de l'urgence de calmer les marchés financiers, cela aurait pu être une approche intéressante. En l'absence de constitution européenne dépositaire des règles fondamentales, peut-on imaginer une internalisation de celles-ci au travers de débats nationaux et de changements constitutionnels nationaux ? Si on se refuse à un passage de nature fédérale au niveau européen, on est bien obligé de trouver un moyen de coordonner les diversités nationales.

Mais ce n'est pas cela qui s'est passé. On a inscrit sans débat des règles particulières relevant d'une approche économique spécifique pour le moment dominante dans des textes nationaux qui sont difficiles à modifier à l'avenir sans majorité spéciale. La Cour de justice européenne a le pouvoir de déterminer si les états membres satisfont à leur obligation d'introduire de procédures d'équilibre budgétaire dans leur ordre constitutionnel national (ou texte équivalent). À ce jour, la Cour n'avait jamais eu le pouvoir d'interpréter les constitutions nationales (Bugaric, 2013, p. 25). Les grandes lignes du TSCG sont les suivantes.

Le déficit budgétaire structurel (donc corrigé des effets de la conjoncture) doit être limité à 0,5 % sur le cycle économique sauf évènement exceptionnel. Les États qui ont une dette de moins de 60 % du PIB peuvent à avoir un déficit structurel de 1 % maximum.

Le changement le plus important est celui de prendre en compte la dette totale des États. Ce critère est sans nul doute meilleur que celui du déficit budgétaire annuel. Une dette globale basse ou qui se réduit de manière constante indique un comportement prudent sur une longue période (qui peut aussi comprendre des épisodes de déficit budgétaire annuel important). Cependant, ce qui est incohérent sont les conditions de retour d'une dette excessive au fameux seuil de 60 %. Une procédure de déséquilibre excessif est enclenchée lorsque la dette est supérieure à 60 et que l'obligation de la réduire (de 5 %, pour la différence entre 60 % et le montant de la dette totale par an) sur une période lissée de trois ans n'est pas rencontrée. Cela signifie que des pays comme l'Italie ou le Portugal qui ont des dettes de plus de 120 % doivent réduire cette dette de presque 10 points en trois ans (5 % de réduction sur une dette globale trop élevée de 60 % par rapport au seuil de 60 % signifie une réduction d'environ 3 % par an) ou près de 15 points en cinq ans. Ceci n'est pas possible sauf à avoir des taux d'intérêt extrêmement bas, ou une croissance très forte ou encore une inflation dépassant largement les 2 %. Aucune des trois conditions ne semble pouvoir être réalisée à moyen terme. Un mécanisme de correction est déclenché automatiquement si des écarts importants sont constatés par rapport à l'objectif à moyen terme ou à la trajectoire d'ajustement propre à permettre sa réalisation. Ce mécanisme comporte l'obligation pour le pays concerné de mettre en œuvre des mesures visant à corriger ces écarts sur une période déterminée. Fin 2017, la Commission propose de réintégrer sous forme de directive les dispositions du TSGC sous prétexte de simplification et de valorisation de la méthode communautaire.

Un autre changement est celui de passer d'une analyse ponctuelle autour du respect ou non du critère de déficit budgétaire de 3 % à un ensemble de contraintes liées à des indicateurs de déséquilibres macro-économiques beaucoup plus larges et envisagées de manière dynamique et anticipative. L'évaluation de possibles déséquilibres macro-économiques se base sur 11 indicateurs principaux tels que la balance courante par rapport au PIB, la position nette de l'investissement international, le taux de croissance des prix de l'immobilier, la dette privée, le taux de chômage moyen, le taux de croissance des salaires nominaux, etc. pour évaluer les déséquilibres macro-économiques. Le non-respect de trois d'entre eux mène à un examen qui peut devenir un examen approfondi avec des recommandations à la clé. La surveillance ne porte plus sur la dette mais sur un ensemble de critères ce qui laisse un large champ d'interprétation de la part de la Commission européenne, même si celle-ci prétend que ces analyses approfondies sont contextualisées. En 2013, 13 pays sont épinglés. Si on combine les pays étant sous un programme d'ajustement, ceux sous le coup d'une procédure de déficit excessif et ceux faisant l'objet d'une surveillance renforcée du fait de déséquilibre macro-économique (MIT), tous les pays de l'UE sont concernés sauf l'Allemagne, le Luxembourg et les trois pays baltes (ces derniers n'ayant toujours pas retrouvé à cette date leur niveau de PIB d'avant la crise). Après avoir fluctué entre 16 et 18 entre 2014 et 2016, le nombre de pays sous examen approfondi décroît à 13 en 2017 et 2018.

Un premier champ de bataille entre les groupes social et économique s'ouvre autour de la question des indicateurs. Il porte directement sur les déséquilibres macro-économiques et la nécessité d'ajouter des indicateurs sociaux. Un indicateur en matière de chômage (lissé sur trois ans) est introduit dans la liste des indicateurs principaux et une batterie d'indicateurs sociaux dans les indicateurs secondaires. Toutefois, il est acté que leur statut est différent. Ils ne constituent pas d'indicateurs macro-économiques *stricto sensu*. Dans les documents liés au socle européen des droits sociaux (2007), il y a un scoreboard d'une dizaine d'indicateurs qui devrait être utilisé dans le Semestre européen sans que l'on sache au moment d'écrire encore exactement comment (ETUI, 2017).

Il se produit un double mouvement : celui des règles du jeu et celui de la nature des préconisations européennes. Dans les textes mentionnés, on ne fait pas directement part de la nature des réformes à entreprendre, on fixe des seuils, des règles, on crée des institutions ou on les renforce (par exemple, le sommet de la zone Euro), et on renvoie à d'autres textes pour la mise en œuvre. Historiquement, le traité de Maastricht (1992) puis le Pacte de stabilité et de croissance (1997) ont fourni la base des règles communes. La réduction du déficit budgétaire à moins de 3 % du PIB n'indique pas explicitement comment y arriver : par une réduction des dépenses ou une augmentation des impôts. Le nouveau Pacte de stabilité et de croissance (2005) semble tout aussi neutre mais il fait toutefois référence à la nécessité que les politiques économiques des États membres soient conformes aux GOPE (article 5).

Toutefois dans la mise en œuvre de ce renforcement des règles *via* le Semestre européen il se produit un renforcement de l'imposition des préconisations normatives. Celui-ci est lié à la modification des rapports de force entre acteurs sociaux et économiques. Le cas des pensions l'illustre particulièrement bien. Les équilibres difficilement atteints entre aspects sociaux et financiers des systèmes de retraite disparaissent pour faire place à un allongement de la carrière et un retardement de l'âge de la pension légale puisque la soutenabilité des finances publiques prend le pas sur les objectifs sociaux. C'est aussi l'idée poussée par la Commission de lier l'âge de la retraite à l'espérance de vie (voir chap. 5). La BCE et la DG Ecfin ont augmenté leurs connaissances des marchés du travail (et des réformes nationales) et sont à même d'exercer de par leur expertise des pressions beaucoup plus fermes et précises qu'auparavant. Dans cette nouvelle architecture, les MoU pour les pays sous aide européenne et du FMI sont les instruments les plus contraignants car les pays sous tutelle n'ont qu'une marge de manœuvre limitée. Il y a donc ici une fusion entre les règles et les prescriptions politiques, en tout cas les premières années (voir Efstathiou, Wolff, 2018).

Cela s'accompagne du renforcement de certains acteurs. Les marchés financiers deviennent un acteur à part entière qui va différencier les risques par pays et être sensible à toute instabilité. La crise place la BCE au centre du jeu : entre les marchés qu'elle est parvenue à rassurer et les acteurs politiques qui sont incapables de s'entendre. La BCE sort ainsi de son isolement pour faire partie explicitement des nouvelles structures. Elle abandonne son rôle d'acteur externe (arbitre engagé) et devient un membre à part entière de la Troïka (acteur stratégique). Ceci est la contrepartie du fait qu'elle devient la seule à pouvoir influencer les marchés financiers (en l'absence de réactions politiques coordonnées crédibles). Elle accepte ce rôle en échange de la garantie que l'UE exerce sa tutelle sur les pays dérivants. Elle se place donc au centre de gravité du normatif, entre marchés et politiques.

Un démantèlement du modèle social national à plusieurs vitesses

Cette partie débute par une analyse des recommandations aux États membres et leurs évolutions. C'est l'instrument de pression le plus visible mais bien entendu pas le seul. Nous présentons ensuite les réformes nationales principalement en matière de relations industrielles et de protection sociale. Nous en analysons l'impact sur les acteurs et principalement sur les syndicats. Pour conclure cette partie par quelques remarques sur les changements qui, depuis 2015, ouvrent peut-être une autre phase.

La gouvernance soft : les recommandations spécifiques par pays (CSR)

Les CSR sont au cœur du nouveau dispositif de gouvernance économique européenne. Ces recommandations sont le résultat d'un processus complexe, le « Semestre européen », qui débute généralement en novembre avec la publication par la Commission d'un rapport intitulé « Examen annuel de la croissance » (*Annual Growth Survey*). Ce document présente, pour l'année à venir, les défis et priorités de l'UE. Il est suivi par l'adoption et la présentation, au printemps suivant, des Programmes nationaux de réforme (PNR) et par l'évaluation par la Commission des performances de chaque État membre.

Les CSR se concentrent sur les réformes structurelles susceptibles de renforcer la croissance et la compétitivité. Les États membres sont censés les intégrer dans leur Programme national de réforme de l'année suivante. Elles sont préparées par la Commission, discutées avec les États membres et adoptées chaque année au mois de juillet par le Conseil européen. Formellement, les CSR sont des recommandations, mais dont on attend qu'elles soient suivies d'effets. Pour accentuer la pression le vote à la majorité qualificc inversée est introduit qui impose à un État voulant modifier une recommandation d'obtenir la majorité qualifiée sur sa demande de modification. Les recommandations deviennent plus contraignantes pour les pays de la zone euro dans la mesure où elles sont liées à la possibilité de sanctions au titre de la procédure concernant les déficits excessifs ou de la procédure concernant les déséquilibres macroéconomiques excessifs.

Stefan Clauwaert (2017) réalise chaque année une évaluation du nombre de recommandations sociales dans l'ensemble des CSRs que chaque pays reçoit[1]. Il faut faire la distinction entre le nombre de recommandations nominales et les thèmes couverts dans les recommandations. En effet, la Commission a réduit le nombre absolu de recommandations, mais le nombre de thématiques augmente, car les recommandations couvrent plusieurs thématiques.

La politique sociale et du marché du travail constitue une part importante des CSRs. Dans les premières années de 2010 au cœur de la crise, la formulation, le sens et les contraintes de ces recommandations laissent moins de possibilités d'interprétations. Elles deviennent non seulement plus impératives, mais également plus similaires : « *one size fits all* ».

La Commission européenne au travers de ses CSRs ne s'intéresse guère aux raisons pour lesquelles certains pays ont mieux réussi à s'en sortir que d'autres. En effet, ce sont les marchés du travail des pays dits « bismarckiens » qui ont le mieux résisté à la crise financière, à la crise économique et à la crise des finances publiques (Allemagne, Benelux, Autriche), mais cela n'a pas fait l'objet d'analyses approfondies sur les raisons de ce relatif succès. Si les performances en termes de lutte contre le chômage ne semblent pas être le critère principal à l'aune duquel sont jugés les États membres, d'autres critères paraissent plus importants aux yeux de la

1. Les pays sous MoU (Grèce, Portugal, Irlande, et ensuite Chypre) ne reçoivent pas de CSR tant qu'ils restent sous cette procédure, toutes les réformes exigées de ces pays étant détaillées dans le MoU.

Tableau 12. Évolution des thèmes couverts par les CSRs de 2011-2018

	CSR	2011-2012	2012-2013	2013-2014	2014-2015	2015-2016	2016-2017	2017-2018
Salaires	Révision de l'indexation salariale	5	4	2	3	0	0	0
	Mécanismes de formation des salaires	8	8	7	11	11	12	14
	Sous-total	*13*	*12*	*9*	*14*	*11*	*12*	*14*
EPL	Législation de protection de l'emploi	6	8	4	8	4	8	7
Participation au marché du travail	Femmes	6	9	5	7	11	7	8
	Travailleurs âgés	8	7	12	10	8	4	8
	Désincitant fiscal second/bas salaire	3	2	3	8	7	5	6
	Sous-total	*17*	*18*	*20*	*25*	*26*	*16*	*22*
Emploi des jeunes	Garantie jeunes	0	0	12	8	15	7	8
	Transition école/travail	0	2	5	6	11	7	5
	Apprentissage	9	12	8	15	5	4	2
	« drop-outs »	4	7	6	3	6	6	6
	Sous-total	*13*	*21*	*31*	*32*	*37*	*24*	*21*

Pensions	Lien entre la pension et l'espérance de vie	13	12	11	11	4	5	8
	Réduction des prépensions	12	11	10	7	4	5	2
	Réformes de pensions	–	–	–	–	14	13	13
	Sous-total	*25*	*23*	*21*	*18*	*22*	*23*	*23*
Protection/ assistance sociale	Systèmes de protection sociale	4	2	5	9	7	3	8
	Qualité des services sociaux	0	1	2	3	2	5	5
	Ciblage de l'assistance sociale	2	4	3	10	10	4	8
	Sous-total	*6*	*7*	*10*	*22*	*19*	*12*	*21*
Pauvreté des enfants	Mesures de soutien aux enfants	0	1	2	3	1	1	1
	Crèches	6	7	9	9	9	7	9
	Sous-total	*6*	*8*	*11*	*12*	*10*	*8*	*10*
Taxe	Tax shift : réduire les taxes sur le travail	9	9	10	9	14	14	6
Nombre total de CSRs sociale		*95*	*106*	*116*	*140*	*143*	*117*	*124*

Source : Clauwaert, 2017.

Commission : l'existence d'un mécanisme d'indexation des salaires, le coût unitaire du travail, les systèmes de négociation collective, l'âge de la pension, etc. C'est cette approche qui traduit un agenda politique axé sur la compétitivité qui implique la reconfiguration du modèle social national, la flexibilisation des marchés du travail, l'affaiblissement de la négociation collective et des changements dans les systèmes de pensions et de soins de santé (voir section suivante).

De manière globale, les CSRs transmettent des idées liées à un « modèle » économique particulier d'UE, car elles se centrent sur la croissance et la compétitivité. Elles négligent ce qui est le rôle principal des politiques sociales, c'est-à-dire assurer les citoyens contre les risques sociaux, en maintenant la cohésion sociale et une forme de redistribution (Jepsen, 2009). L'absence de débats ouverts et publics entre différentes approches est d'autant plus frappante quand on compare la Commission avec d'autres institutions internationales (OCDE, FMI).

À partir de 2013, il se produit toutefois une évolution vers un relatif rééquilibrage quantitatif et qualitatif. En effet, les CSRs deviennent davantage sensibles aux contextes locaux et moins unidirectionnelles que les années précédentes. Mais aussi les recommandations commencent à avoir moins d'impact (Efstathiou, Wolff, 2018). Les États ne sont pas passifs (Bekker, 2017b) et contestent certaines recommandations ou prétendent les avoir mises en œuvre.

C'est l'argument des articles de Bart Vanhercke et de Jonathan Zeitlin (2015, 2018) qui considèrent qu'il s'est produit une certaine « socialisation » du Semestre européen. Par cela ils entendent que le groupe « social » et particulièrement le comité pour l'emploi (et dans une moindre mesure celui de protection sociale) ont davantage d'influence dans les formulations finales des recommandations. Ils estiment également qu'il s'est produit un rééquilibrage à l'intérieur des recommandations sociales vers des recommandations sociales que l'on pourrait qualifier de positives. Par exemple, la pauvreté et la pauvreté des enfants, les crèches ou la garantie Jeunes.

Amandine Crespy et Pierre Vanheuverzwijn (2017) ont analysé le nombre de recommandations sociales positives (liées à l'investissement social) et celles visant à la dérégulation (retrenchement). Ils constatent une progression des recommandations liées à l'investissement social passant de 50 % en 2011 à 65 % en 2016. Toutefois, ils ne constatent aucun changement de paradigme : le social (même renforcé) reste toujours subordonné à l'économie. Si l'on peut constater effectivement une approche plus sociale (quantitativement et qualitativement) dans certains domaines, ce n'est pas vraiment le cas pour le cœur du social. Le groupe social a eu davantage d'influence sur la reformulation de certaines recommandations liées à la participation au marché du travail qu'à celles concernant les pensions ou les salaires et les systèmes de formation salariale (Lelie, Vanhercke 2013 ; Vanhercke 2013).

La socialisation du Semestre se fait dans des domaines tels que la lutte contre la pauvreté, la pauvreté des enfants, l'égalité hommes-femmes, la création de crèches qui sont tout à fait compatibles avec un système libéral de protection sociale. Porté par le groupe en faveur de la modernisation de la protection sociale et les académiques autour de l'investissement social, il ne s'attaque pas au cœur de l'État-providence (pension, soins de santé) ou du rapport salarial (salaire, système de négociation collective. Dans ces domaines, le groupe économique autour d'Ecfin a toujours la main même si certaines avancées sont aussi réalisées dans ces domaines par le groupe social.

En termes de contenu, ces instruments sont donc partiellement rééquilibrés sans pour autant que le sens général soit fondamentalement modifié. Il est difficile d'appréhender pleinement les effets contraignants, car il s'agit d'une gouvernance en évolution avec une multiplication d'instruments et de procédures. Cependant, il apparaît clairement qu'avec le renforcement du système de gouvernance économique, un nouvel ensemble d'interrelations entre l'UE et les États membres a émergé (De la Porte, Heins, 2016) mais les pressions semblent également s'être estompées avec le temps. Ce renforcement normatif a aussi ses limites institutionnelles, les États membres ne sont pas prêts à laisser toute l'initiative à la Commission. Un exemple clair a été donné quand le président français François Hollande a indiqué qu'il allait entreprendre une réforme des retraites, mais que ce n'était pas à la Commission de lui dicter les principes ni les détails de celle-ci.

Quelles sont les conséquences de ces changements ?

Dans la zone euro, les pays ne sont pas dans la même situation concernant les impacts possibles de la nouvelle gouvernance européenne. De manière globale, trois groupes de pays peuvent être distingués au sein de la zone euro.

Ceux qui sont sous MoU qui ont moins de latitude pour refuser les injonctions européennes.

Inversement, ceux qui ne sont ni sous surveillance budgétaire ni sous le coup de procédures de déséquilibre macro-économique et qui peuvent s'ils le veulent les ignorer complètement.

La majorité des États membres est dans l'entre-deux et subit des pressions de plus en plus précises.

Les pays en dehors de la zone euro sont soumis aux mêmes procédures, mais ne peuvent être sanctionnés et donc sont beaucoup moins contraints.

Concernant le droit du travail, des recherches montrent qu'il existe une congruence entre les recommandations européennes et les réformes en matière de relations industrielles et du droit du travail au niveau national (Clauwaert, Schömann 2012 ; Hermann, 2013 ; Escande-Varniol *et al.*, 2012 ; Koukiadaki *et al.*, 2016). Cela est particulièrement visible pour les pays en grandes difficultés économiques ou ceux sous MoU. Cette influence de CSRs n'est évidemment pas l'unique raison des réformes nationales qui impliquent les acteurs nationaux. Le plus souvent elles viennent se greffer sur des longs débats antérieurs. Relisant l'introduction de Peter Flora de son livre *Growth to the Limits* de 1986, on ne peut être que frappé par la continuité de grands débats depuis trente ans (démographie et retraites, les femmes et le marché du travail, la citoyenneté sociale et l'État providence). Comme développé au chapitre 5, les CSRs favorisent ce type de réformes, mais seulement quand elles ont trouvé un sol propice à cette influence. C'est le cas au début des années 2010 avec la domination quasi totale de gouvernements de droite et de centre droit dans un contexte de crise.

Il ressort du tableau 13, comprenant 16 des 28 États membres, que les changements en matière de négociation collective sont bien plus larges que les quelques cas médiatisés tels la Grèce, le Portugal ou l'Espagne.

Tableau 13. Décentralisation de la négociation collective

Élimination ou suspension des conventions collectives nationales	IE, RO
Suspension principe de favorabilité / Acceptation d'exceptions ou de modifications au niveau inférieur	GR, ES, HU, IT, PT, SK, FR, IE
Affaiblissement de la négociation collective	
Suspension ou réduction des procédures d'extension	GR, HU, PT, RO
Limitation de la prolongation des accords collectifs qui ont expiré	EE, ES, GR, PT
Changements réalisés ou prévu de résolution des conflits	BG, ES, GR, IE, SI, UK
Interventions dans la négociation collective	
Suspension des accords existants	GR
Limitation la durée des accords	GR, RO

Affaiblissement des syndicats	
Seuils accrus pour la représentativité des organisations syndicales	RO, GR, PT, HU HR, NL, BG, CY
Promotion de formes alternatives de représentations des travailleurs au détriment des conseils d'entreprises et des syndicats/déplacement des prérogatives des syndicats vers d'autres formes de représentation.	GR, HU, PT, RO, ES, SK, PL
Réduction du rôle des institutions de dialogue social	RO, HU

Source : Hermann, 2013 pour les pays suivants IE, RO, EE, GR, LT, ES, IT, HU PT, adaptée et complétée par Clauwaert et Schömann, 2012 pour SK, PL, HR, FR, NL, BG, CY.

À la lecture de ce tableau synthétique et de la liste de la Commission, on constate que ce sont bien les institutions de solidarité qui sont remises en question.

Dans quatre pays (Grèce, Hongrie, Portugal, Roumanie), l'extension *erga omnes* des accords sectoriels est rendue de plus en plus difficile, voire impossible. Cela a pour conséquence un effondrement du nombre de travailleurs couverts par un accord collectif au Portugal passant 1,3 million en 2008 à un peu plus de 400 000 en 2012.

Pour l'Irlande et la Roumanie, il n'y a plus de négociation collective au niveau interprofessionnel et en Roumanie l'addition des changements fait qu'il devient à peu près impossible d'avoir une négociation collective à quelque niveau que ce soit.

Les nouvelles structurations des négociations collectives autorisent un nombre de plus en plus grand de dérogations à la règle selon laquelle le niveau inférieur ne peut qu'améliorer les accords pris à un niveau supérieur (voir les réformes récentes en France par exemple). À ce sujet Jelle Visser (2013) montre que les pays du Sud (Grèce, Portugal, Espagne et de façon plus limitée l'Italie) ont été contraints d'adopter des clauses d'ouverture/de dérogation aux conventions d'un niveau supérieur. L'auteur les définit comme étant structurelles et non plus liées à des événements ponctuels et exceptionnels (Visser, 2013, p. 50-52). Ils rejoignent ainsi un groupe de pays pour lesquels ces changements avaient été introduits dans les années 1980 et 1990. Ce fut par exemple le cas de l'Allemagne après la réunification. Mais la différence est que le système légal des pays du Sud (y compris la France) est très hiérarchique. C'est donc une logique institutionnelle forte qui est ici remise en question.

Ces changements correspondent exactement à ce que la Commission européenne (en tout cas la DG Ecfin) considère comme étant les bonnes réformes. Dans l'annexe d'un document officiel, on trouve pour une fois la liste complète de ce que signifie le terme réformes structurelles. Il s'agit de :

- « diminuer les salaires minimums légaux et contractuels » ;
- « diminuer la couverture de la négociation » ;
- « réduire l'extension (automatique) des conventions collectives » ;
- « réformer le système de négociations pour le rendre moins centralisé », par exemple en introduisant/étendant « la possibilité de déroger aux accords de niveau supérieur ou de négocier des accords d'entreprise » ;
- promouvoir des mesures qui « se traduisent par une réduction globale de la capacité de fixation des salaires des syndicats » (CE, 2013, p. 103).

Un autre chantier important a été celui des réformes dans le secteur public. Ce dernier reste un bastion syndical dans la plupart des États membres. Le tableau 14 reprend les principales réformes en matière de salaires dans huit pays.

Il est intéressant de noter que la ligne directrice 2 d'Europe 2020 telle qu'adoptée par le Conseil le 13 juillet 2010 indique que : « Le cas échéant, une fixation appropriée des salaires dans le secteur public devrait être considérée comme un signal important pour assurer la modération salariale dans le secteur privé conformément à la nécessité d'améliorer la compétitivité. »

Tableau 14. Réduction et gel des salaires du secteur public dans les pays sous surveillance de l'UE, de la BCE et/ou du FMI (2008-2012)

Pays	Gel/réduction des salaires
Grèce	Gels des salaires pour tout revenu supérieur à 2 000 euros (2009) Réduction de 12 à 20 % de l'ensemble des salaires du secteur public (2010) Réduction supplémentaire de 17 % sur trois ans (2011-2013)
Hongrie	Réduction de salaire de 7 % (2008-2010) Suppression du 13e mois de salaire pour l'ensemble du service public (2009) Gel des salaires (de 2010 à 2012 ou au-delà)
Irlande	Gel des salaires des fonctionnaires (2008-2010) Gel général des salaires (2010-2014) Réduction de 5 à 7 % du salaire net *via* l'imposition d'un prélèvement sur les pensions inversement proportionnel au niveau des revenus (2009) Réductions de 5 à 8 % des salaires, en fonction du niveau des revenus (2010)
Italie	Réduction de 5 à 10 % des salaires élevés (2010) Gel des salaires et réduction des bonus de productivité (2010- 2014) Suspension des augmentations salariales automatiques pour certains groupes d'employés tels que magistrats, policiers, avocats d'État, militaires, etc. (2010-2013)
Lettonie	Réductions salariales de 15 à 30 % (2009) Gel des salaires (2010-2012)

Pays	Gel/réduction des salaires
Portugal	Gel des salaires pour les fonctionnaires et employés d'entreprises publiques (2010-2013) Réduction salariale de 5 % pour les fonctionnaires les mieux payés (2010) Réductions salariales de 3,5 à 10 % pour les salaires supérieurs à 1500 par mois (2011) Suppression ou diminution des 13e et 14e mois (2012-2013)
Roumanie	Réduction salariale de 25 %, mais les réductions d'allocations additionnelles peuvent entraîner des réductions allant jusqu'à 50 % (2010) Suppression d'un large éventail de bonus et du 13e mois (2011)
Espagne	Réduction salariale de 5 % pour les fonctionnaires (2010) Gel des salaires des fonctionnaires (2011-2012) Suppression du 14e mois pour tous les employés du secteur public (2012)

Source : Glassner, Keune, 2012 ; Grimshaw, Rubery, 2012 ; BIT, 2013 cité par Schulten, Müller, 2013.

Au vu des développements salariaux récents stagnants ou en baisse dans de nombreux services publics nationaux, cela apparaît à première vue étonnant. Ce l'est beaucoup moins quand on lit la littérature récente sur l'UEM et sur les possibles dynamiques salariales autour des services abrités (Hancké, 2013 ; Johnson, 2016). La connaissance cumulative des acteurs du groupe économique leur permet d'inclure dans une stratégie à long terme un paragraphe qui a certainement peu d'utilité en 2010, mais pourrait en avoir dans quelques années car ce sont des objectifs pour dix ans. Dans ce cas, ce paragraphe pourrait être mobilisé sans devoir passer par des négociations dans un environnement peut-être moins favorable à leurs idées.

En ce qui concerne les pensions (Natali, 2017) et les soins de santé (Baeten, Vanhercke, 2017 ; Greer *et al.*, 2016) les mêmes dynamiques sont à l'œuvre. Les pressions ont été fortes, mais dépendantes de la « vulnérabilité » des États membres à celles-ci (depuis ceux sous MoU à ceux sans recommandation) (voir Baeten, Vanhercke, p. 492). Selon ces auteurs, la DG EcFin joue un rôle stratégique même si le Comité de Protection sociale parvient progressivement à avoir un espace plus important pour influencer les réformes.

Le tableau 15 reprend les réformes entreprises par les États membres en matière de pension distinguant les objectifs économiques visant la soutenabilité financière et les aspects sociaux. Comme on le constate le déséquilibre entre les deux types de mesures est impressionnant.

Les réformes ont donc été massives et importantes principalement, mais pas uniquement, dans les premières années de 2010, mais quel impact ont-elles eu pour les acteurs du social ?

Tableau 15. Mesures visant la soutenabilité financière *versus* adéquation sociale

Mesures pour améliorer la soutenabilité financière					Mesures pour améliorer l'adéquation sociale		
Retranchement des allocations	Indexation inférieure	Augmentation des taxes ou des contributions	Augmentation de l'âge de la pension	Régulation plus stricte des pré-pensions	Augmentation des *minima*	Indexation plus importante	Diminution des taxes et/ou contributions
CY, CR, GR, IR, LT, LU, PT, ES, HU, SL, LE	AT, BE, CR, CY, EE, FI, FR, GR, LU, HU, IT, LV, PL, PT, RO, SL	AT, CY, CZ, DK, GR, IT, PT, RO	BG, CY*, DK*, GR*, NL*, IT, PT, ES, UK*, HU, SK*, IR	AT, FI, LV, PG, ES	BE, CY, DK, LU, FI, PT, RO, SK, DE, LU, MT	CR, PL, UK	AT, SE

Source : Natali, 2017, p. 272.

Quels impacts sur les acteurs ?

Dans cette section nous nous intéressons principalement aux syndicats, car ils sont au cœur du rapport salarial et le plus souvent un acteur actif dans les systèmes de protection sociale (en particulier pour les pensions publiques). Ceux-ci se retrouvent affaiblis par une série des changements apparemment techniques comme une augmentation des seuils de représentativité pour être reconnus ou pour pouvoir signer un accord collectif sectoriel. Ils sont ignorés comme acteurs collectifs et comme interlocuteurs dans un nombre croissant d'États membres. Même dans un pays comme la Belgique aussi ancrée dans le compromis et les consultations multiples, les syndicats sont marginalisés par le gouvernement de coalition de centre droit de Charles Michel. Pour comprendre l'importance de ces changements récents, il faut aussi les mettre en perspective et tenir compte des évolutions syndicales ces trente dernières années.

Ces changements renforcent des tendances déjà existantes qui voient les employeurs se renforcer (Baccaro, Howel, 2017) et leur agenda pris en charge par de nombreux gouvernements en Europe. Les syndicats disposent de trois sources de pouvoirs : leurs membres, les institutions qui ont été créées pour rééquilibrer les rapports de force ou incarner la solidarité (salaire minimum par exemple) et enfin leur capacité d'influencer l'agenda politique. La baisse des membres des syndicats ces trente dernières années est bien documentée (tableau 16). Elle se produit en trois phases. Cela commence à partir des années 1980 en Autriche, France, Grèce, Italie, Pays-Bas, Portugal et Royaume-Uni. Une deuxième vague a lieu dans les années 1990 avec l'ensemble des pays d'Europe centrale et orientale ainsi que l'Allemagne. Ce dernier pays est avec l'Autriche parmi ceux qui perdent en trente ans les plus de membres (pays de l'Est non compris bien entendu).

Finalement les pays scandinaves maintiennent des taux élevés jusqu'au milieu des années 2000 où des changements dans les règles d'indemnisation du chômage en Suède et au Danemark (dans des pays où les syndicats jouent un rôle particulier dans la distribution des allocations de chômage) entraînent une perte de l'ordre de 10 % en quelques années. Une exception est la Belgique qui garde durant toute la période un taux quasi constant autour de 50 % et l'Italie autour de 35 %.

Tableau 16. Densité syndicale entre 1985 et 2015-2016

	1985	1990	1995	2000	2005	2010	2015	2016
Autriche	51,3	46,8	41,1	36,9	33,8	28,9	27,4	26,9
Belgique	52,4	53,9	55,7	56,2	53,7	53,8	54,2	.
République tchèque	.	.	44,5	27,2	19,1	16,1	12,0	10,5
Danemark	77,5	74,6	75,9	73,6	70,9	69,2	68,6	67,2
Estonie	.	.	32,4	14,5	9,7	7,7	.	.
Finlande	69,1	72,8	80,8	74,6	70,4	68,3	66,5	64,6
France	13,6	9,8	8,7	8,0	8,0	8,0	7,9	.
Allemagne	34,7	31,2	29,2	24,6	21,5	18,9	17,6	17,0
Grèce	37,6	34,2	31,3	.	24,1	.	.	.
Hongrie	.	83,1	48,3	.	17,2	.	9,4	8,5
Irlande	54,2	51,1	47,1	36,0	32,5	34,2	.	27,2
Italie	42,5	38,7	37,3	34,4	33,3	35,5	35,7	34,4
Lettonie	.	.	28,9	.	.	15,0	12,6	.
Lituanie	.	.	41,5	.	.	10,1	7,9	7,7
Luxembourg	.	.	.	.	.	35,1	.	.
Pays-Bas	27,7	24,6	25,5	22,6	21,0	19,3	17,7	17,3
Pologne	38,1	36,7	20,2	17,6	18,1	14,6	.	.

	1985	1990	1995	2000	2005	2010	2015	2016
Portugal	44,6	29,3	26,6	.	.	19,6	16,1	.
Slovaquie	.	.	56,1	32,3	22,8	15,2	10,9	.
Slovénie	.	.	50,5	41,4	37,1	25,0	19,6	.
Espagne	12,4	13,3	16,7	16,5	14,5	17,2	13,9	.
Suède	81,3	81,5	86,6	80,1	75,6	69,3	66,8	.
Royaume-Uni	45,3	39,6	33,9	29,7	27,0	26,8	24,2	23,7

Source : Statistiques OCDE, données extraites le 20 août 2018.

Néanmoins, la couverture de conventions collectives reste relativement stable (certainement comparée au déclin du nombre de membres). Cela permet dans les pays ayant de telles institutions. de garantir une certaine solidarité en couvrant une large majorité des travailleurs et non seulement les membres des syndicats. Pour les autres et particulièrement dans les pays d'Europe centrale et orientale et dans les pays baltes, il existe peu de mécanismes (ou ceux-ci ne sont pas utilisés) permettant d'étendre les conventions collectives (l'exception étant la Slovénie). La diminution du nombre d'adhérents se traduit donc directement en une diminution des personnes couvertes par un accord collectif. Cela a pour effet que la négociation collective couvre moins d'un tiers de la main-d'œuvre salariée.

La remise en cause des institutions de représentation et d'extension des négociations collectives a des effets structurels notamment dans des pays comme la Grèce, Chypre, la Slovénie et dans une moindre mesure l'Irlande qui se situent dans le groupe intermédiaire en termes de couverture. Cela contribue également à réduire encore un peu plus la couverture déjà basse dans des pays comme le Portugal, la Bulgarie ou la Roumanie. Les pays qui avaient un taux de couverture de plus de 90 % ne se trouvent pas affectés par ces mesures. En revanche, le taux de couverture diminue en Allemagne

Figure 12. Couverture de la négociation collective et son évolution entre 2008 et 2016

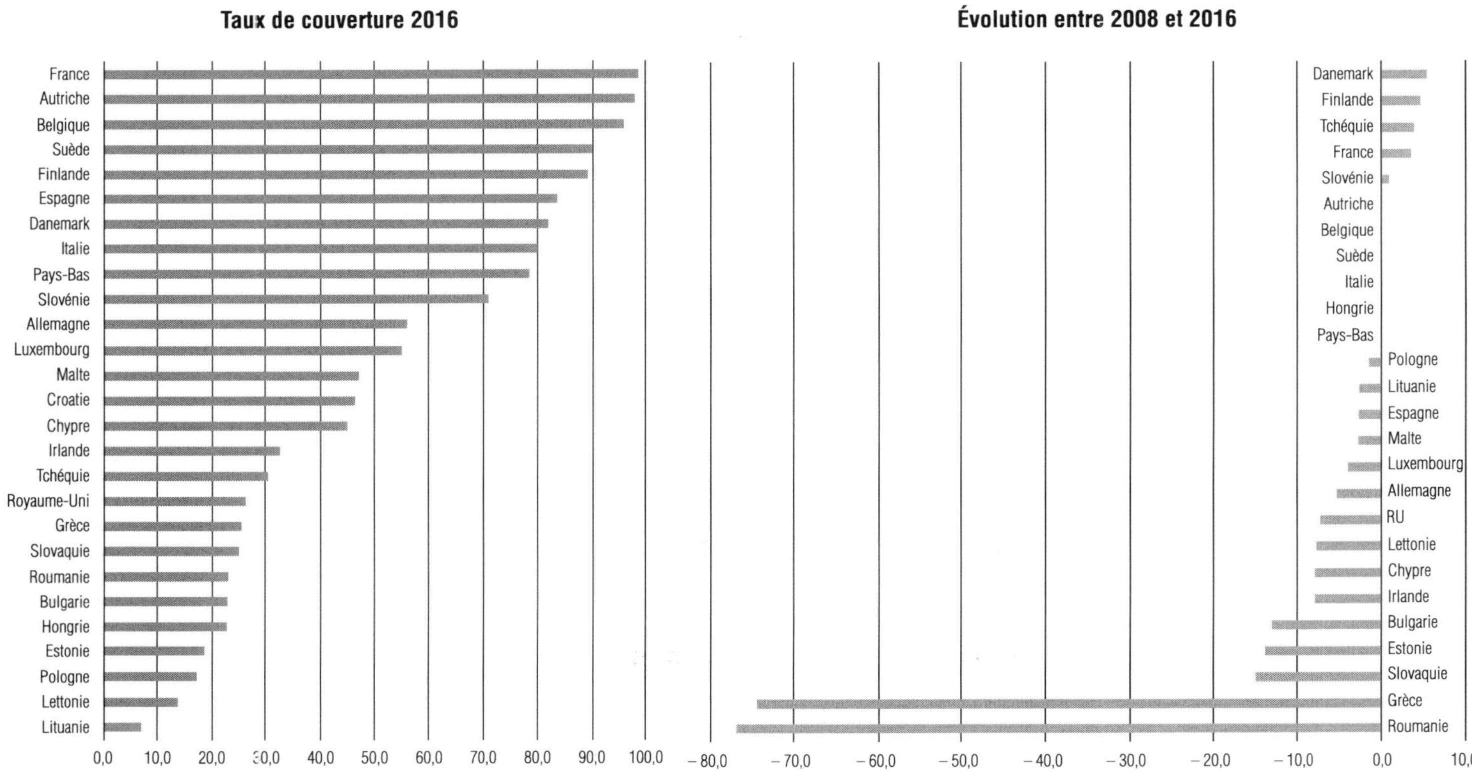

Source : Visser, 2019 ; ICTWSS Database, version 6.0, mars 2017, Amsterdam Institute for Advanced Labour Studies.

qui perd près de 5 points de pourcentage entre 2008 et 2013. Cela produit un accroissement des différences entre une partie de l'Europe où la très grande majorité des travailleurs est couverte par une convention collective (9 pays à plus de 80 %) et une autre partie (10 pays) où il s'agit d'une petite minorité moins de 35 %.

Plus que des ajustements conjoncturels, c'est donc bien un changement structurel du modèle des relations sociales qui est en jeu avec des interactions complexes entre les institutions européennes et les gouvernements de centre droit/droite au pouvoir, mais pas uniquement (voir le cas de l'Italie gouvernement Renzi et en partie de la France gouvernement Hollande). Cela risque d'avoir des conséquences importantes à long terme du fait de la distanciation entre le mouvement ouvrier et la social-démocratie au pouvoir d'une part et, d'autre part, du fait de la difficulté sinon de l'impossibilité de recréer dans le futur (si jamais les rapports de force se modifient) à l'identique des institutions qui ont été démantelées.

Toutefois tant la mobilisation des acteurs internes à la Commission qu'externes, un relatif retour de la gauche au pouvoir, la montée des mouvements populistes (mais avec un agenda social national excluant les migrants), le rejet de plus en plus grand de la construction européenne ont progressivement changé la tonalité de l'agenda et la nature des réformes structurelles sans que l'on puisse parler, loin de là, d'un changement de paradigme.

L'ouverture d'une nouvelle phase

Comme toute fenêtre d'opportunité, il y a un moment où celle-ci se ferme. Si une série de changements ont bien lieu avant 2015, il apparaît que c'est bien l'émergence d'une nouvelle Commission avec une vision plus sociale qui marque la fin de la mise en cause radicale des modèles sociaux nationaux. La stabilisation de l'euro et l'adoption souvent lente et pénible de nouvelles institutions et mécanismes (Mécanisme européen de stabilité et union bancaire étant les deux résultats les plus significatifs), la perspective d'un effondrement total de la Grèce s'éloignant, un agenda plus positif émerge. En matière monétaire le document des cinq présidents adoptés en 2014 trace un nouveau parcours. À partir de 2015, la tonalité de l'Annual Growth Survey évolue (avec la révision du fonctionnement du Semestre européen). Il se centre davantage sur les investissements que sur les réformes (Crespy, Vanheuverzwijn, 2017). Les développements se font dans deux directions (européenne et nationales), mais pas vraiment de manière coordonnée.

Sur le plan européen, la question de la stabilité de la zone euro face à de futurs chocs passe par la discussion entre autres d'un système d'assurance chômage partiellement européanisé. D'autre part, il se développe une réflexion sur un échange entre une plus grande solidarité et la mise en œuvre de réformes au niveau national. Dans les premières versions, il s'agissait d'un échange sous contrainte. Les réformes étaient obligatoires pour bénéficier de solidarité. Progressivement, au vu du refus d'une telle approche, la Commission propose un échange plus soft où les réformes sont essentiellement décidées au niveau national et reçoivent un soutien technique ou financier de la part de l'UE. Mais aussi, la nouvelle gouvernance économique et le Semestre deviennent de moins en moins efficaces. En 2017, 50 % des recommandations sont complètement ignorées, pour quelques pour cent pleinement mises en œuvre. Pour le reste, il s'agit d'une mise en œuvre partielle.

Conclusion

Les déséquilibres de la structure institutionnelle de l'union économique et monétaire telle qu'adoptée dans le traité de Maastricht (et qui résulte d'un choix politique « par défaut ») ont pu être compensés dans les années 1990 et début des années 2000 par la signature de pactes sociaux dans les États membres, mais aussi par des stratégies sociales mises en place au niveau européen : développement du dialogue social européen, stratégie européenne pour l'emploi, stratégie de Lisbonne, méthodes ouvertes de coordination dans les domaines des pensions, des soins de santé, etc. L'union économique et monétaire avait en quelque sorte sa dimension sociale, même si elle était faible, contradictoire et fragile.

À partir du milieu des années 2000, cette dimension a fait l'objet d'un premier démantèlement avec l'arrivée au pouvoir dans la plupart des capitales européennes de gouvernement de centre droit et de droite, et l'arrivée de M. Barroso à la tête de la Commission européenne. Les méthodes ouvertes de coordination sont progressivement vidées de leur substance, le dialogue social européen n'est plus alimenté, les objectifs sociaux de la stratégie de Lisbonne sont délaissés, peu d'initiatives législatives sociales européennes sont prises (au prétexte qu'il fallait laisser aux nouveaux États membres le temps de digérer l'acquis communautaire). Cela ne relève pas du hasard, mais comme nous l'avons montré de l'action stratégique à partir de 2005, donc avant la crise, d'acteurs autour de la BCE et de la DG Ecfin. Ils ont rassemblé un ensemble d'information sur les liens entre Union monétaire et aspects sociaux en particulier les salaires qui leur seront très utiles quand une fenêtre d'opportunité s'ouvrira avec la crise et particulièrement à partir de 2010.

Avec la crise financière qui éclate en 2008, la dimension sociale de l'union économique et monétaire, et de l'Union européenne dans son ensemble, connaît un deuxième processus d'affaiblissement. Après avoir tout d'abord affronté le début de la crise en 2008-2009 par des mesures de soutien à l'activité économique et à l'emploi et les investissements pour une transition écologique, la plupart des États membres s'engagent ensuite dans de très importants programmes de réduction des dépenses publiques et de réformes structurelles.

Ces réformes concernent principalement le droit du travail, la protection sociale et les négociations collectives. Sur le plan du contenu, elles ne s'éloignent guère des injonctions habituelles des économistes standards, qui voient pour la plupart dans le modèle social européen la principale cause de la dégradation des finances publiques des États membres. Si le contenu de ces réformes n'est donc pas neuf, en revanche le contexte politique et socio-économique ouvre une fenêtre d'opportunité inattendue pour ceux qui préconisent des réformes brutales. Le processus européen passe ainsi d'une logique d'influence cognitive à une logique d'intrusion dans les modèles sociaux (Jolivet *et al.*, 2013).

Bien que justifiées dans les discours officiels par « la crise », ces réformes n'ont rien de conjoncturel : elles visent à reconfigurer des pans entiers du modèle social européen – droit du travail, négociation collective, dialogue social, systèmes de formation des salaires, acteurs collectifs, fondements de la protection sociale – alors même que les meilleurs éléments de ce modèle ont montré leur efficacité dans la crise pour éviter une dégradation majeure de la situation économique et du marché de l'emploi. Les pays qui connaissent les taux de chômage les plus faibles sont ceux qui ont les institutions et acteurs sociaux les plus forts.

Les recommandations sociales adressées aux États membres développent un message et des idées sur la manière dont un modèle social national devrait fonctionner. Ce message est communiqué à l'ensemble des États membres bien qu'avec de légères variations. Toutefois, les CSRs sont encore en évolution. Bien que le sens général demeure (lier l'âge légal et l'espérance de vie, réforme du système d'indexation des salaires), il semble y avoir à partir de 2013-2014 une approche plus diversifiée sur la manière dont ces recommandations peuvent ou doivent être atteintes mais en même temps semblent moins efficaces en termes d'impact national. Il en découle que le système de gouvernance actuel permet des interactions complexes (car non unifiées) et évolutives (car toujours soumises à interprétation et réinterprétation) dans l'évaluation de la situation économique de chaque État membre.

Faute de s'être engagé dans une réelle union économique, c'est-à-dire dans un processus volontaire de convergence des performances économiques et de cohésion sociale des États de la zone euro, les politiques sociales – au sens large – sont utilisées comme les principales variables d'ajustement de l'union monétaire. Ceci pèse sur les rapports de force entre la constellation des acteurs sociaux et celles des acteurs économiques.

Une fois la fenêtre d'opportunité de la crise refermée, de nombreuses questions demeurent sans réponse définitive sur l'influence réelle de cette gouvernance économique renouvelée sur la définition et l'évolution des modèles sociaux nationaux dans le futur.

*

Cette période a été fascinante par le retournement du narratif et comment un groupe d'acteurs a pu contrôler l'agenda et mené des réformes profondes au niveau national. Elle laissera aussi je pense des traces profondes et a contribué à un rejet croissant de l'intégration européenne et au populisme.

C'est aussi le moment de la profonde crise de la social-démocratie qui n'a pas été du tout anticipée et qui n'est pas terminée. Ceci aussi a et aura des conséquences importantes pour la capacité non seulement d'avoir un autre narratif et une coalition politique le soutenant.

Il y a eu aussi une large myopie car les pays d'Europe centrale et orientale sont complètement sortis du radar. Comme s'ils n'existaient pas et que la crise ne concernait que les pays du Sud. Or c'est le moment de la divergence entre l'Est et l'Ouest notamment en matière salariale.

Chapitre 8

Politique sociale et changement climatique

Vers une transition socio-écologique

Ce dernier chapitre analyse les enjeux sociaux liés à la question environnementale – et particulièrement celle du changement climatique ; il est aussi un plaidoyer pour une transition juste articulée dans le temps qui donne sens et une boussole aux changements technologiques en cours.

Il est différent des chapitres précédents, car il essaie de sonder le futur et de proposer des lignes d'action et de réflexion. Ce choix est aussi un choix personnel, car je suis convaincu que nous entrons dans une période historique nouvelle et que les impacts du changement climatique et de la soutenabilité écologique doivent être pensés d'abord comme des enjeux sociaux. Et inversement que les enjeux sociaux peuvent trouver un nouvel éclairage dans une optique d'une planète aux ressources limitées. Entre l'environnement et le social, il faut repenser les objectifs de l'économie et la question de la croissance et du bien-être (Raworth, 2017 ; Jackson, 2010).

Au-delà de l'UEM et de la stabilité de la zone euro, des mouvements de grande ampleur tels que la nouvelle « Révolution industrielle » annoncée (transformation numérique) et les impacts du changement climatique structurent et contraignent les futurs possibles. On perçoit clairement que nous entrons dans un monde différent qui interrelie des technologies développées depuis quelques décennies et des limites planétaires de plus en plus visibles. Les travailleurs semblent pouvoir être remplacés par des robots ou des programmes d'intelligence artificielle y compris pour du travail moyennement et hautement qualifié

Dans un article récent (2017), j'avais plaidé pour réfléchir ces deux révolutions (numérique et climatique) en complémentarité et non, comme c'est trop souvent fait actuellement, disjonctés l'une de l'autre. « On ne peut avoir deux futurs » en était l'argument principal. Dans ce chapitre je vais pourtant me centrer sur les enjeux environnementaux, car il me semble que les conséquences sont potentiellement plus radicales, mais aussi plus porteuses d'espérance en matière sociale.

> Si les transitions écologiques ont un but, elles ne connaissent pas le chemin pour y parvenir, à l'inverse, si la transition numérique transforme le monde, elle ne sait pas toujours dans quel but. Ces deux transitions ont besoin l'une de l'autre pour coordonner leurs objectifs à leurs moyens. Il est nécessaire de rapprocher les acteurs du changement climatique des acteurs de la technologie [internet actu.blog.lemonde.fr/.../quest-ce-que-le-numerique-peut-apporter-a-lecologie/].

Cette citation indique une certaine hiérarchie entre les enjeux du changement climatique et ceux du numérique. La transition écologique est un impératif sous peine d'avoir un monde soumis à des phénomènes climatiques extrêmes et une incapacité de revenir en arrière. On fait face à quelque chose de totalement nouveau. Plus on attend, plus il sera difficile d'atteindre les objectifs. Comme son nom l'indique la nouvelle révolution technologique n'est que, selon les auteurs, la 3e, 4e ou 5e révolution technologique du capitalisme (Valenduc, Vendramin 2016 ; Valenduc, 2018).

Ce chapitre se divise en quatre grandes parties. La première présente le cadre général de l'analyse et pose les repères. La deuxième présente l'état des connaissances sur les liens changement climatique/emploi, la troisième s'intéresse aux acteurs et plus particulièrement à l'action des syndicats dans ce domaine. La dernière propose une articulation dans le temps entre une action à court, moyen et long terme.

L'enjeu est social

Il est frappant de constater combien la question écologique est dissociée de la question socio-économique. Comme si les crises du système mondial n'étaient pas intimement liées à celles du système environnemental. Le dérèglement climatique n'est pas un problème seulement écologique, mais est un problème systémique. Il interroge notre modèle de croissance, l'ensemble du système de production, de transport, de distribution, de consommation. Il bouscule les équilibres et alliances géopolitiques, la diplomatie, les rapports sociaux, les politiques économiques et industrielles (Degryse, Pochet, 2010).

L'Union européenne a été pendant longtemps pionnière dans ce domaine. Elle a lancé en 2001 une Stratégie de développement durable incluant des aspects sociaux tels que la lutte contre la pauvreté ou la question des soins de santé. Elle est complétée, lors du Conseil européen de Barcelone, par un volet externe en vue du Sommet mondial sur le développement durable de Johannesburg (2002). Elle est remise à jour en 2006. La Stratégie de développement durable (SDD) 2005-2010 vise sept objectifs : changement climatique et énergie propre ; transport durable ; consommation et production durables ; conservation et gestion des ressources naturelles ; santé publique ; inclusion sociale, démographie et migration ; pauvreté dans le monde et défis en matière de développement durable. On y note des objectifs sociaux par exemple l'appel à une société inclusive, la lutte contre la pauvreté ou encore l'amélioration des systèmes de soins de santé. Durant les années 2000, cette métastratégie a progressivement acquis plus de visibilité. Les deux premières années de la crise – 2008 et 2009 – ont donné l'impression d'un rôle central pour une transition verte au travers d'investissements massifs dans des infrastructures la soutenant. Les plans de relance nationaux comprennent une composante environnementale notable voire très importante au niveau international. Côté européen et américain, cette approche est pourtant délaissée à partir de 2010. La Chine, quant à elle, ne suit pas ces replis et investit massivement dans les transports ferroviaires, les voitures électriques et la transition énergétique (Pochet, 2017). Dans l'Union européenne, après cette tentative avortée de relance par un capitalisme vert, on passe à des plans d'austérité qui touchent particulièrement les acquis des investissements dans l'énergie renouvelable, par exemple en Espagne (Galgóczi, 2014). Cela est concomitant à l'échec relatif en 2009 de la Conférence de Copenhague sur le climat. La marginalisation de l'Union européenne dans le processus de négociation internationale s'accompagne d'une relative mise au frigo de cette problématique et au retour en Europe du thème central de la croissance et de la compétitivité. La Stratégie Europe 2020 comporte certes des objectifs en matière d'émissions de gaz à effet de serre, d'efficacité énergétique et de développement des sources d'énergie renouvelable, mais cette question n'est plus au centre des réflexions. La croissance à tout prix, même si elle est qualifiée de soutenable, devient l'objectif principal. Ce discours se renforce dans les discours au fur et à mesure que la croissance reste faible en Europe. La Stratégie de développement durable n'est pas renouvelée après 2010. De même le débat sur les indicateurs au-delà du PIB lancé par la Commission à la fin des années 2000 tombe dans l'oubli.

Une des difficultés dans le domaine climatique est qu'il n'existe pas de coalitions d'acteurs importants et identifiés qui puissent parler au nom du climat et de ses enjeux. Il y a certes les experts du GIEC, mais ceux-ci veulent éviter d'être prescriptifs pour garder leur posture de scientifiques. Il y a bien sûr de larges coalitions d'ONG environnementales, mais celles-ci pèsent peu dans les décisions de politiques publiques en termes de pouvoir d'influence. Il existe aussi une série d'initiatives décentralisées, mais qui ne se sont pas constituées en mouvement réellement coordonné. Un peu partout dans les pays occidentaux, on observe l'émergence de mouvements qui promeuvent la « transition » au niveau local et des villes dans la perspective d'un pic pétrolier et de la lutte contre le changement climatique ; d'autres qui s'attachent à développer le *slowfood*, la mobilité douce, la « simplicité volontaire ». Il y a aussi le renforcement des secteurs dit de l'économie solidaire, mais celle-ci reste toujours marginale quant à sa taille et son poids politique.

Certains intérêts économiques se préoccupent de ces questions, car la question climatique a des retombées directes pour leur secteur. Par exemple, le secteur des assurances prend cette question au sérieux du fait des difficultés croissantes à quantifier certains risques liés à l'augmentation de phénomènes extrêmes. Ou une partie du secteur financier qui doit évaluer les risques à long terme par exemple des compagnies pétrolières. Quelle est leur valeur si une partie des réserves connues n'est pas utilisée ?

La communauté académique qui s'intéresse aux liens entre changement climatique et questions sociales n'est pas non plus particulièrement importante en termes d'influence et de nombre. Elle se retrouve principalement en France autour du groupe FAIR. De plus, cette question de recherche ne semble pas progresser beaucoup au sein des différentes conférences internationales de disciplines comme la sociologie, la science politique, l'étude de la protection sociale.

Les acteurs ne sont pas simplement fragmentés, ils sont aussi divisés. Il existe un fossé entre ceux qui pensent que les technologies sont en grande partie capables d'apporter des solutions et ceux qui soulignent que les enjeux sont en premier lieu sociétaux et que seul un changement profond dans nos modes de consommation peut permettre une réduction suffisante des émissions de CO2.

Malgré ces différences, la question climatique est amenée à rester à l'agenda, car l'immobilisme ou les demi-mesures ne font que renforcer les problèmes à l'avenir. Il y aura donc des pressions externes permanentes et croissantes. D'autant plus que personne n'est vraiment sûr que le seuil de 2 degrés d'augmentation de la température moyenne n'est pas trop haut.

Cette permanence des enjeux a aussi des impacts sur le jeu politique. En effet, il n'est pas question, par exemple sur une législature, de prétendre résoudre le problème, mais bien de voir comment l'accommoder dans le temps (moyen et long). En d'autres termes, il ne suffit pas d'avoir une majorité politique pendant une législature ou deux favorables à entreprendre des changements et des transitions. Il faut convaincre une très large majorité politique et de la population que des actions cohérentes doivent être entreprises sur une très longue durée pour des résultats incertains (ce qui est loin de convenir à la dynamique politique « naturelle » de marquer l'immédiat de son empreinte).

Dans un autre ouvrage corédigé avec Éloi Laurent (2015), nous avons plaidé pour une transition socio-écologique, étant tous deux convaincus – comme d'autres – que la question environnementale est une question avant tout sociale, que les inégalités et la manière de les affronter sont centrales si on veut avoir des résultats probants dans le temps (voir aussi Gough, 2017).

La question écologique intervient dans le débat sur les inégalités de différentes façons. La première vient de l'impact des politiques adoptées pour réduire les émissions, par exemple dans le domaine de l'énergie ou des transports, sur les inégalités existantes (la question entre autres de la pauvreté énergétique). Deuxièmement, comment diminuer en général les inégalités afin de rendre le processus de transition acceptable pour la majorité de la population ? Ce qui implique aussi de répondre à la question difficile de la réduction de leurs revenus par les plus riches au nom d'un bien commun – vivre ensemble sur une planète plutôt que de se retrancher dans des communautés fermées (Latour, 2017). Enfin, la crise environnementale a des effets inégaux ; souvent les espaces occupés par les plus pauvres sont les plus touchés par les diverses pollutions : c'est la question de la justice environnementale (Laurent, 2011).

Cela étant, il s'agit d'une question particulièrement complexe, car la réduction des inégalités peut aussi conduire à une augmentation des émissions si les modes de consommation ne sont pas modifiés. Par exemple par l'accroissement de la consommation de viande rouge ou du trafic aérien. Il n'y a en tout cas pas de liens directs et mécaniques positifs entre réduction des inégalités et émissions de CO_2 s'il n'y a pas de changement dans les schémas de consommation (Gough, 2017, chap. 7).

Les enjeux liés au climat renforcent les conflits de répartition à un moment où deux éléments de la pacification sociale disparaissent : l'inflation et la croissance.

L'inflation, du moins si elle est modérée (2-4 %), permet des augmentations salariales nominales. Celles-ci peuvent être inférieures à l'inflation réelle, mais les travailleurs ont le sentiment d'augmentation même si en réalité il s'agit d'une perte de pouvoir d'achat. Dans des périodes d'inflation très basse, les salaires nominaux stagnent (même si les salaires réels restent identiques) ce qui produit un sentiment de perte de pouvoir d'achat. C'est ce qu'on appelle l'illusion monétaire.

L'autre élément de pacification qui disparaît est la croissance, comme le montre le débat de plus en plus important parmi les économistes sur la fin de la croissance, ou du moins une croissance d'1 % maximum dans les prochaines décennies. Une croissance nulle met à jour les ressorts de l'inégalité qui ont déjà émergé lors de la période de croissance précédente accaparée par les plus riches (Piketty, 2013).

Tout converge ainsi pour faire de l'inégalité et de la redistribution des questions majeures dans les politiques climatiques.

Une ébauche de capitalisme vert ?

On assiste en effet une révolution énergétique qui est bien plus rapide que prévue. Depuis quelques années la Chine tente avec un succès croissant de limiter l'usage du charbon et de promouvoir les énergies vertes. Cela se marque maintenant dans le chiffre avec une réduction relative de la part de charbon utilisé. L'Inde suit le même cours et les dernières centrales solaires ont été attribuées sur une base de prix inférieure au charbon. La Corée, le Japon et Taïwan viennent également d'adopter un agenda beaucoup plus ambitieux de transition énergétique. Et on peut multiplier les exemples. Même les États-Unis connaissent une transition énergétique. Cela s'accompagne de la création de nombreux emplois pour construire et entretenir cette nouvelle infrastructure verte. Que se passe-t-il ? Il s'agit moins d'une victoire de ceux qui souhaitent un changement de paradigme économique que celle du libéralisme classique. Les énergies vertes sont devenues à de nombreux endroits – et vont rapidement le devenir dans beaucoup d'autres – moins chères que les énergies conventionnelles. Prenons l'exemple du Texas. C'est l'un des États où le solaire et l'éolien progressent le plus vite pour une raison simple : la transition y est rentable. Le nord du Texas est très venteux (surtout la nuit) et peuplé d'éleveurs et d'agriculteurs républicains vivant dans des petites communautés rurales. Ils peuvent gagner des dizaines de milliers de dollars en autorisant la mise en place de parcs d'éoliennes dans leurs champs. La même chose est en train de se produire au Kansas, un État aux plaines venteuses et traditionnellement républicain. Plus de 50 % de l'électricité provient de l'éolien et cela s'accompagne d'ambitions d'accroissement de la production et d'exportation vers d'autres États des États-Unis.

L'analyse dominante était que les prix des énergies classiques devaient rester élevés (*peak oil*) et qu'il fallait de larges subsides, au moins au départ, pour réduire progressivement le prix des énergies vertes. Or il apparaît maintenant que même avec un prix des énergies classiques moyen et des subsides en recul, le prix des énergies vertes devient compétitif, y compris avec le charbon, beaucoup plus rapidement que prévu.

La transition vers un capitalisme vert pourrait donc s'effectuer beaucoup plus rapidement qu'escompté. On peut argumenter qu'une fois le mouvement lancé, les investissements se multiplieront et la R&D se renforcera ayant des effets cumulatifs. De ce point de vue, le discours politique du président des États-Unis Donald Trump est totalement sans objet, car il ne s'agit plus ici de croire ou non aux effets du changement climatique, mais de voir des opportunités d'affaires et de profits.

Bien sûr cette transition vers un capitalisme vert ne résout pas les problèmes des limites écologiques de notre planète, de la surconsommation, des limites de la mobilité (les voitures électriques ne feront pas disparaître les embouteillages...), de la démographie, des pratiques agricoles, etc. (Hawken, 2017). Ce qui change, c'est que les acteurs traditionnels de l'économie capitaliste vont investir massivement, et qu'en conséquence, des secteurs traditionnels comme l'énergie et les transports pourraient connaître un basculement beaucoup plus rapide que prévu.

Emplois verts, croissance verte et transition climatique[1]

Les enjeux écologiques portent aussi sur les bénéfices et coûts d'une transition en termes d'emploi et de qualité de ceux-ci.

La question des emplois liés au changement climatique peut être appréhendée de deux manières. La première dominante est celle des emplois verts *stricto sensu*. Généralement les études sont optimistes et prévoient un gain modéré d'emplois (BIT, 2018). La seconde postule un changement plus radical et concerne notre façon de produire et de consommer. Dans celle-ci l'emploi n'est pas seulement vert mais la façon de travailler est différente (par exemple par une réduction du temps de travail). Nous les analysons à la suite l'une de l'autre.

Les grandes institutions internationales (Commission européenne, OCDE, FMI, Banque mondiale, OIT...) ont des définitions relativement similaires de ce que signifie la croissance verte. Ainsi, un document de la Commission européenne (2014a) indique :

> Ce modèle de croissance verte [...] aboutit à une économie à faible intensité de carbone adaptée au changement climatique et fondée sur une utilisation efficace des ressources, reflète une mutation économique structurelle, principalement motivée par la rareté des ressources, le changement et l'innovation technologiques, l'ouverture

1. Certains développements dans les pages qui suivent ont été présentés dans Laurent, Pochet, 2015.

de nouveaux marchés et l'évolution du tissu industriel et de la demande des consommateurs.

Dans cette perspective la croissance verte ouvre des nouveaux marchés tirés par des demandes nouvelles. Des emplois peuvent être créés dans la gestion de l'eau, les déchets, la mesure de la qualité de l'air, la biodiversité, de nouvelles formes de tourisme, etc. En ce sens, il n'est guère question de grandes ruptures ou de changements radicaux de paradigmes économiques, mais plutôt d'évolutions.

Le périmètre de ce qui constitue l'économie verte est aussi sujet à débats. Traditionnellement, on raisonne soit en termes de secteurs ou de professions, soit en termes macroéconomiques, soit en termes de filières. Les résultats quantitatifs demeurent assez différents selon les approches choisies. Ainsi pour la France, selon une première approche basée sur les activités des entreprises, il y aurait 450 000 emplois potentiels dans les éco-activités et 550 000 dans les activités périphériques. Cependant, selon la seconde approche en termes de métiers, il y aurait 140 000 professionnels des métiers verts (essentiellement l'assainissement et le traitement des déchets et la distribution d'énergie et d'eau) et 3 700 000 dans les métiers verdissants. Ceux-ci se définiraient comme des métiers dont la finalité n'est pas environnementale, mais qui intègrent des « briques de compétences pour prendre en compte de façon significative et quantifiable la dimension environnementale (architecte, isolation thermique, logistique, loisirs, jardiniers...) » (Commissariat général au développement durable, 2014).

Les impacts de l'économie circulaire sont aussi très différents selon les scénarios adoptés. Ainsi, une analyse de la green alliance (2015) au Royaume-Uni pour l'Italie, la Pologne et l'Allemagne basée sur trois scénarios – pas de changement, suivre la feuille de route de la Commission européenne et une véritable transformation – donne les résultats suivant : dans le cas de la non-transformation les emplois créés sont logiquement très faibles 18 000 en Italie, 27 000 en Pologne, 13 000 et en Allemagne ; pour le scénario feuille de route européenne, c'est respectivement 89 000 (It), 68 000 (Po) et 122 000 (Al) emplois qui seraient créés ; et en cas de transformation les chiffrent montent à 199 000 (It), 124 000 (Po) et 287 000 (Al) soit de 5 à 20 fois plus que dans le premier scénario (pas de changement).

Non seulement, la façon de quantifier est différente, mais la nature même des emplois verts est incertaine. Par exemple, est-ce qu'un emploi dans le nucléaire est à considérer comme un emploi vert ? Quelle que soit la façon de compter, dans ce scénario, l'emploi vert reste relativement marginal dans l'emploi total même s'il est en augmentation rapide. Il reflète des gisements de nouveaux emplois et c'est le plus important. En effet, cela indique les possibilités d'une transition positive en matière de quantité d'emplois créés. Quant aux emplois qui devraient disparaître, ils seraient concentrés dans quelques secteurs. Selon une étude de l'OCDE, les 10 industries les plus émettrices de CO2 dans l'UE25 (90 % des émissions) ne comptent que pour 14 % de l'emploi (OCDE, 2016, p. 12).

Les tenants de la nécessité d'avoir une approche plus globale et radicale considèrent que la transition aura des effets beaucoup plus importants et impactera de nombreux secteurs. Concernant les créations d'emplois, il s'agit tant de développer certains secteurs autour des produits et services de qualité que de promouvoir une réduction du temps de travail (rémunéré). Une amélioration de la qualité de l'agriculture qui serait plus intensive en travail et avec moins d'intrants chimiques a pour conséquence des prix plus élevés d'une part, et une baisse de la productivité de l'autre. Cela implique pour les consommateurs une réduction des dépenses dans d'autres domaines pour valoriser une alimentation plus saine et pose à nouveau la question de l'égalité. Des prix relatifs plus élevés pourraient devenir inaccessibles aux plus pauvres. Cela implique donc une redistribution. La question de l'emploi est fortement liée à celle des inégalités et de la redistribution.

Selon les estimations de Thomas Coutrot et Jean Gadrey (2012, p. 5), en vingt ans, sans croissance des quantités, moyennant des innovations majeures non productivistes, on pourrait envisager de créer plus de quatre millions d'emplois dans des secteurs tels que l'Agriculture « propre » et moderne de proximité, forêts ; les énergies renouvelables, isolation thermique, économies d'énergie, recyclage, relocalisations partielles, les transports et mobilité, commerces de proximité et ce qu'ils appellent les « services de bien vivre » associés à des droits : petite enfance, personnes âgées ou handicapées, soins, social, éducation, environnement. 25 % des emplois (soit 1 million) sont potentiellement créés par la réduction du temps de travail. Ce scénario n'envisage pas de gains de productivité, mais essentiellement des gains de qualité de vie et d'emploi.

En ce qui concerne le marché du travail, les changements liés au changement climatique doivent également prendre en compte les emplois qui se développent en parallèle avec l'économie partagée et surtout l'économie digitale. Se profile alors une révolution en termes de production, de travail et d'emplois. Prenons par exemple un secteur important en termes de main-d'œuvre : le transport. Une première évolution concerne la création de voitures émettant moins ou pas de CO2. À ce stade, on peut concevoir que les grands constructeurs traditionnels présentent progressivement de nouveaux modèles ou que de nouveaux producteurs (essentiellement chinois et indiens) émergent. Mais si l'on s'intéresse aux innovations venant de Californie, on voit rapidement que la voiture du futur ne sera pas simplement une voiture propre produite par les producteurs traditionnels. Les moteurs de l'innovation sont une capacité de cartographie précise (voir Google) et le contrôle de la production de batteries de longue durée (voir les évolutions de Tesla). Il se peut donc qu'il y ait des changements radicaux dans l'offre de voitures et qu'on assiste à l'effondrement de certains producteurs historiques. D'autant plus que la Chine et l'Inde promeuvent une transition très rapide vers des modèles électriques. Si l'on fait un pas de plus et que l'on ajoute l'économie dite « du partage » et les nouveaux usages, on pourrait avoir une réduction très sensible du nombre de véhicules en circulation. Une voiture sans pilote pourrait être facilement partagée par différents utilisateurs. Ce sont donc 10 millions d'emplois directs et indirects qui se retrouvent devant un changement sans doute plus rapide que prévu. Selon les projections de Bloomberg (Bloomberg New Energy Finance, 2017), en 2025 les voitures électriques ne seront pas plus chères que les voitures à essence et leurs ventes mondiales dépasseront celles des voitures traditionnelles en 2037. Le coût des batteries électriques passerait de 1 000 dollars en 2010 à 73 en 2030 (il a déjà diminué à 280 $ environ en 2016).

Un emploi vert est-il de qualité ?

Il y a souvent eu une pétition de principe selon laquelle le travail dans les secteurs « verts » devrait être décent ou de qualité. C'est la définition même de l'OIT : un emploi vert désigne aussi un emploi décent. C'est l'un des axes forts du lien entre l'environnement et le social dans la notion de développement durable. L'emploi vert existant ou à venir est-il nécessairement décent ? Cela reste largement à vérifier.

Traditionnellement, les emplois dans le secteur de la construction ou des transports sont relativement bien payés et avec des conditions de travail décentes et une véritable négociation collective. Mais ce sont également les deux secteurs en Europe où l'on parle actuellement de plus en plus de dumping social et salarial, où les emplois salariés sont souvent transformés en faux indépendants, ou des sociétés boîtes aux lettres sont créées par des firmes d'Europe occidentale dans les pays d'Europe centrale et orientale pour pouvoir bénéficier ensuite d'une main-d'œuvre bon marché à l'Ouest. Pour le moins, il s'agit de secteurs où il s'est produit une érosion manifeste de la qualité du travail.

En revanche, un rapport du BIT (2013) souligne que le secteur des énergies renouvelables crée des emplois décents en Espagne et Allemagne, et que les qualifications sont supérieures à la moyenne nationale. Le secteur des énergies renouvelables est souvent composé de plus petites entreprises (énergie éolienne, par exemple) que celui des énergies traditionnelles. De ce fait la présence syndicale y est moins forte même si IG Metall en Allemagne a fait une campagne active pour syndicaliser ce secteur.

Il y a ici différentes façons d'évaluer la qualité de ces emplois. Mesure-t-on les emplois verts par rapport au reste de l'économie ?

Ou avec ceux qui sont perdus dans d'autres secteurs ? Le document pour la Conférence de Paris sur le climat (2015) préparé par les secteurs du métal et de la chimie européen et mondial (IndustriAll, 2015) souligne que les emplois perdus dans ces secteurs à relativement hauts salaires et qualifications doivent être remplacés par des offres équivalentes. Ce point est essentiel dans le débat syndical, comme on le verra dans la section suivante à propos des mineurs polonais.

Le cas du secteur du recyclage des déchets peut servir de contre-exemple en termes de travail décent. La situation est certes contrastée par pays, sous-secteurs, entreprises et formes d'organisation (public, semi-public ou privé). Mais clairement, la situation n'est guère positive dans certains pays. Les syndicats nationaux et au niveau européen semblent vouloir avoir une attitude plus proactive, mais ne sont pas toujours présents sur ces lieux de travail décentralisés. Ce qui est certain, c'est qu'en soi les conditions de travail dans ces secteurs ne se sont pas spontanément améliorées depuis qu'ils ont été qualifiés de « verts ».

Le lien entre travail vert et décent n'est donc pas univoque. Il s'agit de mobiliser de façon positive en montrant les potentialités de ces emplois. C'est dans cette perspective qu'il faut analyser ces débats, dans la capacité de rouvrir la question des emplois de qualité (en général) au travers de l'exemple spécifique des emplois verts. C'est une fenêtre d'opportunité dans un climat où la quantité d'emplois est au centre des discussions du fait de la crise et du chômage. C'est clairement l'approche adoptée par le BIT (BIT, 2018).

En conclusion, le débat sur les emplois verts illustre un débat plus large sur le caractère transformateur ou pas des enjeux climatiques. S'agit-il d'une transition progressive et finalement assez facile (quoiqu'avec certaines exceptions par exemple les mineurs polonais), ou s'agit-il d'un changement bien plus radical ?

Mobiliser les acteurs sociaux dans la transition climatique

Nous traitons ici de la position des syndicats, car il s'agit encore actuellement des acteurs sociaux les plus importants en termes de nombre d'adhérents, et en termes de capacité d'influer positivement ou négativement les agendas politiques. Leur rôle est généralement largement ignoré dans les débats sur la transition écologique. Ils s'inscrivent le plus souvent dans la perspective d'un verdissement de l'économie, bien que des questionnements émergent ci et là sur la question de la croissance et la productivité à tout prix. L'étude de Syndex réalisée à la demande de la CES (2007) est l'une des premières études européennes sur les liens entre le changement climatique et la création d'emplois. Sur la base d'études sectorielles, elle conclut à une création d'emplois modérée. Elle met aussi en garde sur l'attractivité des nouveaux secteurs dont les emplois pourraient apparaître comme moins stables et moins bien payés. Le plus grand mérite de cette étude est d'avoir permis de développer un débat syndical autour de la question climatique et de ses enjeux en termes d'emplois.

Les confédérations syndicales réunies au niveau mondial au sein de la Confédération syndicale internationale (CSI) ont développé un discours fort sur le changement climatique et l'emploi, notamment *via* leur slogan « Pas d'emploi sur une planète morte ». Elles participent très activement à toutes les COP. La CSI fait partie de la coalition discursive voyant une possibilité de changer de paradigme – le capitalisme – à la faveur de la lutte contre le changement climatique. De nombreux syndicats dans le monde, seuls ou dans des alliances, ont publié des manifestes, des analyses ou prises de position. Sur les questions de l'énergie certains syndicats développent une approche radicale au sein du réseau démocratie énergétique qui regroupe maintenant 44 syndicats au niveau mondial dont le syndicat italien CGIL et la fédération sectorielle européenne des services publics EPSU. Cette dernière a été à l'origine, et la cheville ouvrière, de l'Initiative citoyenne européenne pour garantir l'eau comme bien commun (campagne Right2Water, voir *infra*).

Au niveau européen, la Confédération européenne des syndicats (CES) s'inscrit dans ce discours global d'une transition juste. Mais, contrairement au niveau mondial, les syndicats européens se retrouvent à négocier au niveau européen des mesures concrètes qui affecteront directement l'emploi. Ils se retrouvent aussi dans un millier de comités d'entreprise européens. Au niveau sectoriel, les différentes fédérations européennes négocient des textes conjoints dans différentes enceintes de dialogue social sectoriel.

Même s'il existe des différences en matière d'engagements, les enjeux environnementaux sont maintenant intégrés dans la plupart des agendas syndicaux interprofessionnels nationaux. La CES a publié en 2018 une brochure sur comment impliquer les syndicats dans la lutte contre le changement climatique qui donne des nombreux exemples (CES, 2018, pour le cas français voir Saincy, 2015).

Les débats sont plus difficiles pour les secteurs qui subiront un impact probable important direct (automobile, mines) ou indirect (chimie, énergie) que pour ceux qui devraient en profiter (tels que la construction ou le transport collectif).

La question de la transition doit aussi prendre en compte la distribution spatiale et sectorielle des pertes d'emploi. Le cas le plus médiatique est celui du charbon en Pologne. Même si leur nombre a décru depuis vingt ans, il y a toujours près de 100 000 mineurs en Pologne. La plupart d'entre eux travaillent en Silésie et sont payés environ 1 200 euros par mois. Une grande partie de l'électricité est produite à partir de la houille et du lignite. En 2030, 60 % seraient toujours d'origine (Syndex, 2009). Les coûts de la transition sont ici concentrés géographiquement, pour des bénéfices potentiels distribués sur l'ensemble du territoire européen. En soi, ce n'est pas nouveau et l'histoire du capitalisme est faite de restructuration productive territoriale. La différence ici est que les industries sont rentables, du moins dans la conception actuelle de la rentabilité.

C'est aussi la raison pour laquelle les syndicats veulent placer la question de la transition dans un contexte de solidarité. Et développent la notion de transition juste, qui repose sur cinq éléments : participation et dialogue social, création et maintien d'emplois, verdissement de la formation, l'éducation et des compétences, respect des droits du travail et des droits humains, et finalement la protection sociale. De manière générale, à la lecture des résolutions de la CES, il s'agit plutôt d'un verdissement de l'agenda traditionnel des syndicats.

Il y a eu des tentatives de structurer des alliances entre syndicats et organisations sociales et environnementales. Cela est le cas de la Spring alliance qui regroupe la CES avec les organisations de la plate-forme sociale des ONG et ceux du Bureau européen de l'environnement. Cela a donné lieu à l'adoption d'un manifeste commun en 2012. Depuis les liens se sont distendus. C'est également ce qui s'est passé aux États-Unis avec la blue-green alliance entre grandes ONG environnementales comme Sierra Club avec certains syndicats (métallurgistes et employés des services par exemple).

Deux aspects complémentaires peuvent constituer de nouveaux ponts dans le futur : la question des biens communs et celle des inégalités sociales et environnementales.

Il est intéressant de noter que la fédération syndicale européenne des services publics (EPSU) est sans doute celle qui est la plus intéressée par l'exploration des indicateurs alternatifs et la question de la croissance. Le lien entre services publics et transition écologique est assez direct et donne un nouvel angle d'attaque pour défendre les services publics. Ce n'est pas un hasard si l'EPSU a été la cheville ouvrière de la campagne pour considérer l'eau comme un bien commun (Right2Water). Elle a lancé une Initiative citoyenne européenne qui a recueilli plus d'un million de signatures. Celle-ci n'a pas été réellement intégrée dans les propositions de la Commission mais a donné lieu à des alliances nationales intéressantes (Bieler, 2017).

Un autre aspect peu analysé est celui du rôle possible des syndicats en tant que facteur réduisant les inégalités. Or, selon la littérature académique, l'affaiblissement syndical explique entre un tiers à la moitié des augmentations des inégalités. C'est particulièrement vrai aux États-Unis où l'effondrement syndical dans le secteur privé est un fait de longue date, mais également en Europe. Une récente publication du FMI (2015) a confirmé cette importance des syndicats dans la réduction des inégalités sans juger si c'était une bonne ou mauvaise chose.

Dans la création d'un nouveau narratif, il s'agit de deux aspects – biens communs et inégalité – qui peuvent faire l'objet d'un consensus entre diverses forces.

Changer de paradigme

Les effets d'une transition ne sont en aucun cas automatiques et dépendent des acteurs (États, entreprises, travailleurs, etc.). Comme le souligne James Meadowcroft (2008), « [e]n répondant à des problèmes liés au changement climatique, la politique sociale peut être capable d'avancer sur d'autres objectifs liés au bien-être et à l'équité. [...] ainsi cela peut aussi être considéré comme "un agenda d'opportunité politique" ».

Dans toute transition, on ne peut espérer un processus cohérent et rationnel. Ce qui est important à analyser est la direction générale. À un moment donné, il se produit un basculement (Hall, 1993 ; Kuhn, 1962). C'est l'inefficacité du narratif dominant à répondre à des irrégularités avec les instruments et les institutions liées à la vision dominante qui conduit progressivement à son remplacement. Cela nécessite une approche de la transition qui n'est pas sur le modèle de « command and control », mais de nature polyarchique, faite d'essais, d'erreurs, d'expérimentations qui permettent d'avoir finalement un basculement.

La science politique classique en cette matière devrait pouvoir s'appliquer également au changement climatique. Ce que nous avons appris avec Peter Hall c'est que, confrontés à une inefficacité de l'action publique, les décideurs essaient au départ de ne changer que le minimum, de ne toucher que quelques indicateurs : c'est la force de la dépendance de sentier. Ensuite devant les échecs, ils changent une partie des politiques, utilisant d'autres instruments voire créant certaines institutions. Finalement, il se produit un basculement vers un nouveau paradigme. Celui-ci donne de l'ordre et une explication cohérente et dominante du monde ou du secteur considéré. Il y a donc un basculement à un moment imprévisible, mais aussi une longue période de cohabitations entre différents paradigmes, un entassement de politiques (Streeck, Thelen, 2005). Les institutions liées au compromis précédent existent toujours et tendent à favoriser le consensus même sur des politiques inefficaces. C'est aussi les leçons des analyses de politiques publiques où la plupart des auteurs montrent comment le schéma rationnel – la politique répond à un problème objectif et de manière séquentielle et rationnelle – est illusoire et erroné.

A priori dans ce domaine comme dans d'autres, il n'y a pas de raison que le chemin de dépendance soit facile à modifier. Ce dernier connaît des évolutions ou des ruptures tant par les chocs externes que du fait des évolutions internes. Ce qui est certain c'est que la seule force des idées et des faits ne suffit pas à modifier en soi un chemin de dépendance, du moins à court terme.

En revanche, des événements externes peuvent avoir des effets catalyseurs. La science du climat nous montre que les phénomènes extrêmes vont se multiplier (et on le voit déjà aujourd'hui) on peut penser que cela aura un effet cumulatif sur les perceptions des enjeux par les citoyens et les gouvernements.

Comme le montre aussi le Rapport McKinsey (2013) sur les coûts/bénéfices de diverses mesures, on peut commencer par des mesures à coût nul voire négatif et progresser ensuite vers celles plus compliquées à mettre en œuvre. Cela indique aussi que la dynamique doit être progressive. La position de radicalité, aussi légitime soit-elle et probablement juste en termes d'analyses des défis et des limites d'une approche croyant trop aux solutions technologiques, ne conduit pas à l'émergence de changements de comportement massifs liés aux enjeux tels que mis en évidence. Elle pourrait même les bloquer en mettant la barre tellement haut (sortir du capitalisme, décroître, frugalité) qu'elle ne parviendrait pas à coaliser suffisamment de forces sociales pour réaliser l'objectif. On aboutirait à une somme limitée de comportements individuels ou de petits collectifs qui choisiraient de mener une vie conforme à leurs principes. Certainement exemplaires et/ou sources d'inspiration pour d'autres, cela ne permet pas de coaliser une masse suffisante pour générer les réductions d'emissions nécessaires.

L'approche plus radicale se fonde sur le postulat d'une impossibilité de réduire suffisamment les émissions de gaz à effet de serre sans devoir procéder à un changement plus ou moins radical de nos modes de production et de consommation. Cela signifie aussi remettre en cause les règles d'un marché parfait où les prix sont les seules indications pertinentes. Cette approche remet en question l'idée de croissance infinie et prône en conséquence une « prospérité sans croissance » (Jackson, 2010). L'enjeu est bien de définir les contours de cette prospérité et les emplois qui vont avec. Dans cette approche, les indicateurs sont encore plus importants (Cassiers, Thiry, 2011 ; Laurent, Le Cacheux, 2015). Les grandeurs macroéconomiques (PIB, productivité) « perdent toute signification dans la caractérisation d'un modèle de développement basé sur le "bien vivre", la qualité et la durabilité des produits et services. Ce sont bien de tout autres critères d'efficacité qu'il faut privilégier pour guider les décisions des acteurs, publics et privés, des critères qualitatifs multiples qui permettent de poser des arbitrages entre les différentes dimensions du bien vivre et de la qualité » (Coutrot, Gadrey, 2012).

Il s'agit donc d'une approche plus radicale qui vise à redéfinir une prospérité sans croissance – du moins dans sa définition traditionnelle qui ne tient pas compte des externalités négatives – mais aussi qui vise à une démocratie plus participative et une large implication des citoyens. Cette approche insiste sur le changement de paradigme. C'est fondamentalement ce qui distingue la première approche de celle-ci.

> Un basculement vers une économie verte implique un changement radical du paradigme actuel de développement ce qui nécessite alors un large soutien social. Contrairement aux « révolutions » précédentes, les réponses politiques ne peuvent cette fois-ci être purement technologiques ou de nature économique... Ce changement de paradigme implique qu'en parallèle avec la réduction du risque environnemental, l'équité en matière sociale et le bien-être soient renforcés [BIT, 2012].

La croissance qui était un amortisseur social devient de plus en plus un facteur d'augmentation des inégalités (Méda, 2013). Alors que les fruits de la croissance étaient répartis de manière relativement équitable dans les années 1960 et 1970, ils sont accaparés par une fraction de plus en plus réduite de la population (les 10 % de riches, et encore plus les 1 % de super-riches). Ce qui contribue au creusement des inégalités, selon la logique que le gagnant emporte toute la mise. C'est le point fort de l'approche du journaliste politique Hervé Kempf (2007) de mettre en évidence les tensions et conflits, et surtout la volonté des plus riches de ne pas changer un modèle qui leur est profitable et de se mobiliser pour mettre en doute les fondements mêmes de la science climatique. Cela a le mérite de souligner que lors de l'émergence d'un nouveau narratif, les tenants de l'ancien système et détenteurs des leviers de pouvoirs sont capables d'un travail de sape considérable (Oreskes, Conway, 2012). Plus on sera proche d'un renversement de paradigme plus les tensions et controverses seront vives (Latour, 2017).

En matière d'emploi, cette approche inclut une forte critique du travail. L'emploi vu comme un travail de 40 heures par semaine jusqu'à 65-67 ans dans le secteur privé n'est plus le modèle implicite de référence. La réduction du temps de travail, la qualité du travail, le travail choisi/volontaire/coopératif deviennent centraux. Ce thème qui semblait avoir disparu complètement des agendas au moins depuis la crise revient petit à petit dans les débats, y compris syndicaux. Le livre de Wilkinson et Pickett (2013) sur le lien entre égalité et qualité de vie est emblématique de cette approche.

Pour différentes qu'elles soient, ces deux approches souffrent d'une même lacune : elles ont jusqu'à présent trop peu développé la question des acteurs collectifs en mesure de porter cette transition.

Si les deux approches de la transition semblent contradictoires et rendent difficile l'émergence d'un narratif commun si on les compare dans une même temporalité, elles pourraient se révéler complémentaires si on les considère de façon successive. C'est aussi dans cette perspective progressive qu'a réfléchi Ian Gough qui propose d'avoir trois étapes. La première est liée aux progrès technologiques dans un modèle de croissance verte, mais cela ne suffit pas à réduire suffisamment les émissions et il faudrait de manière délibérative, dans un second temps, déterminer des minimums et maximums de consommation compatibles avec une réduction des émissions. Finalement, il estime que cela aussi ne sera pas suffisant et qu'il faut arriver à une postcroissance dont un des éléments clé est la réduction du temps de travail.

Notre proposition se fait plutôt en deux temps.

L'objectif d'une transition est complexe et touche à des mécanismes de changements sociétaux qui sont par nature lents et contradictoires, du moins dans une première phase. Ils nécessitent de convaincre une multitude d'acteurs aux intérêts divergents. C'est pourquoi une approche en termes d'emplois verts, de formations appropriées et de la possibilité d'une transition « facile » et positive a pour avantage d'engager des évolutions y compris comportementales plus acceptables pour un grand nombre d'acteurs. Cela passe par une réactivation du rôle de l'État garant d'une continuité, mais aussi des financements et d'une planification des étapes de la transition.

Dans une approche séquentielle, une fois la dynamique lancée, et les limites de l'économie verte devenant de plus en plus visibles, un changement plus profond pourrait devenir plus probable. Comme nous l'avons montré, cela est en train de se passer, non sans contradiction, dans le monde syndical, où une réflexion en termes de transition juste et d'emplois verts de qualité finit par amener certains d'entre eux à questionner la croissance et les gains de productivité à tout prix.

En ce qui concerne les syndicats, il s'agit d'essayer un nouveau narratif de transition socio-écologique où les alliances deviennent différentes de celles du passé centré sur le salaire et les conditions de travail. Les combats syndicaux des trente dernières années se sont le plus souvent soldés par des défaites. Certes de façon différente et non linéaire, mais la direction générale est très claire. Dès lors la répétition de mêmes stratégies qui ont échoué dans le passé a peu de probabilité de fonctionner par miracle. La transition socio-écologique offre un nouvel espace qui d'une part renouvelle les discours, mais aussi se situe largement dans la continuité (qualité du travail, services publics par exemple). Elle est également en phase avec des demandes de relocalisation des productions (circuits courts, production locale). Les coûts « carbone » peuvent devenir un argument en cas de délocalisation lointaine de sites de productions.

Il s'agit donc en matière d'emploi d'engranger dans un premier temps les effets positifs des emplois verts pour que des évolutions plus radicales liées tant à la question environnementale qu'à celle de la justice sociale puissent devenir matures et acceptées par une large majorité des travailleurs. La question est évidemment liée à l'inégalité comme nous l'avons souligné dans l'introduction, mais aussi à une remise en perspective de la notion de liberté individuelle vers les impacts collectifs.

La réduction du temps de travail rémunéré sur le plan individuel et collectif sous un angle de cycle de vie est dans cette optique centrale. Les préférences sociales en matière de travail sont différentes et les solutions doivent être en même temps flexibles et encadrées (en termes de droits collectifs). Les choix individuels s'inscriraient dans un ensemble de menus (possibilités différentes) ce qui assurerait en même temps la diversité et la protection. Cette réflexion doit s'inscrire dans un cadre plus large de réflexion sur ce que l'on produit et consomme.

Cela implique de créer un dialogue entre les différents acteurs sociaux en établissant des tables de consensus (convergence sur les points sur lesquels il y a accord) et des tables de débats/confrontations ayant pour objectif de garder un dialogue ouvert. L'objectif est d'aboutir à des plates-formes communes, mais aussi de ne pas nier les divergences d'approches. Par exemple entre le court et le moyen terme pour ce qui concerne les restructurations d'industries fortement émettrices de gaz à effet de serre. Un exemple pourrait être celui de la Spring alliance au niveau européen.

Les marchés du travail ont largement évolué et les effets du changement climatique ne feront que renforcer des tendances existantes. Il s'agit de permettre à chacun d'assumer les transitions désirées et d'assurer contre les transitions imposées. Au niveau européen, il a été créé un fonds modeste dans son financement qui agit pour soutenir les salariés en cas de restructuration liée aux effets de la globalisation. Ce fonds pourrait servir avec un financement adéquat pour soutenir les transitions liées au changement climatique (et digitale).

Conclusion

J'ai tenté de montrer, dans ce chapitre, que les enjeux climatiques et sociaux sont intimement imbriqués alors que les politiques publiques nationales et européennes les traitent séparément. Plutôt que considérer les politiques liées au changement climatique comme une distraction par rapport aux questions sociales urgentes (vieillissement, inégalité salariale grandissante, immigration, etc.) ceux qui travaillent dans les domaines des politiques sociales devraient considérer la transition climatique comme une réalité émergente qui ouvre des possibilités pour des changements, y compris dans des lieux qui sont connus comme résistants aux changements. Le débat sur le changement climatique est donc aussi une fenêtre d'opportunité pour la question sociale.

C'est aussi une opportunité pour reformuler la question sociale et lui apporter un nouvel éclairage. Ce faisant, on peut penser la question écologique et la transition climatique de manière positive et non punitive. Une approche positive permet d'adresser la question de l'emploi, des créations mais aussi des destructions dans un cadre plus large, celui des transitions nécessaires et des compensations pour les rendre acceptables. Cela permet aussi de revenir à la question de la qualité de l'emploi et plus généralement de la qualité de vie. Mais le point le plus difficile est celui des acteurs et des coalitions : quelle stratégie pour entraîner le changement technologique, mais aussi des préférences collectives qui sont nécessaires ? C'est une question centrale pour dépasser le constat et aboutir à une action effective. C'est autour d'une dynamique de transition juste que les actions doivent se développer.

Cela interroge aussi le rôle des intellectuels et des académiques. Devant un tel enjeu, ces acteurs doivent-ils seulement l'analyser de la manière la plus objective possible ou doivent-ils essayer d'entraîner la conviction et participer activement à la transformation radicale qui serait, selon moi, nécessaire ?

*

De manière totalement inattendue, un nouvel acteur a surgi fin 2018-début 2019 : les jeunes européens, surtout étudiants du secondaire, se sont mis à manifester pour le climat. Ils ont réussi à organiser de manière décentralisée l'un des plus grands mouvements de grève et de mobilisation depuis des décennies. Est-ce là le maillon qui manquait ? L'acteur nécessaire pour coaliser différents groupes et poser dans la durée la question climatique et celle des changements de comportements individuels et collectifs ? Une lecture historique nous rend prudent car de tels mouvements ont également existé à la fin des années 1960 et durant les années 1970. Ils ont été balayés par la vague néolibérale.

Quoi qu'il en soit, il est clair en analysant leurs revendications que les questions environnementales et sociales sont intimement liées. C'est en tous cas l'occasion de construire une plate-forme commune pour une transition socio-écologique.

Conclusion

L'objectif de ce livre était de passer en revue les politiques sociales à diverses périodes de l'intégration européenne en soulignant les différents tentatives et échecs de développer une dimension sociale, les déplacements de zone de conflits et des méthodes de régulation, tout en mettant en avant le rôle des acteurs. L'Europe sociale n'est pas un champ unifié mais plutôt un ensemble de politiques publiques avec des acteurs plus ou moins européanisés qui sont finalement faiblement coordonnés. En soulignant le rôle des acteurs, des conflits, mais aussi de l'environnement politique, ce livre a voulu éviter les pièges d'une analyse uniquement structurelle où les acteurs sont inexistants et toutes les politiques biaisées dès le départ. Mais les acteurs ne peuvent pas tout et l'Europe d'aujourd'hui est profondément différente de celle du traité de Rome.

À la fin de ce parcours, quelles en sont les leçons ? J'en tire pour ma part deux. L'une porte sur les changements de paradigme et l'autre sur la capacité actuelle des acteurs.

La première leçon est que le projet d'Europe sociale a été confronté à trois changements radicaux qui ont marqué le tournant néolibéral du projet européen. Le premier est celui de la révolution libérale du début des années 1980 qui s'est lentement mais surement insinué dans les politiques sociales, dans la définition de ce qui était important : l'emploi en termes quantitatifs et non plus qualitatifs, le social comme soutien aux performances économiques et non pas comme valeur en soi. Cela a évidemment changé d'abord et avant tout au niveau national. Mais l'Union européenne en fournira le cadre normatif (parfois juridiquement contraignant, mais souvent en imposant la domination de certaines idées). Celui-ci débute avec l'élection de Margaret Thatcher et de Ronald Reagan et s'est consolidé au travers du marché intérieur et ensuite d'une union monétaire incomplète. Néanmoins, il existe alors des marges, certes limitées, pour poursuivre des politiques sociales nationales différentes.

Le deuxième fut la tentative de libéralisation des services et la fameuse directive Bolkestein. C'était l'étape de trop menée de façon arrogante par une Commission de droite. Même si cela fut finalement une victoire syndicale. Je me souviens encore du jour où, dans une réunion d'un groupe de travail interne à la CES, un Finlandais est venu et a distribué le draft de la directive disant qu'il pensait qu'il y avait un problème, puis de la mobilisation des syndicats belges et enfin de l'ensemble du mouvement syndical. Mais son échec ne fut qu'un répit, car vinrent ensuite les arrêts Laval et co. L'impact fut double. Tout d'abord, il apparut que la Cour de justice ne pouvait plus être considérée comme une institution rendant des arrêts globalement plutôt « progressistes ». Ensuite, pour les pays scandinaves qui avaient déjà une perception très réservée de la construction européenne, cela a été considéré comme une attaque frontale contre leur modèle social qui, par ailleurs, était loué par la Commission comme l'exemple de flexisécurité à suivre. Cette domination idéologique globale n'a pas disparu avec la crise de 2008, mais s'est au contraire radicalisée.

Le troisième choc vint des politiques d'austérité radicale et de la remise en cause dans de nombreux pays d'éléments importants du contrat social. Contrairement à la période de Maastricht, aucune « compensation » européenne n'est accordée c'est au contraire le marché partout tant au niveau européen que national. Si le sens des changements est clair, il s'est accompagné, comme on l'a déjà dit, d'une série de tentatives de rééquilibrage plutôt désordonnées.

Concernant la deuxième leçon, ce livre a aussi montré différentes politiques publiques se superposant avec des groupes d'acteurs, mais qui se meuvent à des vitesses différentes à l'intérieur d'un paradigme dominant néolibéral mais aussi qui s'articulent dans des stratégies à plusieurs niveaux. Cela commence dans les années 1960 avec des coalitions d'acteurs qui luttent pour inscrire une dimension sociale à l'agenda européen ou au contraire en limiter la portée. Ces coalitions évoluent au fil des périodes et des thèmes dominants. Dans les années 1970, les dynamiques sont surtout nationales (nouveaux mouvements sociaux) et il y a peu d'acteurs sociaux structurés au niveau européen. La CES ne sera créée qu'en 1973. Pourtant, des hommes et femmes politiques, des fonctionnaires, des académiques, des militant(e)s parviennent à développer les premières politiques sociales. Ce sont des groupes peu nombreux, mais qui bénéficient de l'air du temps et de fenêtres d'opportunité. C'est le début de la politique d'égalité hommes-femmes et puis de la santé et de la sécurité au travail. Cela s'accompagne de la création d'agences telles que la Fondation de Dublin ou le CEDEFOP chargés de contribuer par leurs études comparatives à créer un socle de connaissances et d'actions communs.

Le tournant des années 1980 conduit à un premier arrêt : le social est progressivement remplacé par l'emploi. C'est une autre coalition qui se met en place à partir de la présidence de la Commission de Jacques Delors. L'ouverture des marchés oblige à un échange en matière sociale. C'est une période d'opportunités, mais limitée par les dérégulations liées à l'achèvement du marché intérieur qui ont eu impact au niveau national. En termes d'opportunité, cela concerne le domaine de la santé et de la sécurité ou du dialogue social européen ; en termes de dérégulations, c'est le cas des marchés financier ou des secteurs comme la poste, les chemins de fer ou les télécoms. La Confédération européenne des syndicats passe d'un rôle de lobby à celui de partenaire social.

Il existe alors une grande coalition sociale formée de la Commission, du Parlement européen, de certains États membres dont la France, d'acteurs sociaux et d'académiques qui poussent ensemble pour définir un socle européen. C'est aussi un moment où la Commission européenne aide à la structuration des acteurs sociaux en soutenant financièrement leur européanisation : le Bureau syndical pour la santé et la sécurité, et l'Académie syndicale pour la formation européenne en ce qui concerne les syndicats, le Lobby européen des femmes, le Forum des migrants, l'EAPN, le Forum des jeunes sont créés dans la première moitié des années 1990.

Même si ces organisations sont composées de membres nationaux chaque fois plus nombreux, ils peinent à mobiliser. Les Marches européennes pour l'emploi, en 1997, restent à ce jour la plus grande initiative citoyenne lancée par des organisations non-membres des réseaux de ce qu'on appelle la société civile organisée. Seuls les syndicats parviennent à mobiliser pour des manifestations d'envergure (jusqu'à plusieurs centaines de milliers de participants dans les années 2000), mais dont les effets concrets sur les politiques européennes ne sont pas des plus visibles. Manifestations qui progressivement cessent à partir du début des années 2010.

De nouvelles coalitions d'acteurs émergent avec la question de la dimension sociale de l'UEM. Il y a là deux coalitions clairement identifiées. La première est « économique » qui pense que la seule solution stable est une dérégulation du marché du travail et un contrôle en particulier des coûts de pensions publiques. La seconde est « sociale », qui veut construire une dimension sociale à l'intégration monétaire. C'est ici un débat qui traverse les États membres (ministres de l'Économie contre ceux des Affaires sociales), ainsi que la Commission européenne (DG Ecfin contre DG Emploi).

Ce qui m'a marqué durant ces trente années à suivre cet objet insaisissable qu'est la dimension sociale de l'UE, c'est le changement radical d'attitude vis-à-vis de la construction européenne. La fin des années 1980 était une période d'espoir dans la construction européenne. L'analyse critique du projet de Marché intérieur s'accompagnait souvent d'un espoir social. Le changement d'opinion sur l'Europe de la part du TUC britannique après le fameux discours de Jacques Delors en 1989 en est sans doute l'exemple le plus significatif.

Les sacrifices pour entrer dans l'union monétaire (ou comme les Italiens disaient « rentrer dans l'Europe ») étaient considérés comme la contrepartie aux possibilités de développer une Europe sociale. À sa suite, le traité d'Amsterdam constituait, sinon un espoir, au moins une indication que le social allait être pris au sérieux. Depuis le début des années 2000, cette dynamique a complètement disparu.

Conclusion

Au vu de ces chocs mentionnés plus haut, il peut paraître étonnant que les syndicats nationaux et la CES ou les ONG sociales n'aient, globalement, pas adopté de positions anti-européennes. Ils sont restés, parfois difficilement, sur la ligne d'une « autre » Europe. Mais les déceptions sont profondes et ce ne sont pas l'évasif Pilier européen des droits sociaux ou les changements même plutôt positifs dans la future gouvernance de la zone euro qui modifieront la défiance du monde social européen à l'égard des politiques européennes. La déception d'Europe s'exprime surtout par la multiplication des populismes.

C'est pourquoi dans le dernier chapitre j'ai plaidé pour un nouveau narratif socio-écologique seul à même, selon moi, de combiner les valeurs et combats de passé avec les enjeux du futur.

Bibliographie

Atkinson Anthony, *Inequality: What Can Be Done?*, Cambridge, Harvard University Press, 2015.

Atkinson Anthony, Cantillon Béa, Marlier Eric, Nolan Brian, *Social indicators. The EU and Social Inclusion*, Oxford, Oxford University Press, 2002.

Avdagic Sabina, Rhodes Martin, Visser Jelle (dir.), *Social Pacts in Europe: Emergence, Evolution, and Institutionalization*, Oxford, Oxford University Press, 2011.

Baccaro Lucio, Howell Chris, *Trajectories of Neoliberal Transformation: European Industrial Relations since the 1970s*, Cambridge, Cambridge University Press, 2017.

Baeten Rita, Vanhercke Bart, « Inside the Black Box: The Eu's Economic Surveillance of National Healthcare Systems », *Comparative European Politics*, 15/3, 2017, p. 478-497.

Bandasz Krzysztof, « A Framework Agreement in the Hairdressing Sector: The European Social Dialogue at a Crossroads », *Transfer*, 20/4, 2014, p. 505-520.

Barbier Jean-Claude, *Analyse comparative de l'activation de la protection sociale en France, Grande-Bretagne, Allemagne et Danemark*, Noisy-le-Grand, Centre d'études de l'emploi et du travail, 2006.

Barbier Jean-Claude, *La Longue Marche vers l'Europe sociale*, Paris, Puf, 2008.

Barbier Jean-Claude, Sylla Ndongo Samba, *Stratégie européenne de l'emploi. Les représentations des acteurs en France*, Noisy-le-Grand, Centre d'études de l'emploi, 2001.

Barnard Catherine, *EU Employment Law*, New York, Oxford University Press, 2012 [4e éd.].

Barcevicius E., Weishaupt T., Zeitlin J. (dir.), *Assessing the Open Method of Coordination, Institutional Design and National Influence of EU Social Policy Coordination*, Basingstoke, Palgrave Macmillan, 2014.
Bartolini Stefano, *Restructuring Europe: Centre Formation, System Building, and Political Structuring Between the Nation State and the European Union*, Oxford, Oxford University Press, 2005.
Bauby Pierre, *L'Européanisation des services publics*, Paris, Presses de Sciences Po, 2011.
Bekker Sonja, *Flexicurity: the Emergence of a European Concept*, Anvers, Intersentia, 2012.
Bekker Sonja, « Flexicurity in the European Semester: Still a Relevant Policy Concept? », *Journal of European Public Policy*, 25/2, 2017, p. 175-192.
Bekker Sonja, « The European Semester Process: Adaptability and Latitude in Support of the European Social Model », *in* Frank Vandenbroucke, Catherine Barnard, Geert De Baere (dir.), *A European Social Union after the Crisis*, Cambridge, Cambridge University Press, 2017, p. 251-270.
Benedictus Hester, De Boer R., Van Der Meer Marc, Salverda Wiemer, Visser Jelle, Zijl M., *The European Social Dialogue: Development, Sectoral Variation and Prospects*, La Haye, Amsterdam Institute for Advanced Labour Studies, 2002.
Bercusson Brian, *European Labour Law*, Londres, Butterworths, 1996.
Bernaciak Magdalena, *Beyond the CEE « Black Box »: Crisis and Industrial Relations in the New EU Member States*, Bruxelles, ETUI, Working paper 2015.05, 2015.
Bieler, Andreas, « Figthing for Public Water », *Interface*, 9/1, 2017, p. 300-326.
BIT, *Promoting Safety and Health in a Green Economy*, rapport, 2012, p. 3.
BIT, *Développement durable, travail décent et emplois verts*, *Rapport V*, Genève, Bureau international du travail, 2013.
BIT, *Emploi et questions sociales dans le monde 2018. Une économie verte et créatrice d'emplois*, Genève, Bureau international du travail, 2018.
Bloomberg New Energy Finance, *Electric Car Outlook*, juillet 2017.

Blyth Mark, *Austerity: The History of a Dangerous Idea*, Oxford, Oxford University Press, 2013.

Bohle Dorothee, Greskovits Béla, *Capitalist Diversity on Europe's Periphery*, Ithaca, Cornell University Press, 2012.

Boyer Robert, *Flexicurité danoise. Quels enseignements pour la France*, Paris, Rue d'Ulm, 2006.

Branch Ann, Greenwood Justin, « European Employers: Social Partners? », *in* Hugh Compston, Justin Greenwood (dir.), *Social Partnership in the European Union*, New York, Palgrave, 2001, p. 41-70.

Büchs Milena, « The Open Method of Coordination as a "Two-Level Game" », *Policy & Politics*, 36/1, 2008, p. 21-37.

Bugaric Bojan, *Europe against the Left? On Legal Limits to Progressive Politics*, Londres, London School of Economics (LEQS Paper 61), 2013.

Bulmer Simon J., Radaelli Claudio M., *The Europeanisation of National Policy?*, Belfast, Queen's University Belfast (Papers on Europeanisation 2004-02-05), 2004.

Campbell John L., Pedersen Ove K., *The National Origins of Policy Ideas: Knowledge Regimes in the United States, France, Germany, and Denmark*, Princeton, Princeton University Press, 2014.

Cantillon Bea, « Entre fédéralisme et subsidiarité. La voie vers l'Europe sociale », *Revue belge de sécurité sociale*, 3, 2004, p. 581-606.

Cassiers Isabelle, Thiry Géraldine, « Du PIB aux nouveaux indicateurs de prospérité : les enjeux d'un tournant historique », *in* Isabelle Cassiers *et al.*, *Redéfinir la prospérité*, Paris, L'Aube, 2011, p. 49-76.

CE, *Communication concernant la mise en œuvre du Protocole sur la politique sociale présentée par la Commission au Conseil et au Parlement européen, COM (93) 600 final*, 14 décembre 1993.

CE, *Gouvernance européenne. Un livre blanc, COM(2001) 428 final*, Journal officiel des Communautés européennes, C 287 du 12 octobre 2001.

CE, *Communication de la Commission « Le dialogue social européen, force de modernisation et de changement et Proposition de décision du Conseil créant un sommet social tripartite pour la croissance et l'emploi »*, COM (2002) 341 final, 26 juin 2002.

CE, *Communication de la Commission « Bilan de cinq années de stratégie européenne pour l'emploi »*, COM (2002) 416, 17 juillet 2002.

CE, *Commission Staff Working Document Lisbon Strategy Evaluation*, Document SEC (2010) 114 final, Bruxelles, 2 février 2010.

CE, *Communication de la Commission. Un engagement accru en faveur de l'égalité entre les femmes et les hommes Une charte des femmes*, COM (2010) 78 final, 5 mars 2010.

CE, *Industrial relations in Europe 2012*, Luxembourg, Publications Office of the European Union, 2013.

CE, *Initiative pour l'emploi vert. Exploiter le potentiel de la création d'emploi de l'économie verte*, COM (2014) 446 final, 2 juillet 2014a.

CE, *La Violence à l'égard des femmes. Une enquête à l'échelle de l'Union européenne*, Vienne, Agence des droits fondamentaux de l'Union européenne, 2014b.

Cecchini Paolo, *1992, le défi. Nouvelles données économiques de l'Europe sans frontières*, Paris, Flammarion, 1988.

CES, *Impliquer les syndicats dans la lutte contre le changement climatique pour construire une transition juste*, Bruxelles, CES, 2018.

CFDT, *Les Dégâts du progrès. Les travailleurs face au changement technique*, Paris, Seuil, 1977.

Clauwaert Stefan, *The Country-Specific Recommendations (CSRS) in the social field. An Overview and Comparison. Update Including the CSRs 2017-2018*, Bruxelles, ETUI (Background Analysis), 2017.

Clauwaert Stefan, Schömann Isabelle, *The Crisis and National Labour Law Reforms: A Mapping Exercise*, Bruxelles, ETUI (Working Paper 2012.0), 2012.

Clifton Judith, Comin Francisco, Diaz Daniel, « Privatizing Public Enterprises in the European Union 1960-2002: Ideological, Pragmatic, Inevitable? », *Journal of European Public Policy*, 13/5, 2006, p. 736-756.

Commissariat général au développement durable, *Comprendre l'emploi dans l'économie verte par l'analyse des métiers*, 188, 2014.

Coron Gaël, Palier Bruno, « Changes in the Means of Financing Social Expenditure in France since 1945 », *in* Caroline de la Porte, Philippe Pochet (dir.), *Building Social Europe through the Open Method of Co-Ordination*, Bruxelles, Peter Lang, 2002, p. 97-136.

Coutrot Thomas, Gadrey Jean, « La croissance verte en question », *ETUI Policy brief*, 3, 2012.

Cowles Maria Green, Caporaso James, Risse Thomas, *Transforming Europe: Europeanization and Domestic Change*, Londres, Cornell University Press, 2001.

Crespy Amandine, Vanheuverzwijn Pierre, « What "Brussels" means by Structural Reforms », Comparative European Politics, 2017.

Courch Colin, *Capitalist Diversity and Change, Recombinant Governance and Institutional Entrepreneurs*, Oxford, Oxford University Press, 2005.

Crouch Colin, *The Strange Non-Death of Neoliberalism*, Cambridge, Polity Press, 2011.

Currie Denise, Teague Paul, « The Eurozone Crisis, German Hegemony and Labour Market Reform in the GIPS Countries », *Industrial Relations Journal*, 48/2, 2017, p. 154–173.

Degimbe Jean, *La Politique sociale européenne. Du traité de Rome au traité d'Amsterdam*, Bruxelles, Institut syndical européen, 1999.

De Grauwe Paul, *The Governance of a Fragile Eurozone*, Bruxelles, CEPS (Working Document 346), 2011.

Degryse Christophe, *La Nouvelle Gouvernance économique européenne*, Bruxelles, CRISP (Courrier hebdomadaire 2148-2149), 2012.

Degryse Christophe, *Dialogue social sectoriel européen. Une ombre au tableau ?*, Bruxelles, ETUI (Working Paper 2015.2), 2015.

Degryse Christophe, « The Relaunch of European Social Dialogue: What has been Achieved up to Now? », *in* Bart Vanhercke, Sebastiano Sabato, Denis Bouget (dir.), *Social Policy in the European Union: State of Play 2017*, ETUI, OSE, 2017, p. 115-132.

Degryse Christophe, Jepsen Maria, Pochet Philippe, *The Euro Crisis and its Impact on National And European Social Policies*, Bruxelles, ETUI (Working Papers 05.2013), 2013.

Degryse Christophe, Pochet Philippe, « Les inquiétants chemins de la nouvelle gouvernance européenne », *in* David Natali, Bart Vanhercke (dir.), *Bilan social de l'Union européenne 2011*, Bruxelles, ETUI, 2012, p. 87-115.

Degryse Christophe, Pochet Philippe, « La dynamique sociale européenne au prisme d'une approche quantitative », *Politique européenne*, 58, 2017, p. 72-108.

Degryse Christophe, Tilly Pierre, *1973-2013 : 40 ans d'histoire de la Confédération européenne des syndicats*, Bruxelles, ETUI, 2013.

Dehousse Renaud (dir.), *L'Europe sans Bruxelles ? Une analyse de la méthode ouverte de coordination,* Paris, L'Harmattan, 2004.

De la Porte Caroline, Heins Elke, *The Sovereign Debt Crisis, the EU and Welfare State Reform?*, Londres, Palgrave Macmillan, 2016.

De la Porte Caroline, Pochet Philippe, *Building Social Europe through the Open Method of Co-Ordination*, Bruxelles, PIE/Peter Lang, 2002.

De la Porte Caroline, Pochet Philippe, « The European Employment Strategy: Existing Research and Remaining Questions », *Journal of European Social Policy*, 14/1, 2004, p. 71-79.

De la Porte Caroline, Pochet Philippe, « Why and How (Still) Study the Open Method of Co-Ordination (OMC)? », *Journal of European Social Policy*, 22/3, 2012, p. 336-349.

Delors Jacques, Arnaud Jean-Louis, *Mémoires*, Paris, Plon, 2004.

Delors Jacques, Wolton Dominique, *L'Unité d'un homme*, Paris, Odile Jacob, 1994.

De Schutter Olivier, « L'équilibre entre l'économique et le social dans les traités européens », *Revue française des affaires sociales*, 1, 2006, p. 131-157.

Didry Claude, Mias Arnaud, *Le Moment Delors. Les syndicats au cœur de l'Europe sociale*, Francfort-sur-le-Main, Peter Lang, 2005.

Dølvik Jon Erik, *Redrawing boundaries of solidarity? ETUC, Social Dialogue and the Europeanisation of the Trade Unions in the 1990s*, Oslo, Arena, 1997.

Draghi Mario, « Europe's Banker Talks Tough: Draghi Says Continent's Social Model is "Gone", Won't Backtrack On Austerity », *Wall Street Journal*, 24 février 2012.

Dufresne Anne, Degryse Christophe, Pochet Philippe (dir.), *The European Sectoral Social Dialogue: Actors, Development and Challenges*, Bruxelles, Peter Lang, 2006.

Dyson Kenneth, *Elusive Union: The Process of Economic and Monetary Union In Europe*, Londres, Longman, 1994.

Dyson Kenneth, « EMU as Europeanisation: Convergence, Diversity and Contingency », *in* Amy Verdun (dir.), *The Euro, European Integration Theory and Economic and Monetary Union*, Lanham, Rowman & Litlefield Publishers, 2002, p. 91-108.

Efstathiou Konstantinos, Guntram B. Wolff, « Is the European Semester Effective and Useful? », Bruegel, *Policy Contribution Issue*, 9, 2018.

Eichengreen Barry, *The European Economy since 1945. Coordinated Capitalism and Beyond,* Princeton, Princeton University Press, 2007.

Erhel Christine, Mandin Lou, Palier Bruno, « The Leverage Effect: the Open Method of Coordination in France », *in* Jonathan Zeitlin, Philippe Pochet (dir.), *The Open Method of Coordination in Action: The European Employment and Social Inclusion Strategies*, Bruxelles, Peter Lang, 2005.

Erhel Christine, Palier Bruno, « L'Europe sociale. Entre modèles nationaux et coordination européenne », *Revue d'économie politique*, 1115/6, 2005, p. 677-704.

Escande-Varniol Marie-Cécile, Laulom Sylvaine, Mazuyer Emmanuelle, Vielle Pascale, *Quel droit social dans une Europe en crise ?*, Bruxelles, Larcier, 2012.

Esping Andersen Gøsta, *The Three Worlds of Welfare Capitalism*, Princeton, Princeton University Press, 1990.

ETUI, *The Social Scoreboard Revisited*, Bruxelles, ETUI (Background Analysis 2017.03), 2017.

Ewald François, *L'État providence*, Paris, Grasset, 1986.

Fajertag Giuseppe, Pochet Philippe (dir.), *Social Pacts in Europe*, Bruxelles, ETUI, 1997.

Fajertag Giuseppe, Pochet Philippe (dir.), *La Nouvelle Dynamique des pactes sociaux en Europe*, Bruxelles, Peter Lang, 2001.

Falkner Gerda, *EU Social Policy in the 1990s: Towards a Corporatist Policy Community*, Londres, Routledge, 1998.

Falkner Gerda, Treib Oliver, Hartlapp Miriam, Leiber Simone, *Complying with Europe: EU Harmonisation and Soft Law in the Member States*, Cambridge, Cambridge University Press, 2005.

Favarel-Dapas Brigitte et Quintin Odile, *L'Europe sociale*, Paris, La Documentation française, 2007 [2e éd.].
Ferrera Maurizio, « The "Southern Model" of Welfare in Social Europe », *Journal of European Social Policy*, 6/1, 1996, p. 17-37.
Ferrera Maurizio, *The Boundaries of Welfare: European Integration and the New Spatial Politics of Social Protection*, Oxford, Oxford University Press, 2005.
Ferrera Maurizio, Hemerijck Anton, Martin Rhodes, *The Future of Social Europe: Recasting Work And Welfare in the New Economy*, Celta Editor, 2000.
Fleckenstein Timo, « Europeanisation of German Labour Market Policy? The European Employment Strategy Scrutinised », *German Politics*, 15/3, 2006, p. 284-301.
Flora Peter (dir.), *Growth to Limits, the Western European Welfare States since World War II*, Berlin, Walter de Gruyter, 1986.
Galgóczi Béla, « Where is all that Green Investment? », *in* ETUC, ETUI, *Benchmarking working Europe 2014*, Bruxelles, ETUI, 2014, p. 113-120.
Glassner Vera, Keune Maarten, « The Crisis and Social Policy: The Role of Collective Agreements », *International Labour Review*, 151/4, 2012, p. 351-375.
Glassner Vera, Pochet Philippe, *Why Trade Unions Seek to Coordinate Wages and Collective Bargaining in the Eurozone: Past Developments And Future Prospects*, Bruxelles, ETUI (Working Paper 2011-3), 2011.
Gobin Corinne, *L'Europe syndicale. Entre désir et réalité, essai sur le syndicalisme et la construction européenne à l'aube du* XXIe *siècle*, Bruxelles, Labor, 1997.
Goetschy Janine, « The European Employment Strategy: Genesis and Development », *European Journal of Industrial Relations*, 5/2, 1999, p. 117-137.
Goetschy Janine, « The Open Method of Coordination and the Lisbon Strategy: The Difficult Road From Potential To Results », *Transfer*, 11/1, 2005, p. 64-80.
Goetschy Janine, « Taking Stock of Social Europe: Is there such a Thing as a Community Social Model? », *in* Maria Jepsen, Pascual Amparo

Serrano (dir.), *Unwrapping the European Social Model*, Londres, Polity Press, 2006.

Goetschy Janine, Pochet Philippe, « The Treaty of Amsterdam: A New Approach to Employment and Social Affairs? », *Transfer*, 3/3, 1997, p. 607-620.

Goetz Klaus, Hix Simon, *Europeanised Politics? European Integration and National Political Systems*, Londres, Frank Caas, 2001.

Gough Ian, *Heat, Greed and Human Need, Climate Change, Capitalism and Sustainable Wellbeing*, Cheltenham, Edward Elgar, 2017.

Grahl John, Teague Paul, « Reconstructing the Eurozone: The Role of EU Social Policy », *Cambridge Journal of Economics*, 37/3, 2013, p. 677-692.

Graziano Paolo, Jacquot Sophie et Palier Bruno, *The EU and the Domestic Politics of Welfare State Reforms, Europa, Europae*, Basingstoke, Palgrave Macmillan, 2011.

Greer Scott L., Jarman Holly, Baeten Rita, « The New Political Economy of Healthcare in the European Union: The Impact of Fiscal Governance », *International Journal of Health Services*, 46/2, 2016, p. 262-282.

Grimshaw Damian, Rubery Jill, « The End of the UK's Liberal Collectivist Social Model? The Implications of the Coalition Government's Policy During the Austerity Crisis », *Cambridge Journal of Economics*, 36, 2012, p. 105-126.

Gros Daniel, Thygesen Niels, *European Monetary Integration*, 1998.

Gubin Eliane, *Eliane Vogel-Polsky. Une femme de conviction*, Bruxelles, Institut pour l'égalité des femmes et des hommes, 2007.

Guerrina Roberta, « Gendering European Economic Narratives: Assessing the Costs of in Crisis to Gender Equality », *in* Johanna Kantola, Emanuela Lombardo (dir.), *Gender and Economic Crisis in Europe: Politics, Institutions And Intersectionality*, Basingstoke, Palgrave Macmillan, 2017.

Guiraudon Virginie, « Equality in the Making: Implementing European Non-Discrimination Law », *Citizenship Studies*, 13/5, 2009, p. 527-548.

Haas Peter M., « Introduction: Epistemic Communities and International Policy Coordination », *International Organization*, 46/1, 1992, p. 1-35.

Hafner-Burton Emilie, Pollack Mark, « Mainstreaming Gender in the European Union: Getting the Incentives Right », *Comparative European Politics*, 7/1, 2009, p. 114-138.
Hall Peter, « Policy Paradigms, Social Learning and the State: The Case Of Economic Policy-Making in Britain », *Comparative Politics*, 25/3, 1993.
Hancké Bob, *Unions, Central Banks and EMU, Labour Market Institutions and Monetary Integration in Europe*, New York, Oxford University Press, 2013.
Hawken Paul (dir), *Drawdown: The Most Comprehensive Plan ever Proposed to Reverse Global Warming*, New York, Penguin Books, 2017.
Hay Colin, Wincott Daniel, *The Political Economy of European Welfare Capitalism*, Basingstoke, Palgrave Macmilan, 2012.
Heidenreich Martin, Bischoff Gaby, « The Open Method of Co-Ordination: A Way to the Europeanization of Social and Employment Policies? », *Journal of Common Market Studies*, 46/6, 2008, p. 497-532.
Hemerijck Anton, « Beyond the Double Bind of Social Europe », *in* Lars Magnusson, Bo Stråth (dir.), *A European Social Citizenship? Preconditions for Future Policies FROM A Historical Perspective*, Brussels, Peter Lang, 2004, p. 89-124.
Hemerijck Anton (dir.), *The Uses of Social Investment*, New York, Oxford University Press, 2017.
Heidenreich Martin, Zeitlin Jonathan, *Changing European Employment and Welfare Regimes. The Influence of the Open Method of Coordination on National Reforms*, Londres, Routledge, 2009.
Hermann Christoph, « Structural Adjustment and Neoliberal Convergence: The Impact of the Crisis and Austerity Measures on European Social Models », *Intereconomics*, 48/2, 2013, p. 87-92.
Hinterscheid Mathias, *Vivre et travailler autrement en Europe. Bilan et perspectives d'un espace social européen*, Paris, Syros, 1987.
Hirschman Albert O., *Exit, Voice, and Loyalty: Responses to Decline in Firms, Organizations, and States*, Cambridge, Harvard University Press, 1970.
Hix Simon, *What's Wrong with the European Union & How to Fix It*, Cambridge, Polity Press, 2008.

Hix Simon, Noury Abdul G., Roland Gérard, *Democratic Politics in the European Parliament*, Cambridge, Cambridge University Press, 2007.

Höpner Martin, Schäfer Armin, « Embeddedness and Regional Integration: Waiting for Polanyi in a Hayekian Setting », *International Organization*, 66/3, 2012, p. 429-455.

Hoskyns Catherine, *Integrating Gender: Women, Law and Politics in the European Union,* Londres, Verso, 1996.

Hubert Agnès, *L'Europe et les Femmes. Identités en mouvement*, Rennes, Apogée, 1998.

Hubert Agnès, Helfferich Barbara, *Integrating Gender into EU Economic Governance: Oxymoron or Opportunity?* Bruxelles, Friedrich Ebert Stiftung, (Discussion Paper), 2017.

Hyman Richard, *Understanding European Trade Unionism*, Londres, Sage, 2001.

Hyman Richard, *Trade Unions, Lisbon and Europe 2020: From Dream to Nightmare*, Londres, Global Labour Institute, 2011.

IGAS, 2006.

Iming Doug, Tarrow Sidney, *Contentious Europeans, Protest and Politics in an Emerging Polity*, Boston, Rowman & Littlefield, 2001.

Inspection générale des affaires sociales, *La Dimension européenne des politiques sociales. Rapport annuel 2006 de l'IGAS*, Paris, La Documentation française, 2007.

Iversen Torben, Soskice David, Hope David, « The Eurozone and Political Economic Institutions », *Annual Review of Political Science*, 19, 2016, p. 163-185.

Jabko Nicolas, *L'Europe par le marché. Histoire d'une stratégie improbable*, Paris, Presses de Sciences Po, 2009.

Jacquot Sophie, « Les effets de l'européanisation dans le domaine social, entre influence et usages nationaux », *Politique européenne*, 40/2, 2013a, p. 9-21.

Jacquot Sophie, « Le *Gender mainstreaming* et l'Union européenne : quels effets ? », *Lien social et politiques*, 69, 2013b, p. 17-31.

Jacquot Sophie, *L'Égalité au nom du marché ? Émergence et démantèlement de la politique d'égalité entre les hommes et les femmes*, Bruxelles, PIE/Peter Lang, 2014.

Jacquot Sophie, Woll Cornelia (dir.), *Les Usages de l'Europe. Acteurs et transformations européennes*, Paris, L'Harmattan, 2004.

Jackson Tim, *Prospérité sans croissance. La transition vers une économie durable*, Bruxelles, De Boeck-Etopia, 2010.

Jenson Jane, Pochet Philippe, « Employment and Social Policy since Maastricht: Standing Up to the European Monetary Union », *in* Robert M. Fishman, Anthony M. Messina (dir.), *The Year of the Euro. The Cultural, Social, and Political Import of Europe's Common Currency*, Notre Dame, The University of Notre Dame Press, 2006.

Jepsen Maria, Serrano Pascual Amparo, « The European Social Model: An Exercise in Deconstruction », *Journal of European Social Policy*, 5/3, 2005, p. 231-245.

Jepsen Maria, « The Modernisation of Europe's Social Agenda in a Global Perspective: "Rebooting the Social" », *in* European Commission, *L'Europe des réalisations dans un monde en mutation. La vision des leaders politiques et académiques*, Luxembourg, Office for Official Publications of the European Communities, 2009, p. 71-84.

Jessoula Matteo, « Europe 2020 and the Fight against Poverty: Beyond Competence Clash, Towards "Hybrid" Governance Solutions? », *Social Policy & Administration*, 49/4, 2015, p. 490-511.

Johanson Karl Magnus, « Tracing the Employment Title in the Amsterdam Treaty: Uncovering Transnational Coalitions », *Journal of European Public Policy*, 6/1, 1999, p. 85-101.

Johnson Alison, *From Convergence to Crisis Labor Market and Instability of the Euro*, Ithaca, Cornell University Press, 2016.

Jolivet Annie, Lerais Frédéric, Sauviat Catherine, « La dimension sociale aux prises avec la nouvelle gouvernance économique européenne », *Chronique internationale de l'Ires*, 143-144, 2013, p. 30-52.

Juska Arunas, Woolfson Charles, « Austerity, Labour Market Segmentation and Emigration: The Case of Lithuania », *Industrial Relations Journal*, 46/3, 2015, p. 236-253.

Kantola Johanna, *Gender and the European Union*, Basingstoke, Palgrave Macmillan, 2010.

Kantola Johanna, Lombardo Emanuela (dir.), *Gender and Economic Crisis in Europe: Politics, Institutions and Intersectionality*, Basingstoke, Palgrave Macmillan, 2017.

Karamessini Maria, Rubery Jill (dir.), *Women and Austerity: The Economic Crisis and the Future For Gender Equality*, New York, Routledge, 2014.

Keller Berndt, « The European Social Partners: Krojects and Future Perspectives », *in* Deborah Foster, Peter Scott (dir.), *Trade Unions in Europe: Meeting the Challenge*, Bruxelles, PIE/Peter Lang, 2003, p. 115-144.

Keller Berndt, « The Regulation of Professional Football at the European Level: Towards Supranational Employment Relations in Football Industry », *in* Michael Barry James, Skinner, Terry Engelberg (dir.), *Research Handbook of Employment Relations in Sport*, Cheltenham, Edward Elgar, 2016, p. 19-45.

Kempf Hervé, *Comment les riches détruisent la planète*, Paris, Seuil, 2007.

Keune Maarten, Pochet Philippe « *Flexicurité* en Europe : une approche critique », *La Revue de l'IRES*, 63, 2009.

Keune Maarten, Marginson Paul, « Transnational Industrial Relations as Multi-Level Governance: Interdependencies in European Social Dialogue », *British Journal of Industrial Relations*, 51/3, 2013, p. 473-497.

Keune Maarten, Serrano Pascual Amparo (dir.), *Deconstructing Flexicurity and Developing Alternative Approaches: Towards New Concepts and Approaches for Employment and Social Policy*, Abingdon, Routledge (Routledge Advances in Sociology, 122), 2014.

Koukiadaki Aristea, Tavora Isabel, Martínez Lucìo Miguel (dir.), *Joint Regulation and Labour Market Policy in Europe during the Crisis*, Bruxelles, ETUI, 2016.

Krastev Ivan, *Le Destin de l'Europe*, Paris, Première Parallèle, 2018.

Featherstone Kevin, Radaelli Claudio (dir.), *The Politics of Europeanization*, Oxford, Oxford University Press, 2005.

Kristensen Peer Hull, Lilja Kari (dir.), *New Modes of Globalizing, Experimentalist Forms of Economic Organization and Enabling Welfare Institutions: Lessons from the Nordic Countries and Slovenia*, Helsinki, Helsinki School of Economics, 2009.

Kuhn Thomas Samuel, *La Structure des révolutions scientifiques*, Paris, Flammarion, 1962.

Kvist Jon, « Does EU Enlargement Start a Race to the Bottom? Strategic Interaction Among EU Member States in Social Policy », *Journal of European Social Policy*, 14/3, 2004, p. 301-318.

Kvist Jon, Saari Juho, *The Europeanisation of Social Protection*, Bristol, Policy Press, 2007.

Lado Maria, Vaughan-Whitehead Daniel, « Social Dialogue in Candidate Countries: What For? », *Transfer*, 9/1, 2003, p. 64-87.

Ladrech Robert, « The Party of European Socialists: Networking Europe's Social Democrats », *Journal of Policy History*, 15/1, 2003, p. 113-129.

Ladrech Robert, *Europeanization and National Politic*, Basingstoke, Palgrave Macmillan, 2010.

Lange Peter, « Maastricht and the Social Protocol: Why Did They Do It? », *Politics and Society*, 21/1, 1993, p. 5-36.

Lapeyre Jean, *Le Dialogue social européen. Histoire d'une innovation sociale (1985-2003)*, Bruxelles, ETUI, 2017.

Lascoumes Pierre, Le Galès Patrick, *Gouverner par les instruments*, Paris, Presses de Sciences-Po, 2004.

Latour Bruno, *Où atterrir ? Comment s'orienter en politique*, Paris, La Découverte, 2017.

Laurent Éloi, *Social écologie*, Paris, Flammarion, 2011.

Laurent Éloi, Le Cacheux Jacques, *Un nouveau monde économique*, Paris, Odile Jacob, 2015.

Laurent Éloi, Pochet Philippe, *Pour une transition sociale-écologique. Quelle solidarité face aux défis environnementaux ?*, Paris, Les Petits Matins, 2015.

Lefebre Pierre, Lagneau Eric, « Le moment Vilvorde. Action protestataire et espace public européen », *in* Richard Balme, Didier Chabanet, Vincent Wright (dir.), *L'Action collective en Europe*, Paris, Presses de Sciences Po, 2002, p. 495-529.

Leibfried Stephan, « Social Policy: Left to the Judge and the Market? », *in* Hellen Wallace, William Wallace, Mark A. Pollack (dir.), *Policy-Making in the European Union, Fifth Edition*, Oxford, Oxford University Press, 2005, p. 243-278.

Leibfried Stephan, Pierson Paul, *European Social Policy: Between Fragmentation and Integration*, Washington D.C., Brookings Institution, 1995.

Lelie Peter, Vanhercke Bart, *Inside the social OMC's Learning Tools: How « Benchmarking Social Europe » Really Worked*, Bruxelles, OSE (Research Paper, 10), 2013.

Lombardo Emanuela, Meier Petra, « Stretching, Bending and Inconsistency in Policy Frames on Gender Equality: Discursive Windows of Opportunity? », *in* Emanuela Lombardo, Petra Meier, Mieke Verloo (dir.), *The Discursive Politics of Gender Equality: Stretching, Bending And Policy-Making*, Abingdon, Routledge, 2009, p. 138-152.

Lombardo Emanuela, Meier Petra, Verloo Mieke (dir.), *The Discursive Politics of Gender Equality: Stretching, Bending and Policy-Making*, Abingdon, Routledge, 2009.

McKinsey, *Pathway to a Low Carbon Economy*, rapport, septembre 2013.

MacRae Heather, Weiner Elaine, *Towards Gendering Institutionalism Equality in Europe*, Lanham, Rowman & Littlefield, 2017.

Magnusson Lars, Stråth Bo, *From the Werner Plan to the EMU: In Search OF A Political Economy for Europe*, Bruxelles, PIE/Peter Lang, 2002.

Majone Giandomenico, « The European Community between Social Policy and Social Regulation », *Journal of Common Market Studies*, 1/2, 1993, p. 153-170.

Mandin Christelle, Palier Bruno, « L'Europe et les politiques sociales. Vers une harmonisation cognitive des réponses nationales », *in* Christian Lequesne, Yves Surel (dir.), *L'Intégration européenne. Entre émergence institutionnelle et recomposition de l'État*, Paris, Presses de Sciences Po, 2004, p. 255-285.

Manow Philip, Schäfer Armin, Zorn Hendrik, *European Social Policy and Europe's Party- Political Center of Gravity 1957-2003*, Cologne, Max-Planck Institute for the Study of Societies (MPIfG Discussion Paper, 04/6), 2004.

Marginson Paul, Sisson Keith, *European Integration and Industrial Relations: Multi-Level Governance in the Making*, New York, Palgrave Macmillan, 2004.

Maricut Adina, Puetter Uwe, « Deciding on the European Semester: the European Council, the Council and the Enduring Asymmetry Between Economic and Social Political Issues », *Journal of European Public policy*, 25/2, 2018, p. 193-211.

Martin Andrew, *Wage Bargaining Under EMU: Europeanization, Re-Nationalization, or Americanization*, Bruxelles, ETUI (Discussion & Working Papers, 99.01.03), 1999.
Martin Andrew, Ross George, *Euros and Europeans: Monetary Integration AND THE European Model of Society*, Cambridge, Cambridge University Press, 2004.
Martinsen Sindbjerg Dorte, « The Europeanization of Welfare: The Domestic Impact of Intra-European Social Security », *Journal of Common Market Studies*, 43/5, 2005, p. 1027-1054.
Martinsen Sindbjerg Dorte, *An Ever More Powerful Court? The Political Constraints of Legal Integration in the European Union*, Oxford, Oxford University Press, 2015.
Mazey Sonia, « The European Union and Women's Rights: From the Europeanization of National Agendas to the Nationalization of a European Agenda? », *Journal of European Public Policy*, Published Online, 1991, p. 131-151.
Mazey Sonia, « The European Union and Women's Rights: From the Europeanization of National Agendas to the Nationalization of a European Agenda? », *Journal of European Public Policy*, 5/1, 1998, p. 131-152.
Meadowcroft James, « From Welfare State to Environmental State? », *Journal of European Social Policy*, 18/4, 2008, p. 331-334.
Meadows Donella H., Randers Jorgen, Meadow Dennis L., Behrens William W., *The Limits to Growth*, New York, Universe Books, 1972.
Meardi Guglielmo, *Social Failures of EU Enlargement: A Case of Workers Voting with their Feet*, New York, Routledge, 2012.
Méda Dominique, *La Mystique de la croissance. Comment s'en libérer ?*, Paris, Flammarion, 2013.
Mengeot Marie-Anne, Musu Tony, Vogel Laurent, *Perturbateurs endocriniens. Un risque professionnel à (re)connaître*, Bruxelles, ETUI, 2016.
Michel Hélène (dir.), *Représenter le patronat européen. Formes d'organisation patronale et modes d'action européenne*, Bruxelles, Peter Lang, 2013.
Milet Marc, « Les identités de l'UEAPME. Sur les conditions d'imposition d'une représentation européenne de "l'autre" patronat », *in* Hélène Michel (dir.), *Représenter le patronat européen. Formes d'organisation*

patronale et modes d'action européenne, Bruxelles, Peter Lang, 2013, p. 121-148.

Moreau Marie-Ange (dir.), *Building Anticipation of Restructuring in Europe*, Bruxelles, Peter Lang, 2009.

Moreno Juan, Gabaglio Emilio, *Le Défi de l'Europe sociale. Trente ans de la Confédération européenne des syndicats*, Alzira-Valencia, Editorial Germania, 2006.

Moschonas Gerassimos, *The Electoral Crisis of Social Democracy: The Great Retreat of the European Social Democratic Parties (1950-2009)*, International Workshop by Transform Europe, Palma de Majorque, 12-13 mars 2010.

Moschonas Gerassimos, « Historical Decline or Change of Scale. The Electoral Dynamic of European Democratic Parties », *in* James Cronin, George Ross, James Shoch (dir.), *What's Left of the Left: Democrats and Social Democrats in Challenging Times*, Durham, Duke University Press, 2011, p. 50-85.

Muller Pierre, *Politiques publiques en Europe*, Paris, Harmattan, 1995.

Musu Tony, Vogel Laurent, *Cancer and Work: Understanding Occupational Cancers and Taking Action to Eliminate Them*, Bruxelles, ETUI, 2018.

Musu Tony, Sapir Marc, « Silice : l'accord empêchera-t-il l'UE de légiférer ? », *Hesa Newsletter*, 30-31, 2006, p. 4-9.

Natali David (dir.), *The New Pension Mix in Europe: Recent Reforms, their Distributional Effects and Political Dynamics*, Bruxelles, PIE/Peter Lang, 2017.

Natali David, *The Lisbon Strategy, Europe 2020 and the Crisis in between*, Bruxelles, OSE, 2010.

Natali David, Vanhercke Bart (dir.), *Bilan social de l'Union européenne 2011*, Bruxelles, ETUI, 2012.

Nolan Brian, « What Use is "Social Investment"? », *Journal of European Social Policy*, 23/5, 2013, p. 459-468.

O'Connor Julia, « The OMC and the EES: Broadening the Possibilities for Gender Equality? », *in* Samantha Velluti, Fiona Beveridge (dir.), *Gender and the Open Method of Coordination: Perspectives on Law, Governance and Equality in the EU*, New York, Ashgate Publishing, 2008.

Obinger Herbert, Tálos Emmerich, « Janus-Faced Developments in a Prototypical Bismarckian Welfare State: Welfare Reforms in Austria since the 1970s », *in* Bruno Palier (dir.), *A Long Goodbye to Bismarck? The Politics of Welfare Reform in Continental Europe*, Amsterdam, Amsterdam University Press, 2010, p. 101-128.

OCDE, *Perspectives de l'emploi de l'OCDE 2016*, Paris, OCDE.

Ohlin Bertil, *Social Aspects of European Collaboration*, Genève, ILO (ILO Reports and Studies/New Series, 46), 1956.

Oreskes Naomi, Conway Erik, *Les Marchands de doutes*, Paris, Le Pommier, 2012.

OSE, *Final Report European Social Dialogue: State of Pay and Prospects*, Bruxelles, ETUC, 2011.

Ost David, « Illusory Corporatism in Eastern Europe: Neoliberal Tripartism and Postcommunist Class Identities », *Politics & Society*, 28/4, 2000, p. 503-530.

Peña-Casas Ramon, Sabato Sebastiano, Lisi Valentina, Agostini Chiara, *Semestre européen et modernisation de l'administration publique. Rapport final*, Bruxelles, OSE, 2015.

Padoa-Schioppa Tommaso, *Efficacité, stabilité, équité. Une stratégie pour l'évolution du système économique de la Communauté européenne*, Paris, Economica, 1987.

Palier Bruno, « La politique des réformes dans les états providence bismarckiens », *Revue française des affaires sociales*, 1, 2006, p. 51-80.

Palier Bruno (dir.), *A Long Goodbye to Bismarck? The Politics of Welfare Reform in Continental Europe*, Amsterdam, Amsterdam University Press, 2010.

Picard Séverine, Pochet Philippe, *La Saga du détachement des travailleurs. Un concentré d'enjeux de l'Europe sociale*, Bruxelles, ETUI (Policy Brief, 6), 2018.

Pierson Paul, *Dismantling the Welfare State? Reagan, Thatcher and the Politics of Retrenchment*, Cambridge, Cambridge University Press, 1994.

Piketty Thomas, *Le capital au XXIe siècle*, Paris, Seuil, 2013.

Pillinger Jane, *Feminising the Market. Women's Pay and Employment in the European Community*, Londres, Macmillan Press Ltd, 1992.

Pochet Philippe, *Monetary Union and Collective Bargaining in Europe*, Francfort-sur-le-Main, Peter Lang, 1999.

Pochet Philippe, « Subsidiarité, gouvernance et politique sociale », *Revue belge de sécurité sociale*, 1, 2001, p. 125-140.

Pochet Philippe, « La stratégie européenne pour l'emploi à la croisée des chemins », *in* Christophe Degryse, Philippe Pochet (dir.), *Bilan social de l'Union européenne. 2002*, Bruxelles, ETUI/OSE/Saltsa, 2003, p. 61-97.

Pochet Philippe, « The Open Method of Co-Ordination and the Construction of Social Europe: A Historical Perspective », *in* Jonathan Zeitlin, Philippe Pochet (dir.), *The Open Method of Coordination in Action. The European Employment and Social Inclusion Strategies*, Bruxelles, PIE/Peter Lang, 2005, p. 37-82.

Pochet Philippe, « Le modèle social en débat. Évolution récente des acteurs, stratégies et dynamiques », *in* Chistophe Degryse, Philippe Pochet (dir.), *Bilan social de l'Union européenne 2005*, Bruxelles, ETUI/OSE/Saltsa, 2006a, p. 85-105.

Pochet Philippe, « Union européenne. Le dialogue social interprofessionnel, une analyse quantitative », *Chronique Internationale de l'IRES*, 98, 2006b, p. 43-53.

Pochet Philippe, « Gouverner la sécurité sociale. Les enjeux européens. Essai de clarification méthodologique », *Revue belge de sécurité sociale*, 2, 2007, p. 285-311.

Pochet Philippe, « Numérique et écologie : comment concilier ces deux récits de l'avenir ? », *Economie politique*, 73, 2017, p. 101-112.

Pochet Philippe, Degryse Christophe, *Dialogue social européen. Une relance « de la dernière chance » ?*, Bruxelles, OSE (OSE Opinion Paper, 17), 2016.

Pochet Philippe, Keune Maarten, Natali David (dir.), *After the Euro and Enlargement: Social Pacts in the EU*, Bruxelles, ETUI, 2010.

Pochet Philippe, Natali David, « Réseaux européens relatifs aux pensions. La participation d'intérêts organisés au processus décisionnel de l'UE », *Revue belge de sécurité sociale*, 2, 2005, p. 307-336.

Pochet Philippe, Peeters Anne, Léonard Evelyne, Perin Emmanuelle, *Dynamics of European Sectoral Social Dialogue*, Luxembourg, Office for Official Publications of the European Communities, 2009.

Pochet Philippe, Reman Pierre, « La sécurité sociale en Belgique. Entre régionalisation et européanisation », *Lien social et politiques*, 56, 2006, p. 89-102.

Radaelli Claudio, « The Europeanization of Public Policy », *in* Kevin Featherstone, Claudio Radaelli (dir.), *The Politics of Europeanization*, Oxford, Oxford University Press, p. 27-56, 2003.

Ramos Martin, Visser Jelle, « A More "Autonomous" European Social Dialogue: The Implementation of the Framework Agreement on Telework », *International Journal of Comparative Labour Law and Industrial Relations*, 24/4, 2008, p. 511-548.

Rasnača Zane, *Bridging the Gaps or Falling Short? The European Pillar of Social Rights and What It Can Bring to EU-Level Policymaking*, Bruxelles, ETUI (Working Paper, 2017.05), 2017.

Raworth Kate, *Doughnut Economics Seven Ways to Think Like a 21st Century Economist*, Vermont, Chelsea Green Publishing, 2017.

Rey Frédéric, Gastines Clotilde de, *1989-2009. Vingt ans de directive Machines. Vingt ans d'actions syndicales pour améliorer les normes*, Bruxelles, ETUI, 2009.

Rodrigues Maria Joao (dir.), *The New Knowledge Economy in Europe: A Strategy for International Competitiveness and Social Cohesion*, Cheltenham, Edward Elgar, 2003.

Roquelaure Yves, *Troubles musculo-squelettiques et risques psychosociaux*, Bruxelles, ETUI (Rapport, 142), 2018.

Rose Richard, *Lesson-Drawing in Public Policy: A Guide to Learning Across Time and Space*, Chatham, Chatham House Publishers, 1993.

Ross George, *Jacques Delors and European integration*, Cambridge, Polity Press, 1994.

Ross George, « European Center-Lefts and the Mazes Of European Integration », *in* James Cronin, George Ross, James Shoch (dir.), *What's Left of the Left: Democrats and Social Democrats in Challenging Times*, Durham, Duke University Press, 2009, p. 319-341.

Rubery Jill, « Gender Mainstreaming and the Open Method of Coordination: Is the Open Method too Open for Gender Equality Policy », *in* Jonathan Zeitlin, Philippe Pochet, Lars Magnusson, *The Open Method of Co-Ordination in Action. The European Employment and Social Inclusion Strategies*, Bruxelles, PIE/Peter Lang, 2005.

Rutherford Françoise, « The Proposals for a European Directive On Parental Leave: Some Reasons why it Failed », *Policy and Politics*, 17/4, 1989, p. 301-310.

Sabato Sebastiano, Vanhercke Bart, avec Spasova Savina, « Listened to, but not Heard? Social Partners' Multilevel Involvement in the European Semester », *OSE Paper Series*, Bruxelles, European Social Observatory (Research Paper, 35), 2017.

Saincy Bernard « L'invention (difficile) de l'environnement comme revendication syndicale », *Écologie et politique*, 50, 2015, p. 71-82.

Salais Robert, *Le Viol d'Europe. Enquête sur la disparition d'une idée*, Paris, Puf, 2013.

Sassen Saskia, *A Sociology of Globalization*, New York, W. W. Norton and Company, 2007.

Scharpf Fritz, *Governing in Europe: Effective and Democratic?*, Oxford, Oxford University Press, 1999.

Scharpf Fritz, « The European Social Model », *Journal of Common Market Studies*, 40/4, 2002, p. 645-670.

Scharpf Fritz, *The European Social Model: Coping with the Challenges of Diversity*, Cologne, Max Planck Institute for the Study of Societies (MPIfG Working Paper, 02/8), 2002.

Scharpf Fritz, *After The Crash: A Perspective on Multilevel European Democracy*, Cologne, Max-Planck-Institut für Gesellschaftsforschung (MPIfG Discussion Paper, 14/21), 2014a.

Scharpf Fritz, *No Exit from Euro-Rescuing Trap?*, Cologne, Max Planck Institute for the Study of Societies (MPIfG Dicussion Paper, 14/4), 2014b.

Schelkle Waltraud, *The Political Economy of Monetary Solidarity, Understanding the Euro Experiment*, Oxford, Oxford University Press, 2017.

Schellinger Alexander, *EU Labor Market Policy, Ideas Thought Communities and Policy Change*, Basingstoke, Palgrave, 2016.

Schmidt Vivien, *The Futures of European Capitalism*, New York, Oxford University Press, 2002.

Schmidt Vivien, Thatcher Mark (dir.), *Resilient Liberalism in Europe's Political Economy*, Cambridge, Cambridge University Press, 2014.

Schulten Thorsten, Müller Torsten, « Un nouvel interventionnisme européen ? L'impact de la nouvelle gouvernance économique européenne sur les salaires et la négociation collective », *in* David Natali, Bart Vanhercke (dir.), *Bilan social de l'Union européenne 2012*, Bruxelles, ETUI, 2013, p. 189-223.

Serrano Pascual Amparo, « The Battle of Ideas in the European Field: The Combat to Defeat Unemployment and the Struggle To Give It a Name », *Transfer*, 15/1, 2009, p. 53 70.

Serrano Pascual Amparo, Magnusson Lars, *Reshaping Welfare State and Activation Regime in Europe*, Bruxelles, PIE/Peter Lang, 2007.

Smismans Stijn, « Towards a New Community Strategy on Health and Safety at Work? Caught in the Institutional Web of Soft Procedures », *The International Journal of Comparative Labour Law and Industrial Relations*, 19/1, 2003, p. 55-83.

Smismans Stijn, « The European Social Dialogue in the Shadow of Hierarchy », *Journal of Public Policy*, 28/1, 2008, p. 161-180.

Smith Mark, Villa Paola, « The Ever-Declining Role of Gender Equality in the European Employment Strategy », *Industrial Relations Journal*, 41/6, 2010, p. 526-543.

Spinnewijn Freek, « How to Use the Open Method of Coordination to Deliver Progress at European Level: The Example of Homeless », *European Journal of Homeless*, 3, p. 301-315, 2009.

Streeck Wolfgang, « Neo-Voluntarism: A New European Social Policy Regime? », *European Law Journal*, 1/1, 1995, p. 31-59.

Streeck Wolfgang, *The Crisis in Context. Democratic Capitalism and its Contradictions*, Cologne, Max Planck Institute for the Study of Societies (Discussion Paper, 11/15), 2011.

Streeck Wolfgang, *Du temps acheté. La crise sans cesse ajournée du capitalisme démocratique*, Paris, Gallimard, 2014.

Streeck Wolfgang, Thelen Kathleen, *Beyond Continuity: Institutional Change in Advanced Political Economies*, Oxford, Oxford University Press, 2005.

Sullerot Evelyne, *Histoire et sociologie du travail féminin,* Paris, Gonthier, 1968.
Supiot Alain (dir.), *Au-delà de l'emploi. Transformations du travail et devenir du droit du travail en Europe. Rapport pour la Commission européenne*, Paris, Flammarion, 1999.
Syndex, *Changement climatique et emploi. Impact sur l'emploi du changement climatique et des mesures de réduction des émissions de* CO_2 *dans l'Union européenne à 25 à l'horizon 2030*, Bruxelles, CES, 2007.
Syndex, *Les Dérèglements climatiques. Les nouvelles politiques industrielles et les sorties de crise*, Bruxelles, CES, 2009.
Takala Jukka, *Eliminating Occupational Cancer in Europe and Globally*, Bruxelles, ETUI (Working Paper, 2015.10), 2015.
Tangian Andranik, *European Flexicurity: Concepts (Operational Definitions), Methodology (Monitoring Instruments), and Policies (Consistent Implementation)*, WSI-Diskussions paper, 48, 2006.
Theodoropoulou Sotiria (dir.), *Labour Market Policies in the Era of Pervasive Austerity: A European Perspective*, Bristol, Policy Press, 2018.
Tholoniat Luc, « L'administration francaise et la stratégie européenne pour l'emploi. Jeux de gouvernance et enjeu de légitimité », manuscrit, Institut d'études européennes de l'Université libre de Bruxelles, 2000.
Tholoniat Luc, « The Career of the Open Method of Coordination: Lessons from a "Soft" EU Instrument », *West European Politics*, 33/1, 2010, p. 93-117.
Torres Francisco, « The EMU's Legitimacy and the ECB as a Strategic Political Player in the Crisis Context », *Journal of European Integration*, 35/3, 2013, p. 287-300.
Trentin Bruno, *La Cité du travail. La gauche et la crise du fordisme*, Paris, Fayard, 2012.
Trichet Jean-Claude, « The Euro after Two Years », *Journal of Common Market Studies*, 39/1, 2001, p. 1-13.
Trichet Jean-Claude, « EMU and the Euro: Successes and Challenges », discours conférence « The Euro Five Years Later », Amsterdam, le 12 octobre 2004, 2004.
Trichet Jean-Claude, *La Compétitivité et le fonctionnement harmonieux de l'UEM*, Intervention à l'Université de Liège, 23 février 2011.

Turner Lowell, « The Europeanization of Labour: Structure before Action », *European Journal of Industrial Relations*, 2/3, 1996, p. 325-344.

Turnbull Peter, « From Social Conflict to Social Dialogue: Counter-Mobilisation on the European Waterfront », *European Journal of Industrial Relations*, 16/4, 2010, p. 333-349.

Tyszkiewicz Zygmunt, « The European Social Dialogue 1985-1998: A Personal View », *in* Emilio Gabaglio, Reiner Hoffmann (dir.), *European Trade Union Yearbook 1998*, Bruxelles, ETUI, 1999, p. 35-48.

Tyszkiewicz Zygmunt, « The Role of the Secretary General », *in* Justin Greenwood (dir.), *The Challenge of Change in EU Business Associations*, Basingstoke, Palgrave Macmillan, 2003, p. 161-170.

Uba Katrin, Uggla Fredrik, « Protest Actions against the European Union, 1992-2007 », *West European Politics*, 34/2, 2011, p. 384-393.

Valenduc Gérard, Vendramin Patricia, *Work in the Digital Economy: Sorting the Old From the New*, Bruxelles, ETUI (Working Paper, 2016.03), 2016.

Valenduc Gérard, « Révolutions technologiques et transitions dans la société », *Notes de prospective*, 4, 2018.

Valeyre Antoine, Lorenz Edward, Cartron Damien, Csizmadia Péter, Gollac Michel, Illéssy Miklós, Makó Csaba, *Working Conditions in the European Union: Work Organisation*, Dublin, Fondation européenne pour l'amélioration des conditions de vie et de travail, 2009.

Van Apeldoorn Bastiaan, « Transnational Class Agency and European Governance: The Case of the European Round Table of Industrialists », *New Political Economy*, 5/2, 2000, p. 157-181.

Vandaele Kurt, « Het aantal stakingsdagen sinds 1991: een beschrijvend overzicht », *Nouvelle revue du travail/Nieuw Arbeidsblad*, 2013, Chronique 2012, p. 12-25.

Van den Abeele Eric, *« Mieux légiférer ». Une simplification bureaucratique à visée politique*, Bruxelles, ETUI (Working Paper, 2015.04), 2015.

Vanhercke Bart, « Souterraine ? La politique sociale de l'UE par temps d'austérité », *in* David Natali, Bart Vanhercke (dir.), *Bilan social de l'Union européenne 2012*, Bruxelles, ETUI, 2013, p. 95-127.

Van Riel Bart, Van Der Meer Marc, « The Advocacy Coalition for European Employment Policy: The European Integration Process after EMU », *in* Horst Hegmann, Karl Justus Bernhard Neumärker (dir.), *Die Europaische Union aus politökonomischer*, Marbourg, Metropolis, 2002.

Varoufakis Yanis, *Et les faibles subissent ce qu'ils doivent ? Comment l'Europe de l'austérité menace la stabilité du monde*, Paris, Les liens qui libèrent, 2016.

Vauchez Antoine, *L'Union par le droit. L'invention d'un programme institutionnel pour l'Europe*, Paris, Presses de Sciences Po, 2013.

Venturini Patrick, *Un espace social européen à l'horizon 1992*, Luxembourg, Office des publications des Communautés européennes, 1988.

Verdun Amy, « An Asymmetrical Economic and Monetary Union in the EU: Perceptions of Monetary Authorities and Social Partners », *Journal of European Integration*, 20/1, 1996, p. 59-81.

Verloo Mieke, *Another Velvet Revolution? Gender Mainstreaming and the Politics of Implementation*, Vienne, Institut für die Wissenschaften vom Menschen (IWN Working Paper, 5), 2001.

Verloo Mieke, « Mainstreaming Gender Equality in Europe: A Critical Frame Analysis Approach », *The Greek Review of Social Research*, 117, 2005, p. 11-34.

Vielle Pascale, *Concrétiser la clause sociale horizontale. Les enseignements du Gender Mainstreaming*, Bruxelles, ETUI (ETUI Policy Brief, 6), 2010.

Villa Paola, Smith Mark, « Policy in the Time of Crisis: Employment Policy and Gender Equality in Europe », *in* Maria Karamessini, Jill Rubery, *Women and Austerity: The Economic Crisis and the Future for Gender Equality*, Londres, Routledge, 2014, p. 273-293.

Visser Jelle, « The OMC as Selective Amplifier for National Strategies of Reform. What the Netherlands Want to Learn from Europe », *in* Jonathan Zeitlin, Philippe Pochet (dir.), *The Open Method of Coordination in Action: The European Employment and Social Inclusion Strategies*, Bruxelles, PIE/Peter Lang, 2005, p. 173-215.

Visser Jelle, *Wage Bargaining Institutions: from Crisis to Crisis*, Bruxelles, European Commission (European Economy, Economic Papers, 488), 2013.

Visser Jelle, « What Happened to Collective Bargaining During the Great Recession? », *IZA Journal of Labor Policy*, 5, 2016, p. 1-35.

Vogel Laurent, *Les Rouages de la politique de santé et sécurité dans l'Union européenne. Histoire, institutions et acteurs*, Bruxelles, ETUI, 2015.

Vogel Laurent, « Une hirondelle fera-t-elle le printemps ? La politique européenne de santé au travail à la croisée des chemins », *in* David Natali, Bart Vanhercke (dir.), *Bilan social de l'Union européenne 2018*, Bruxelles, ETUI, 2018.

Vogel-Polsky Éliane, *L'Europe sociale 1993. Illusion, alibi ou réalité ?*, Bruxelles, Éditions de l'université de Bruxelles, 1991.

Voos Eckhard, Maack Wilke, *European Social Dialogue: Achievements and Challenges Ahead,* Bruxelles, ETUC/Businesseurope/CEEP/UEAPME, 2011.

Waddington Jeremy, « European Works Councils: the Challenge for Labour », *Industrial Relations Journal*, 42/6, 2011, p. 508-529.

Walters David (dir.) *Regulating Health and Safety Management in the European Union: A Study of the Dynamics of Change*, Bruxelles, PIE/Peter Lang, 2002.

Weiner Elaine, MacRae Heather, « Opportunity and Setback? Gender Equality, Crisis and Change in the EU », *in* Johanna Kantola, Emanuela Lombardo (dir.), *Gender and Economic Crisis in Europe: Politics, Institutions And Intersectionality*, Basingstoke, Palgrave Macmillan, 2017.

Wilkinson Richard, Pickett Kate, *Pourquoi l'égalité est meilleure pour tous*, Paris, Les Petits Matins, 2013.

Wilthagen Ton, « Striking a Balance? Flexibility and security in European Labour Markets », *in* Thomas Bredgaard, Flemming Larsen (dir.), *Employment Policy from Different Angles*, Copenhagen, DJØF Publishing, 2005, p. 253-267.

Wilthagen Ton, Tros Frank, « The Concept of "Flexicurity": A New Approach to Regulating Employment and Labour Markets », *Transfer*, 10/2, 2004, p. 166-186.

Woodward Alison, « Building Velvet Triangles: Gender AND Informal Governance », *in* Thomas Christiansen, Simona Piattoni (dir.) *Informal Governance in the European Union*, Cheltenham, Edward Elgar, 2004, p. 76-93.

Woodward Alison, « From Equal Treatment to Gender Mainstreaming and Diversity Management », *in* Gabriele Abel, Marie Mushaben Joyce (dir.), *Gendering the European Union: New Approaches to Old Democratic Deficits*, New York, Palgrave MacMillan, 2012.

Woolfson Charles, Sommers Jeffrey, « Austerity and the Demise of Social Europe: The Baltic Model Versus the European Social Model », *Globalizations*, 13/1, 2016, p. 78-93.

Young Iris Marion, *Inclusion and Democracy*, Oxford, Oxford University Press, 2000.

Zeitlin Jonathan, Pochet Philippe (dir.), *The Open Method Of Coordination In Action: The European Employment And Social Inclusion Strategies*, Bruxelles, PIE/Peter Lang, 2005.

Zeitlin Jonathan, Vanhercke Bart, « La gouvernance économique au sein d'Europe 2020. Socialiser le semestre européen contre toute attente ? », *in* David Natali, Bart Vanhercke (dir.), *Bilan social de l'Union européenne 2015*, Bruxelles, ETUI, 2015, p. 73-106.

Zeitlin Jonathan, Vanhercke Bart, « Socializing the European Semester: EU Social and Economic Policy Co-Ordination in Crisis and Beyond », *Journal of European Public Policy*, 25/2, 2018, p. 149-174.

Table des tableaux et figures

Table des matières

Composition et mise en pages
Nord Compo à Villeneuve-d'Ascq

numérique

Impression & brochage - France
Numéro d'impression : N17932200358 - Achevé d'imprimer : Mars 2020

IMPRIM'VERT®

PEFC 10-31-3532 / Certifié PEFC / Ce produit est issu de forêts gérées durablement et de sources contrôlées. / pefc-france.org